跨境电商的理论与发展探索

李馨超　宋　琳　郭东辉　著

吉林科学技术出版社

图书在版编目（CIP）数据

跨境电商的理论与发展探索 / 李馨超，宋琳，郭东辉著. -- 长春：吉林科学技术出版社，2024.3

ISBN 978-7-5744-1208-8

Ⅰ．①跨… Ⅱ．①李… ②宋… ③郭… Ⅲ．①电子商务－商业经营－研究 Ⅳ．① F713.365.2

中国国家版本馆 CIP 数据核字（2024）第 066123 号

跨境电商的理论与发展探索

著　李馨超　宋　琳　郭东辉
出 版 人　宛　霞
责任编辑　吕东伦
封面设计　树人教育
制　　版　树人教育
幅面尺寸　185mm×260mm
开　　本　16
字　　数　280 千字
印　　张　12.875
印　　数　1~1500 册
版　　次　2024 年 3 月第 1 版
印　　次　2024 年 12 月第 1 次印刷

出　　版　吉林科学技术出版社
发　　行　吉林科学技术出版社
地　　址　长春市福祉大路5788 号出版大厦A 座
邮　　编　130118
发行部电话/传真　0431-81629529 81629530 81629531
　　　　　　　　　81629532 81629533 81629534
储运部电话　0431-86059116
编辑部电话　0431-81629510
印　　刷　廊坊市印艺阁数字科技有限公司

书　　号　ISBN 978-7-5744-1208-8
定　　价　80.00元

前 言

　　跨境电子商务具有全球性、无形性、匿名性、即时性、无纸化和快速演进等特征，已成为我国国际贸易的新方式和新手段。目前，跨境电子商务随着政府扶持利好频出，市场增长前景可期，行业助力发展迅速，拉内需促就业效果明显，市场竞争日趋激烈。面对发展跨境电子商务面临的消费者不信任、服务体系不完善以及语言、地理环境因素等问题，发展跨境电子商务的措施是：认清消费者信任的网上购物者和付款者的最佳组合商业模式；熟悉语言文化环境，整合资源链；熟知通转关、商检、保险、物流配送、金融结算流程，推动跨境电商跨领域跨经营环节合作。

　　本书共七章，首先对跨境电商的基本理论、贸易方式、发展历史及现状做了简要介绍；其次阐述了跨境电子商务平台，其中包括跨境电子商务平台概况、主要模式以及规则及策略等；再次分析了跨境电子商务物流与采购，让读者对跨境电子商务物流的研究有了全新的认识；然后对跨境电商金融创新、跨境电商数据分析进行了较大幅度的研究，最后从多维度阐述了跨境电子商务风险管理以及运营管理，充分反映了21世纪我国在跨境电商应用领域的前沿问题，力求让读者充分认识跨境电商研究的重要性和必要性。本书兼具理论与实际应用价值，可供广大跨境电商相关工作者参考和借鉴。

　　跨境电子商务交易具有全球性特征，需要不同国家和地区之间有跨区域、跨文化、跨体制、跨领域的监管合作，在电子商务、网络营销、进出口通关转关监管、国际货币的选用、金融外汇结算、报价等流程上期待更多的服务体系的建立，跨境电子商务提供了一个更广阔的产品展示平台，用户体验、下单模式给传统外贸模式带来了冲击，未来传统国际贸易必将逐渐被跨境电商模式替代。研究跨境电子商务作为推动经济一体化，贸易全球化的技术基础，经济转型拉动内需促进增长具有非常重要的战略意义。

前 言

目　录

第一章　跨境电商概述

跨境电商作为电子商务的重要分支，继 PC 电商、移动电商之后，已成为企业及个人创业者施展身手的新蓝海。随着跨境电子商务的崛起，企业应转变理念、创新业务模式、保持竞争优势、破解发展僵局，真正实现外贸转型升级。

第一节　跨境电商的含义、特点和流程

一、跨境电商的含义

跨境电商的全称是跨境电子商务（Cross-border Electronic Commerce），指通过电子商务平台达成交易、进行结算，并通过跨境物流送达、完成交易的一种国际商业活动。

在我国，跨境电商特指跨境电子商务零售出口（不含进口），具体是指我国出口企业通过互联网向境外零售商品，主要以邮寄、快递等形式送达的经营行为，也就是跨境电子商务企业对境外消费者的出口。根据中华人民共和国海关总署〔2014〕12 号文件规定，跨境电商在海关的监管方式代码为"9610"。跨境电商的含义具体有以下三方面的体现。

第一，买卖双方分属不同关境。关境的全称是海关境域，也可以称作税境。它是指实施同一海关法规和关税制度的境域，是一个国家或地区行使海关主权的执法空间。一般情况下，关境等于国境，但又不是绝对的。鉴于此，买卖双方分属不同关境，可以通俗地理解为商品销售是要"过海关"的。

第二，需要通过跨境物流送达。商品过海关需要通过跨境物流递送才能最终达成交易，因此它属于一种国际商业活动。

第三，跨境电商有各种不同分类。从进出口方面来看，跨境电商可以分为出口跨境电商和进口跨境电商两大类；从交易模式来看，跨境电商可以分为 B2B（企业对企业）、B2C（企业对个人）、C2C（个人对个人）三大类；从 E 贸易方式来看，跨境电商可以分为 E 贸易跨境电商和一般跨境电商两大类。从目前的发展趋势来看，B2C、C2C 模式所占比重越来越大。

二、跨境电商的特点

（一）直接性

跨境电商通过外贸 B2B、B2C 平台，能够实现境内外企业之间、企业和市场之间的直接联系，买卖双方直接产生交易。这就彻底改变了过去传统的国际贸易要通过国内出口商和国外进口商、批发商、零售商，以及境内和境外企业分段流通、多道中间环节后，才能到达国外消费者手中的交易模式，不仅缩短了时间，减少了出口环节，还大大降低了交易成本。

（二）高频度

跨境电商具有直接交易和小批量的特点，再加上跨境电商跳过一切中间环节与市场实时互动，就注定了其具有即时采购的特点，交易频率大大超过传统外贸行业。

（三）小批量

跨境电商的批量很小，甚至可能只有一件商品。这就大大扩大了消费面、降低了平台的销售门槛，因此其销售灵活性是传统外贸大批量采购、集中供应所无法比拟的。

（四）高盈利率

跨境电商由于采用点对点交易，跳过了一切中间环节，所以看似最终售价降了不少，但盈利率却比传统外贸行业高出好几倍。相关数据表明，传统国际贸易的盈利率一般在 5% ~ 10%，而跨境电商的盈利率一般可达 30% ~ 40%。

三、跨境电商的流程

大致来看，跨境电商出口的流程为：出口商／生产商将商品通过跨境电子商务企业（平台式或自营式）进行线上展示，在商品被选购下单并完成支付后，跨境电子商务企业将商品交付给境内物流企业进行投递，经过出口国和进口国的海关通关商检后，最终经由境外物流企业送达消费者或企业手中，从而完成整个跨境电商交易过程。在实际操作中，有的跨境电商企业直接与第三方综合服务平台合作，让第三方综合服务平台代办物流、通关商检等系列环节的手续。也有一些跨境电商企业通过设置海外仓等方法简化跨境电商部分环节的操作，但其流程仍然以上述框架为基础。跨境电商进口的流程除方向与出口流程的相反外，其他内容基本相同。

由此可以看出，跨境电商兼具一般电子商务和传统国际贸易的双重特性，其贸易流程比一般电商贸易流程要复杂得多，它涉及国际运输、进出口通关、国际支付与结算等多重环节，也比传统国际贸易更需考虑国际展示和运营的电子商务特性。跨境电商在国际贸易领域也发挥着越来越重要的作用。

第二节　跨境电商的发展历程

一、跨境电商的三个发展阶段

出口是拉动我国经济持续发展的"三驾马车"之一，在经济社会发展中有着重要的地位，也是我国实施"走出去"战略、增强国际影响力的重要途径。随着互联网为代表的新一轮信息技术革命的到来，我国的对外贸易产业也在积极进行互联网化转型升级，探索合适的跨境电商模式。1999 年阿里巴巴的成立，标志着国内供应商通过互联网与海外买家实现了对接，成为我国出口贸易互联网化转型、探索跨境电商的第一步。在十几年的发展中，国内跨境电商经历了从信息服务到在线交易，再到全产业链服务三个主要阶段。

（一）第一阶段（1999—2003 年）

这一阶段从 1999 年阿里巴巴成立开始，一直持续到 2004 年敦煌网上线。这是我国跨境电商发展的起步摸索阶段，主要是将企业信息和产品放到第三方互联网平台上进行展示，以便让更多的海外买家了解到国内供应商的信息，促进交易量的增长。

由于互联网发展水平和其他因素的限制，跨境电商在这一阶段的第三方互联网平台，主要是提供信息展示服务，并不涉及具体交易环节。这时的跨境电商模式可以概括为线上展示、线下交易的外贸信息服务模式，本质而言只是完成了整个跨境电商产业链的信息整合环节。

当然，这一模式在发展过程中也衍生出了一些其他信息增值服务，如竞价推广、咨询服务等内容。至于平台的盈利模式，主要是向需要展示信息的企业收取一定的服务费，本质上是一种广告创收模式。

本阶段的最典型代表是 1999 年创立的阿里巴巴。它是服务于中小企业的国内最大的外贸信息黄页平台之一，致力于推动中小外贸企业真正走出国门，帮助它们获得更广阔的海外市场。

1970 年成立于深圳的环球资源外贸网，也是亚洲较早涉足跨境电商信息服务的互联网平台。此外，这一时期还出现了中国制造网、韩国 EC21 网、Kelly Search 等诸多跨境贸易信息服务的互联网平台。

（二）第二阶段（2004—2013 年）

以 2004 年敦煌网的上线为标志，国内跨境电商迈入了新的发展阶段：各个跨境电商平台不再只是单纯提供信息展示、咨询服务，还逐步纳入了线下交易、支付、物流等环节，真正实现了跨境贸易的在线交易。

与第一阶段相比，跨境电商第二阶段才真正体现出电子商务模式的巨大优势：通过互联网平台，不仅实现了买卖双方的信息对接，还使信息、服务、资源等得到进一步的优化整合，有效打通了跨境贸易价值链的各个环节。

B2B平台模式是这一阶段跨境电商的主流形态，即通过互联网平台，将外贸活动的买卖双方（中小企业商户）进行直接对接，以减少中间环节、缩短产业链，使国内供应商拥有更强的议价能力，获得更大的效益。

同时，第三方平台也在这一阶段实现了创收渠道的多元化：一方面，将前一阶段的"会员收费"模式改为收取交易佣金的形式；另一方面，平台网站还会通过一些增值服务获取收益，如在平台上进行企业的品牌推广，为跨境交易提供第三方支付和物流服务等。

（三）第三阶段（2014年至今）

国内电子商务经过十几年的深耕培育，已经逐渐走向成熟。同样，跨境电商也随着互联网发展的深化，以及电子商务整体业态的成熟完善。2014年，被称为"跨境电商元年"，2015年更是集中爆发。

跨境电商逐渐呈现出以下几方面的特征。

第一，随着电商模式的发展普及，跨境电商的主要用户群体，从势单力薄的草根创业者，逐渐转变为大型工厂、外贸公司等具有很强生产设计管理能力的群体，这使得平台产品由网商、二手货源向更具竞争力的一手优质产品转变。

第二，这一阶段，电商模式由C2C、B2C模式转向B2B、M2B模式，国际市场被进一步拓宽，B类买家形成规模，推动了平台上中大额交易订单的快速增加。

第三，更多大型互联网服务商加入，使跨境电商3.0服务全面优化升级，平台有了更成熟的运作流程和更强大的承载能力外贸活动产业链全面转至线上。

第四，移动端用户数量飙升，个性化、多元化、长尾化需求增多，生产模式更加柔性化、定制化，对代运营需求较高，线上线下的配套服务体验不断优化升级。

二、跨境电商快速发展的主要推动因素

短短十几年的时间，我国跨境电商就从只有信息展示的第一阶段，发展到如今全产业链服务在线化的"大时代"。跨境电商的快速发展，既得益于政府的大力推动、扶持，也受益于电子商务整体业态的发展成熟。

（一）B2B电子商务模式在全球贸易市场得到飞速发展

2013年，美国B2B在线交易规模达到5590亿美元，远远大于B2C市场交易规模。同时，高达59%的采购商主要通过线上渠道进行产品采购；27%的采购商在线月均采

购额为 0.5 万美元；50% 的供应商正努力推动买家转至线上交易，以减少流通环节，获得更多利润和议价能力。在国际市场中，B2B 模式正被越来越多的企业所认可和接受，这为我国跨境电商的发展创造了有利的市场氛围。

据电子商务研究中心监测数据显示，2017 上半年中国跨境电商交易规模 3.6 万亿元，同比增长 30.7%。其中，出口跨境电商交易规模 2.75 万亿元，进口跨境电商交易规模 8624 亿元（包括进口、B2B、B2C、C2C）。

（二）政府的高度重视和大力支持

对外贸易一直是拉动我国经济增长的重要引擎。因此，中央和各级地方政府对于国内跨境电商行业的发展，一直抱有十分积极的支持态度，不断出台相关的政策法规，为跨境电商的发展提供有利的政策和制度环境。例如，国家发改委连续两年发布了《关于进一步促进电子商务健康快速发展有关工作的通知》（发改办高技〔2012〕226 号），（发改办高技〔2013〕894 号）；2014 年，海关总署更是专门发布了《关于跨境贸易电子商务进出境货物、物品有关监管事宜的公告》。这些政策的出台，规范了国内的跨境电商市场秩序，为跨境电商的持续发展提供了制度和政策上的保障。2015 年 6 月 20 日国务院办公厅发布了《关于促进跨境电子商务健康快速发展的指导意见》；2017 年 4 月 8 日，财政部联合海关总署和国家税务总局共同推出《关于跨境电子商务零售进口税收政策的通知》等，跨境电商政策的密集出台，对行业发展起到积极的推动作用。随着我国电子商务发展的政策环境、法律法规、标准体系以及支撑保障水平等各方面的完善与提升，根据试点地区的实际情况以及海关等相关部门的统计数字，后续跨境电商相关配套政策措施将不断优化和深化。外贸企业应抓住难得的历史机遇，研究利用好政策红利，完成转方式调结构，增强我国企业的国际竞争力，塑造"中国创造"的新形象，为我国外贸打开新的上升通道。

（三）移动电商的快速发展

智能手机和无线上网技术的发展成熟，推动了互联网从 PC 时代走向连接更为高效、方便、快捷的移动互联网时代。移动互联网培育了用户移动化、碎片化、场景化的消费习惯，优化了人们的线上购物体验，也推动了移动电商交易规模的爆炸式增长。移动电商的迅猛发展，对跨境电商新时代的快速到来形成了有力支持。2015 年电子商务已经成为国民经济的重要增长点。2014 年，电子商务交易总额增速是 28.64%，是国内生产总值的 3.86 倍。全国网络销售额增速较社会消费品零售总额的增速快了 37.7 个百分点。此外，移动电子商务呈现爆发式增长，我国微信用户数量已经达到 5 亿，同比增长 41%，据中国电子商务研究中心（100EC. CN）发布的《2017（上）中国网络零售市场数据监测报告》显示，2017 上半年，中国移动网购交易规模到达 2.245 万亿元，在网络零售中的占比达到了 71%，与 2016 年上半年的 1.607 万亿元，同比增长了 39.7%，随着移动智能终端的普及，中国移动电子商务用户消费习惯逐渐形成，传统电商巨头纷纷布局移动电商，众多新型移动电商购物平台不断涌现。数据显示，从 2013 年的 2679 亿元到 2019 年的 67580 亿元，中国移动电商市场交易额持续增长。直播电商带货的模式在 2020 年发展势头更加迅猛。直播电商领域的快速发展，使双十一各大电商平台均加大力度布局电商直播，品牌商家目光也纷纷投向电商带货。

2020 年中国移动电商市场交易额预计突破 8 万亿元，较 2019 年增长 19.7%。移动端一直作为电商平台发展重要渠道，随着近年直播电商市场爆发，移动电商交易规模继续升级。

截至 2021 年 6 月，中国网络支付用户规模达 8.72 亿，较 2020 年 12 月增长 1787 万，占网民整体的 86.3%。截至 2021 年 6 月，中国网络购物用户规模达 8.12 亿，较 2020 年 12 月增长 2965 万，占网民整体的 80.3%。

第三节　跨境电商与国内电商的区别

一、业务环节方面的差异

国内电子商务是国内贸易，而跨境电子商务实际上是国际贸易，因其具有的国际元素，而区别于一般的电子商务。较之国内电子商务，跨境电子商务业务环节更加复杂，需要经过海关通关、检验检疫外汇结算、出口退税、进口征税等环节。在货物运输上，跨境电商通过邮政小包、快递方式出境，货物从售出到国外消费者手中的时间更长，因路途遥远、货物容易损坏，且各国邮政派送的能力相对有限，急剧增长的邮包量也容易引起贸易摩擦。国内电子商务发生在国内，以快递方式将货物直接送达消费者手中，路途近、到货速度快、货物损坏概率低。

二、交易风险方面的差异

国内生产企业知识产权意识比较薄弱，再加上 B2C 电子商务市场上的产品多为不需要高科技和大规模生产的日用消费品，很多企业缺乏产品定位，什么热卖就上什么产品，大量的低附加值、无品牌、质量不高的商品和假货仿品充斥跨境电子商务市场，使侵犯知识产权等现象时有发生。在商业环境和法律体系较为完善的国家，很容易引起知识产权纠纷，后续的司法诉讼和赔偿十分麻烦。而国内电子商务行为发生在同一个国家，交易双方对商标、品牌等知识产权的认识比较一致，侵权引起的纠纷较少，即使产生纠纷，处理时间较短、处理方式也较为简单。

三、交易主体方面的差异

国内电子商务交易主体一般在国内，国内企业对企业、国内企业对个人或者国内个人对个人。而跨境电子商务交易的主体肯定是跨境之间。可能是国内企业对境外企业、国内企业对境外个人或者国内个人对境外个人。交易主体遍及全球，有不同的消费习惯、文化心理、生活习俗，这要求跨境电商对国际化的流量引入、广告推广营销、国外当地品牌认知等有更深入的了解，需要对国外贸易、互联网、分销体系、消费者行为有很深的了解，要有"当地化／本地化"思维，远远超出日常国内的电商思维。

四、适用规则方面的差异

跨境电商比一般国内电子商务所需要适应的规则更多、更细、更复杂。首先是平台规则。跨境电商经营借助的平台除了国内的平台，还可能在国外平台上开展交易，国内的B2B以及B2C平台已经很多，各个平台均有不同的操作规则，海外各国的平台及其规则更是令人眼花缭乱。跨境电商需要熟悉不同海内外平台的操作规则，具有针对不同需求和业务模式进行多平台运营的技能。

国内电子商务只需遵循一般的电子商务的规则，但是跨境电商则要以国际通用的系列贸易协定为基础，或者是以双边的贸易协定为基础。跨境电商需要有很强的政策、规则敏感性，要及时了解国际贸易体系、规则，进出口管制、关税细则、政策的变化，对进出口形势也要有更深入的了解和分析能力。

第四节 跨境电商的重要性

跨境电商发展至今，它改变了整个国际贸易的组织方式，概括来说其主要作用有以下几点。

一、促进贸易要素多边网状融合

随着全球范围内互联网技术、物流、支付等方面的迅猛发展与逐步完善，基于大数据、云计算等信息技术的提升与挖掘，国际贸易中的商品流、信息流、物流、资金流等要素在各国间的流动变得更为合理和有效。跨境电商使得各国间实现优势资源有效配置，提升购物效率和购物体验成为可能。消费者在A国的购物平台可以挑选来自全球的优质商品，选定后可以在B国的支付平台上结算，并选择C国的物流公司。跨境电商促进了贸易要素的配置从传统的双边线状结构向多边网状结构的方向演进。

二、促进传统外贸企业转型升级

受世界经济复苏态势缓慢及国内劳动力价格上涨、人民币升值等成本要素上升和贸易摩擦加剧等因素影响，我国外贸增速显著下滑，连续两年增速在个位数徘徊，传统外贸企业遇到前所未有的困境。大力发展跨境电商有助于在成本和效率层面增强我国的进出口竞争优势，提高外贸企业的利润率；同时，随着电商渠道的深入渗透，可以使企业和最终消费建立更畅通的信息交流平台，对企业及时掌握市场需求、调整产品结构、提升产品品质、树立产品品牌、建立电商信用体系，从而增强我国外贸的整体竞争力，对稳定外贸增长起到重要作用。

三、促进产业结构升级

跨境电子商务的发展，直接推动了物流配送、电子支付、电子认证、信息内容服务等现代服务业和相关电子信息制造业的发展。目前，我国电商平台企业已超过5000家，一批知名电商平台企业、物流快递、第三方支付本土企业加快崛起。更加突出的是，跨境电子商务将会引发生产方式、产业组织方式的变革。面对多样化、多层次、个性化的境外消费者需求，企业必须以消费者为中心，加强合作创新，构建完善的服务体系，在提升产品制造工艺、质量的同时，加强研发设计、品牌销售，重构价值链和产业链，最大限度地促进资源优化配置。

四、缩减国际贸易的贸易链条

传统国际贸易一般采取多级代理制，贸易链条较长，流通环节占用的利润较多，留给品牌、销售和金融等产业后端环节的利润相对较少，影响了产业的发展。跨境电商作为一种新型的国际贸易组织模式,重塑中小企业国际贸易链条，实现多国企业之间、企业与小型批发商之间、企业与终端消费者之间及消费者与消费者之间的直接贸易，大大缩减了贸易中间环节，提升了企业整体的获利能力和竞争力。

五、提升国际贸易组织方式的柔性

近年来，国际贸易的组织方式发生较大的变化，它已由过去以大宗集中采购、长周期订单、低利润运营的刚性组织方式逐渐向小批量、高频次、快节奏的柔性组织方式转变。跨境电商在信息、技术方面的优势使得它比传统国际贸易更具灵活机动性，也使得企业或消费者能够按需采购、销售或者消费，多频次地购买成为可能。

六、扩充国际贸易的交易对象"虚实"兼顾

传统国际贸易的交易对象多以实物产品和服务为主，其品类扩展往往受限。但随着跨境电商的迅速发展，以软件、游戏、音像等为代表的虚拟产品由于不涉及物流配送，交易瞬间完成，正成为跨境电商新一轮贸易品类的重要延伸方向。但虚拟产品的知识产权保护、海关监管的缺失、关税的流失等问题也为跨境电商虚拟产品贸易的发展带来了新的挑战。

第二章　跨境电商平台介绍与选择

第一节　跨境电商平台的选择

一、出口跨境电子商务的发展痛点

传统的对外贸易有几大模块：上游供应商、制造工厂、贸易公司、船务服务公司、船运公司、国外进口商及终端客户。产品利润在重重分销中逐渐消耗。企业想要提高利润就必须对产业链进行合理的整合，尽可能缩短链条，于是跨境电子商务应运而生。但在长期的发展中，一直存在着以下几方面制约因素。

（一）外贸语言障碍

跨境电子商务的主要网络平台一般为英文网站，这就对中国企业的语言要求提出了挑战。虽然可以通过在线翻译软件解决一部分问题，但是无法实时与客人保持良好的沟通，势必会影响销售的结果。这仅仅是对英文母语的市场，其他还有法国、德国、西班牙语等小语种市场，语言障碍更严重。

（二）企业和国外买手之间互相的信任建立

平台上随意注册的卖家和买家都具有相当的比例，如何在庞大的数据库中找到合适的且能够建立商业信任的关系是一个难题。平台越开放，这种信任建立的难度越大。

（三）网络安全和知识产权的保护

对于在平台上的网络账户安全，因为网络的开放性与虚拟性，拥有极大的不确定性。并且对于生产厂家发布的产品信息，国外买家在询盘时公布的新产品细节，如何避免出现有关知识产权的问题，也显得尤为重要。

（四）交易闭环

我国电子商务发展时间虽短，却在以惊人的速度建立自己的生态圈。但值得注意的是，对于外贸产业链来说还有部分模块依然依赖线下传统操作，如出口检疫、物流支持及金融服务等。完善这部分的交易环节形成跨境电商交易闭环，将会是未来的发展重点。

二、跨境电商平台选择的基本因素

在选择跨境外贸电子商务平台的时候，外贸企业需要根据自己的实力进行权衡，选择最适合自己的模式。需要考虑的基本因素有下述五点。

（一）企业目标市场和产品定位

首先，外贸企业需要明确目标市场，如美国市场、欧洲市场非洲市场等。其次，明确企业产品类别、数量、特点等。电子商务平台分为综合型和垂直型两种，外贸企业应根据自身特点进行合理选择。对于那些专业性较强的企业，就应该选择垂直型的电子商务平台，如果选择综合型的反而不适宜。

（二）外贸电子商务平台的规模和影响力

起步早、规模和影响力大的电子商务平台，具有丰富的平台运营经验，在会员管理、信息管理、网站宣传推广等方面拥有丰富资源，可以为卖家提供较好的服务。

（三）电子商务平台自身宣传推广能力

电子商务平台主要通过参加国际著名展览、搜索引擎推广广告投放、对外合作等方式进行宣传和推广。外贸企业在选择电子商务平台时要考虑平台推广的投入力度。

（四）电子商务平台提供的附加值

如果电子商务平台提供的附加值大及优惠多，外贸企业可以充分利用附加值和优惠降低成本，获取较大收益。

（五）电子商务平台服务项目收费情况

购买各种商品或服务，最后还是要考虑价格。目前，各种电子商务平台都提供各种收费服务，价格从一两万元到几十万元不等，企业要根据是否需要和购买能力来选择合适的平台和服务项目。

除此之外，在选择跨境电子商务平台时，要对不同跨境外贸电子商务平台的经营范围、平台优势、平台收费模式、信息流运作模式、资金流运作模式、物流运作模式等进行分析比较，对跨境电子商务平台进行合理选择。而在收集和整理信息时，可以多使用图表来进行显示和比较，会更直观和容易比对。

随着电子商务的参与者不断扩大，信息服务方式不断更新，产生了多种的商务模式，如果根据参与者的性质来划分，市场上的主要为三类：B（Business）、C（Consumer）、G（Government）。由于政府的电子行为是不以营利为目的的，所以并不构成对行业的影响，在这里不讨论。因此，跨境电子商务主要的商业模式是 B2B、B2C、C2C、C2B、B2B2C。

B2B 是指企业对企业的电子商务，也就是说供需双方都是商家，它们通过网络科技或者各种平台资源，完成商务交易的过程。目前中国市场 B2B 出口贸易占中国整个跨境电商出口比例的 80%，在市场中始终处于主导地位，也是本文研究的重点对象。代表性的企业有阿里巴巴、敦煌网、中国制造等。

B2C 是指企业对个人消费者的电子商业模式。它直接将商户的产品或者是服务放在网络上，供消费者选购。代表性的企业有淘宝、亚马逊、速卖通等。

C2C 是通过一个在线的交易平台，使得买卖双方可以自主进行拍卖和购买。买卖双方都可以是个人。代表性的平台有 eBay 等公司。

C2B 刚好与 B2C 相反，是消费者对企业的电子商务。这种商务模式是从美国流行起来的，它将分散但是数量庞大的有共同消费意向的个体消费者集结起来形成一个强大的采购团体，使之能够在企业那里享受到大批发商的价格购买单件产品。目前国内类似的有拼多多等团购平台。（如图 2-1 所示）

B2B2C 是由 B2B 和 B2C 模式共同演变而来的，相当于把两个模式统一起来，形成一个供应链闭环。第一个 B 指的是广义的卖方（可以是成品的提供者，也可以是半成品或者是原材料供应商）。第二个 B 指的是交易平台，但不同于信息交易平台，这里的平台还提供其他附加服务，如仓储、物流等。C 指的是卖方，个人或者企业都是可以的。代表性的企业，比如京东商城等。

图 2-1　C2B

三、跨境电子商务平台的划分

通过对跨境电子商务的流程和商务模式的了解可以发现，电子商务平台是整个跨境电子商务信息流、物质流、资金流高速运转的中间站。不同类型的平台支持着对应的商务模式。以上是从产业终端用户类型来分类的，从不同的维度还可以对商务平台做出不同分类。

（一）按照服务类型来分

1. 信息服务平台

主要是为境内外的会员商户提供网络销售平台，传递供应商或者采购商的商业服务信息，促成双方的交易。主要的收入来源是会员制收费，会员缴纳一定的年费，平台为其提供服务。代表性的平台有阿里巴巴国际站、环球资源网和中国制造网。

2. 在线交易平台

在线交易平台对比于信息服务平台，不仅能够让商户展示自己的产品或是服务的相关信息，还提供线上的搜索、咨询、下单、支付、物流和售后等完整的购物链环节，主要收入是佣金制以及展示费用，代表性平台有敦煌网、米兰网和大龙网等。

（二）按照平台运营方法分类

1. 第三方开放平台

平台型电商通过搭建网上商城，提供支付、物流、运营等增值服务资源，招商入驻，为他们提供跨境电商服务。代表性平台有速卖通、阿里巴巴、敦煌网等。

2. 自营型平台

通过搭建网上商城，挑选符合自身平台品牌要求和消费者需求的产品，以较低的采购价买入并以较高的价格在线上售出。与开放平台相比不同的是，它通过众多挑选过的可靠品牌来支撑并且打造电商本身的品牌价值，代表性平台有京东商城。

四、跨境电商平台选择的分析原则

（一）平台的全面性分析原则

构建的评价指标需要能够全面反映电子商务平台在关键环节中的表现状态。关键环节指的是，在商户的使用过程中，影响商户决策或者满意程度的环节。除了基本的系统质量、信息质量，还要对其服务质量、物流、仓储以及费用进行评估，体现每个平台各自的特点和优势，从而能够全面地对平台进行综合评价。

（二）企业的适用性原则

指标评价面对的是全部企业，特别注意指标与企业需求的交互性，要使得指标具有符合普通中小企业的适用性。中小企业选择电子商务平台最基本的原则就是与企业目前的发展战略相适应。主要表现在以下几方面。

1. 根据企业的实际情况选择适合的销售平台

选择销售平台就相当于在选择企业的客户群体和行业竞争环境。不同的销售平台优势特点各有不同，也导致面对不同的消费群体，企业需要定位自己的目标市场和目标客户，从需求出发，寻找匹配的平台。

2. 评估平台投入成本与产出效益

所有的电商平台,企业入驻都需要交纳一定的费用,这费用可能是会员制的会员费,也可能是佣金的形式。无论是哪一种,企业都应该重点考虑和考察运用平台的投入成本,进行综合收益的初步评估,以免在前期投入大量成本后才发现收益远远抵不上费用投入,对企业造成负担。

3. 符合企业未来的战略布局

销售平台的选择也应该结合企业未来的发展趋势。对于企业来说,在不同的发展阶段有可能因为市场情况不同,发展战略发生较大的调整,甚至跟目前的企业实际状况相抵触,所以在选择平台时应该是在企业发展战略的指导下进行。

第二节　跨境电商服务的平台介绍

一、Amazon

Amazon(亚马逊),是一家土生土长的美国公司,成立于1995年,位于美国华盛顿州的西雅图,是最早通过网络经营电子商务的公司之一。刚开始,亚马逊平台只是经营书籍,但是随着业务区域的不断扩大,经营的产品类目也不断地扩大。亚马逊逐步推出各种服务,使其不断超越网络零售商的范围,成为一家综合服务提供商。目前,亚马逊平台上的经营包括影视、音乐和游戏、电子和电脑、家居园艺用品、玩具、婴幼儿用品、食品、服饰、鞋类和珠宝、健康和个人护理用品、体育及户外用品、玩具、汽车及工业产品等。亚马逊分为北美平台、欧洲平台、亚洲平台。北美平台主要包括美国、加拿大;欧洲平台主要包括英国、德国、意大利、法国、西班牙;亚洲平台主要包括中国、日本。

(一)亚马逊账户类型

亚马逊账户类型有个人销售计划(Individual)和专业销售计划(Professional)。无论是个人还是公司都可以申请"个人账户(Individual)";同样,不论是个人还是公司也都可以申请"专业账户(Professional)"。

这两种计划的主要区别在于费用结构和功能使用权限。以美国市场为例,"个人销售计划"会按件收取费用,而"专业销售计划"账户则需要按月支付订阅费。这两种销售计划之间是可以相互转化的。如果卖家注册的时候选择了"个人销售计划",之后也可以在后台自助升级为"专业销售计划";如果卖家注册时选择了"专业销售计划",后续也可以降级为"个人销售计划"。所以,卖家若想在亚马逊销售商品或服务,就算没有公司资质,一样也可以在亚马逊上申请"专业销售计划"。

（二）亚马逊平台规则

1.Listing 跟卖

（1）什么是 Listing 跟卖

亚马逊独有的 Listing 机制，是为了营造一个健康良性的竞争体系，希望更多的供应商和制造商给出质量更好、价格更优惠的产品，所以，当一个卖家上传了某个产品的信息，这个产品页面的控制权就不再属于最初创建页面的卖家了，所有的数据信息包括图片，都保存在亚马逊的后台，所有卖家只要有这个产品的销售权限，他就可以点击"Have one to sell？-Sell on Amazon"，然后也开始卖这个产品。例如，A 卖家创建了一个产品页，其他同款卖家看见后可以在上面增加一个按钮链接到自己的产品，也在这个页面里面卖同样的产品。这样就出现了一个产品页面上有几个或几十个甚至更多的卖家在卖同一种产品。这对新卖家来说是好机会，可以分享到别人的流量，但很容易直接引发价格战。采取跟卖策略的卖家，必须遵循跟卖的规则：首先必须销售正品，不可以卖假货；其次，需要确认产品100%一致，包括每一个细节，不可以有出入。另外还要注意，不要侵权，一旦被投诉侵权就会受到平台处罚。

（2）玩转 Listing

跟卖的优势：

①不用自己去创建产品页面，想卖就卖，不想卖就下架，省事省力省心。

②商品的出价会立即出现在排名靠前的 Listing 中。

③直接效果就是单量的增加带动流量上升，自己上架的产品也可能卖出去。

跟卖的风险：

①直接引发价格战，导致低利润。

②容易被 Listing 所有者投诉侵权，一旦投诉成功就会被封账号。

（3）跟卖策略

首先要确保自己的商品和跟卖的 Listing 描述完全一致，包括商品本身、包装、卖点、功能、描述等；否则，买家收到货如发现有任何和描述不一致的地方，都可以向亚马逊投诉。所跟卖的卖家也有可能对订单进行"Test Buy"，如发现和描述不一致，也可以向亚马逊投诉。

①跟卖时尽量设置较低的价格，价格越低获得购物车的可能性越高。抢夺购物车的权重依次为：FBA（亚马逊物流服务）大于价格大于或等于信誉度。

②谨慎选择跟卖 Listing，如果一款产品好卖，却没有人跟卖，最大的可能就是这个产品是有品牌授权的，别人一跟卖就会被投诉。

③了解产品是否注册品牌，可以在网上搜索或者去商标网站查看。

④如果被投诉侵权要立刻取消跟卖，并积极和对方沟通，了解是否确实发生了侵权行为。

2.亚马逊账号被封主要原因及申诉

（1）亚马逊账号被封主要原因

①亚马逊关联。

为了避免账号关联，在操作新账号时，保证 IP 路由、网卡、系统是全新的。多账号操作时，不要使用相同的税号信息和收款账号，否则会封闭其中一个账号。若办公地址发生变更，请及时联系亚马逊客服说明情况。

②跟卖侵权。

跟卖产品之前，一定要了解清楚对方产品是否注册了商标和外观专利，尤其是标志了 LOGO 的产品，千万不要想当然，到相关商标网站查清楚了再去跟卖。一收到警告，必须马上下架跟卖的 Listings，最好给对方卖家写封邮件以示道歉。一旦跟卖有商标的产品，被对方卖家控诉侵权，直接封号。

③好评太少，差评过多。

评价少，好评就更少。差评过多会被移除销售权，甚至封号。如果是少数差评，确实解决不了，在不影响 ODR（订单缺陷率）超标的情况下建议不要太纠结，关键是想办法获取更多的订单来消除影响。

④产品缺乏相关认证。

某些产品需要取得相关认证方可在某些国家销售，如产品授权认证、安全认证等。在欧洲站点，电子产品、玩具、医疗设备等需要取得 CE 认证。政策违规是累计的，很难被撤销。

⑤产品与图片不符。

为了提升转化率，商家不断优化产品详情，但要注意，在跟卖的时候，切记不要夸大其词，要根据实际情况撰写产品描述，上传的图片必须与发货的产品一致，否则会遭到退货和差评，导致账号被封。

（2）申诉

①搞清楚是什么原因导致卖家账户销售权限被移除。

账户销售权限被移除以后亚马逊一般都会发一封邮件给卖家，卖家可以通过这封邮件得知准确的原因，到底是因为账户表现差，还是违反亚马逊的销售政策或者销售了平台禁售的产品。

②评估过往的销售操作。

检查客户指标，找出那些给客户带来差的用户体验的订单和不达标的参数；同时检查一下账户目前的产品 Listing，看看这些产品有没有违反亚马逊的相关政策的（如侵权或者假货之类的）。

③创建一个补救的行动计划。

写一个行动计划概括一下卖家在第二步中发现的与账户销售权限被移除有关的问

题，提供一个能够有效解决相关问题的精确的行动计划，这样可以很大程度上帮助恢复卖家账号的销售权限。申诉的内容的补救行动计划务必要包含以下几点：

● 应让亚马逊知道卖家已明确了自己在销售或者产品管理中存在某些特定的问题。

● 卖家说明会如何去改进和避免这些出现的问题。

● 补救行动计划写完后，将其发送给亚马逊希望其恢复卖家销售权限。

二、eBay

(一)eBay 平台简介

eBay 平台于 1995 年在美国加利福尼亚创办。在创立之初，它只是一个商品拍卖的平台，用户在平台上可以针对自己的商品发起拍卖。如今 eBay 已经成长为一家从事各类商品销售的 B2C 销售平台，利用其强大的平台优势和旗下全球市场占有率第一的支付工具 Paypal 为全球商家提供网上零售服务。eBay 已经拥有超过 3.8 亿的全球买家，40 个站点分布于全球，在 215 个国家都有 eBay 的买家。eBay 平台允许个人注册，在收费上分为刊登费和成交费两类。eBay 平台面对不同的国家，收费也是不一样的；如果开设店铺，是按月或按年单独计收店铺费。作为免费卖家，最多允许刊登 50 款产品，超过 50 款产品后，如果还需要刊登需要额外收费；而如果开设店铺，那么可免费刊登产品的数量就可以大幅提升。另外，eBay 平台中为了提高产品的曝光度、加大流量，还设置了一些特色功能，包括在搜索结果中使用大图片、使用产品展示主题等，但个案用户需缴纳相关的费用。这样看来，eBay 平台可以理解为一个完全自由选择的大型市场，在市场中如何销售、用什么样的方式去销售，取决于用户在这个市场中选择了哪些服务。

通过 eBay 的全球平台，中国卖家的支付、语言、政策、品牌、物流等问题可以得到很好的解决，同时在出口电商网络零售领域发挥自身优势，将产品销售到世界各国，直接面对亿万消费者。中国卖家也可通过 eBay 推广自有品牌，提升世界地位认可度。

(二)eBay 平台规则

eBay 希望卖家能持续不断地提供优质服务以提高买家的满意度，为了让买家拥有更好的购物体验，卖家在刊登物品和提供物流服务时须符合以下准则。

1. 刊登规则

正确描述刊登的物品信息不仅可以提高成交率，也可避免卖家交易过后因物品描述不符而产生不必要的交易纠纷，不正确的刊登描述会扰乱 eBay 市场交易秩序。刊登描述不当会导致违规商品被删除、账户受限，严重者账户会被冻结。所以在刊登物品时，卖家应特别注意以下规则。

（1）选择正确的物品分类

物品必须刊登在正确的类别中，如果某物品存在多级子分类，需将物品刊登在相对应的分类中。

例如，戒指需要登录在"珠宝 > 戒指"分类中，而不能登录在"珠宝 > 其他"分类中。

（2）正确设置物品所在地

卖家必须在"物品所在地"栏如实填写物品寄出地点。一般情况下物品所在地需与账户信息相符，如果物品所在地在外地或其他国家，务必在刊登时选择真实的所在地（不能仅在物品描述中作声明），避免日后不必要的交易纠纷；需特别注意运费的设置要与物品所在地相匹配。

若账户信息为中国，物品所在地为美国，物品被一个美国卖家拍下，运费价格需与美国当地运费相匹配，而不能设置为中国到美国的运费。

（3）使用符合 eBay 标准的链接

在 eBay 刊登物品时，可以在物品描述中使用一些链接来帮助促销物品。但是，有些类型的链接是不允许的，例如，不能链接到个人或商业网站。任何链接均不能指向 eBay 以外含物品销售信息的页面。

（4）物品图片标准

高品质的图片能给买家提供更好的购物体验，使物品更容易售出，因此 eBay 对物品图片刊登有一套详细标准：

①所有物品刊登必须至少包含一张图片。

②图片的长边不得低于 500 像素（建议高于 800 像素）。

③图片不得包含任何边框、文字或插图。

④二手物品刊登不得使用 eBay Catalog 图片。

⑤请务必尊重知识产权，不得盗用他人的图片及描述。

⑥预售刊登必须符合预售刊登规则。

预售刊登是指卖方刊登那些他们在刊登时未拥有的物品。此类刊登的物品，通常在对大众的交货日期前就已预先出售。

卖方需保证自物品购买之日（刊登结束之日或从 eBay 店面购买刊登物品之日）起 30 天之内可以送货，eBay 允许其有限制地刊登预售物品。

在 eBay 刊登（预售）物品的卖方，必须在刊登时表明：

●该物品为预售物品，并说明交货日期，保证物品在刊登结束之日起 30 天内送出。

●此外，这些文字必须（至少）用 3 号 HTML 字体。对于未注明这些信息的任何预售物品，eBay 都会结束其刊登。

2. 交易行为规范

（1）严禁卖家成交不卖

当卖家刊登在 eBay 上的物品有买家成功竞标，买卖双方相当于签订了交易合同，双方必须在诚信的基础上完成交易。根据这一合约，卖家不可以在网上成功竞标后拒绝实际成交、收到货款不发货。

如果卖家因为物品本身的原因无法完成交易（如损坏），卖家需及时与买方沟通，解释说明并提供解决方案，以获得买家的理解与谅解。虽然在这种情况下，eBay 鼓励买家与卖家进行沟通，获取新的解决方案，但买家不是一定要接受卖家的新建议。所以，请卖家在刊登商品时务必熟知商品库存，在收到款项后及时发货，避免违反此政策。

（2）禁止卖家自我抬价

"自我抬价"是指人为抬高物品价格，以提高物品价格或增大需求为目的的出价行为，或者是能够获得一般大众无法获得的卖家物品信息的个人的出价。也就是卖家在竞拍的过程中，通过注册或操纵其他用户名虚假出价，或者是由卖家本人或与卖家有关联的人所进行，从而达到将价格抬高的目的。

自我抬价是以不公平的手段来提高物品价格，会造成买家不信任出价系统，为 eBay 全球网络交易带来负面的影响。此外，这种行为在全球很多地方都是被法律所禁止的，为确保 eBay 全球交易的公平公正，eBay 禁止抬价。由于卖家的家人、朋友和同事可以从卖家那里得到其他用户无法得到的物品信息，所以即使他们有意购买物品，为保证公平竞价，亦不应参与出价竞投。不过，家人、朋友和同事可在不违反本政策的条件下，以"一口价"的方式直接购买物品。如果卖家认为有会员利用假出价动作，提高价格或热门程度，可向 eBay 检举，并请确保于检举问题中提供"会员账号"和物品编号。

三、Wish

（一）Wish 平台简介

Wish 平台是近年来中国跨境 B2C 平台上最炙手可热的平台之一，它成立于 2011 年 12 月。准确地说，Wish 平台不能算作传统意义上的电商平台，而是一个移动电商平台。Wish 平台的理念就是完全回归消费者的喜好，而不用太多的推广方式或关键词等来进行营销。作为较新的电商平台，Wish 是跨境电商移动端平台的一匹黑马，在中国跨境电商中迅速蹿红。Wish 的优势在于坚持追求简单直接的风格，不讨好大卖家，也不扶持小卖家，全部通过技术算法将消费者与想要购买的物品连接起来。卖家进驻门槛低，平台流量大，成单率高，利润率远高于传统电商平台。与 PC 端展开差异化竞争，利用移动平台的特点，卖家不用牺牲产品价格来取胜。

（二）Wish 平台规则

Wish 与其他平台最大的区别是：Wish 主要使用手机 APP 购物，因此在上传产品时不能按照以往的方式来做。另外，Wish 与传统的产品展示方法不同，它是根据用户的基本信息和浏览记录等行为给用户打上"标签"，并不断收集记录更正这些信息，为用户创建多个维度兴趣"标签"，依据这些多维度兴趣"标签"和一定的算法来给客户进行相关产品的推荐，提高推荐产品的准确性。因此，在上传产品时，要注意产品的标题、图片、价格、属性、Tags 标签等问题。

（1）Wish 标题搜索权重小，不能够像速卖通或者其他平台一样，通过堆砌关键词来获得搜索流量。Wish 标题简洁明了、与产品相关性强。

（2）由于 Wish 是手机 APP 购物，所以图片不宜过多，4 ~ 8 张为宜。图片质量要高，应为 400×400 以上像素，方形。

（3）颜色和尺码的属性选择以及准确的产品描述有利于提升产品推送曝光。

（4）产品价格和运费占比要合理，Wish 不提倡价格战，但是合理的价格定位还是有助于提升转化率；产品价格不应太高，在 15 ~ 30 美元。价格太高，转化率就会很低。

（5）Tags 标签搜索权重大，应尤为重视。Tags 最多 10 个，位置越靠前，权重越大，要把重要的放在前面。Tags 涉及推送之后的转化率，因此，Tags 一定要能够精准说明产品信息，尽量包含一些大词和流行词，在一定程度能影响到推送权重。

四、全球速卖通

（一）全球速卖通简介

全球速卖通（AliExpress）正式上线于 2010 年 4 月，是阿里巴巴旗下唯一面向全球市场打造的在线交易平台，被广大卖家称为"国际版淘宝"。全球速卖通面向海外买家，通过支付宝国际账户进行担保交易，并使用国际快递发货，是全球第三大英文在线购物网站。全球速卖通已经覆盖 230 多个国家和地区的买家；覆盖服装服饰、3C、家居、饰品等共 30 个一级行业类目；其优势行业主要有服装服饰、手机通信、鞋包、美容健康、珠宝手表、消费电子、电脑网络、家居、汽车摩托车配件、灯具，等等。全球速卖通（AliExpress）是阿里巴巴帮助中小企业接触终端批发零售商，小批量多批次快速销售，拓展利润空间而全力打造的融合订单、支付、物流于一体的外贸在线交易平台。

（二）全球速卖通发布存在的问题

1. 类目错放

类目错放是指商品实际类别与发布商品所选择的类目不一致。这类错误可能导致网站前台商品展示在错误的类目下，平台将进行规范和处理。卖家应检查错放产品的这类信息，进行修改，新发布产品也要正确填写类目信息。例如，将手机壳错放到化妆包"Cosmetic Bags& Cases"中，正确的类目应该为"电话和通信（Phones & Telecommunications）>手机配件和零件（Mobile Phone Accessories & Parts）>手机包/手机壳（Mobile Phone Bags & Cases）"。

2. 属性错选

属性错选是指用户发布商品时，类目选择正确，但选择的属性与商品的实际属性不一致的情形。这类错误可能导致网站前台商品展示在错误的属性下，平台会进行规范和处理。卖家需检查错放产品的这项信息，进行修改，新发布产品也要正确填写属性信息。例如，该商品为"short sleeve"，但是在商品发布时卖家选择了属性"sleeve length"的"ull"属性值，则在前台导航时，当用户选择了"foll"，则被展示出来，属于错误曝光的一种，影响了这件商品的成交转化。

对于属性错选的商品，平台在搜索排名中靠后，将该商品记录到搜索作弊违规商品总数里，当店铺搜索作弊违规商品累计达到一定量后，再给予整个店铺不同程度的搜索排名靠后处理；情节严重的，将对店铺进行屏蔽；情节特别严重的，将冻结账户或直接关闭账户。

3. 标题堆砌

标题堆砌是指在商品标题描述中出现关键词使用多次的行为。例如，Stock lacewig Remy Full lace wig Straight wigs Human Lace wigs #1 Jet Black 16 inch，在这个标题中wig及wigs出现了4次，这样的标题给买家的阅读感受非常差。商品标题是吸引买家进入商品详情页的重要因素。字数不应太多，应尽量准确、完整、简洁，用一句完整的语句描述商品。标题的描述应该是完整通顺的一句话，如描述一件婚纱：Ball Gown Sweetheart Chapel Train Satin Lace Wedding Dress，这个标题包含了婚纱的领型、轮廓外形、拖尾款式、材质，用Wedding Dress作为商品的核心关键词。

对标题堆砌的商品，平台在搜索排名中靠后，将该商品记录到搜索作弊违规商品总数里；当店铺搜索作弊违规商品累计达到一定量后，平台再给予整个店铺不同程度的搜索排名靠后处理；情节严重的，将对店铺进行屏蔽；情节特别严重的，将冻结账户或直接关闭账户。

4. 标题类目不符

标题类目不符是指在商品类目或者标题中部分关键词与实际销售产品不相符。对标题类目不符的商品，平台在搜索排名中靠后，将该商品记录到搜索作弊违规商品总数里；当店铺搜索作弊违规商品累计达到一定量后，平台再给予整个店铺不同程度的搜索排名靠后处理；情节严重的，将对店铺进行屏蔽；情节特别严重的，将冻结账户或直接关闭账户。

5. 重复铺货

重复铺货是指商品之间须在标题、价格、图片、属性、详细描述等字段上有明显差异。例如，图片不一样，而商品标题、属性、价格、详细描述等字段雷同，也视为重复铺货。如果需要对某些商品设置不同的打包方式，发布数量不得超过 3 个，超出部分的商品则视为重复铺货。同一卖家（包括拥有或实际控制的在速卖通网站上的账户），每件产品只允许发布一条在线商品，否则视为违反重复铺货的政策。

对于重复铺货的商品，平台在搜索排名中靠后，将该商品记录到搜索作弊违规商品总数里；当店铺搜索作弊违规商品累计达到一定量后，平台再给予整个店铺不同程度的搜索排名靠后处理；情节严重的，将对店铺进行屏蔽；情节特别严重的，将冻结账户或直接关闭账户。

6. 描述不符

描述不符是指标题、图片、属性、详细描述等信息之间明显不符，信息涉嫌欺诈成分。例如，卖家设置运费以小包方式进行运费计算，降低商品整个成本价格，但在详细描述中又写出是达到一定的数量才采用小包方式计费，这样就存在对买家的欺骗，同时加大了卖家发货后的风险。对于描述不符的商品，平台在搜索排名中靠后，将该商品记录到搜索作弊违规商品总数里；当店铺搜索作弊违规商品累计达到一定量后，平台再给予整个店铺不同程度的搜索排名靠后处理；情节严重的，将对店铺进行屏蔽；情节特别严重的，将冻结账户或直接关闭账户。

7. 计量单位作弊

计量单位作弊是指发布商品时，将计量单位设置成与商品常规销售方式明显不符的单位；或将标题、描述里的包装物做销售数量计算，并将产品价格平摊到包装物上，误导买家的行为。例如，卖家展示出售 120 pieces of shoes。依据常理鞋子不按单只出售，买家认为收到的是 120 pairs of shoes，但卖家发出的仅是 60 pairs of shoes，并声称写明的 120 pieces of shoes 即等于 60 pairs of shoes。对计量单位作弊的商品，平台在搜索排名中靠后，将该商品记录到搜索作弊违规商品总数里；当店铺搜索作弊违规商品累计达到一定量后，平台再给予整个店铺不同程度的搜索排名靠后处理；情节严重的，将对店铺进行屏蔽；情节特别严重的，将冻结账户或直接关闭账户。

8. SKU 作弊

SKU（Stock Keeping Unit），即库存进出计量的基本单元，可以是以件、盒、托盘等为单位。SKU 作弊指卖家通过刻意规避商品 SKU 设置规则，滥用商品属性（如套餐、配件等）设置过低或者不真实的价格，使商品排序靠前（如价格排序）的行为；或者在同一个商品的属性选择区放置不同商品的行为。

例如，将不同的商品放在一个链接里出售；将正常商品和不支持出售（或非正常）的商品放在同一个链接里出售；将常规商品和商品配件（如手表和表盒）放在一个链接里出售；将不同属性商品捆绑成不同套餐或捆绑其他配件放在一个链接里出售；在手机整机类目中，以排序靠前为目的自定义买家极少购买的套餐，如裸机、不带任何附件（包含且不限于）等套餐。对于 SKU 作弊的商品，平台在搜索排名中靠后，将该商品记录到搜索作弊违规商品总数里；当店铺搜索作弊违规商品累计达到一定量后，平台再给予整个店铺不同程度的搜索排名靠后处理；情节严重的，将对店铺进行屏蔽；情节特别严重的，将冻结账户或直接关闭账户。

（三）全球速卖通评价规则

全球速卖通平台的评价分为信用评价及卖家分项评分两类。

信用评价，是指交易的买卖双方在订单交易结束后对对方信用状况的评价，包括五分制评分和评论两部分。卖家分项评分，是指买家在订单交易结束后以匿名的方式对卖家在交易中提供的商品描述的准确性（item as described）、沟通质量及回应速度（communication）、物品运送时间合理性（shipping speed）三方面服务做出的评价，是买家对卖家的单向评分。信用评价买卖双方均可以进行互评，但卖家分项评分只能由买家对卖家做出。

所有卖家全部发货的订单，在交易结束 30 天内买卖双方均可评价。如果双方都未给出评价，则该订单不会有任何评价记录；如一方在评价期间内做出评价，另一方在评价期间内未评的，则系统不会给评价方默认评价（卖家分项评分也无默认评价）。商品 / 商家好评率（positive feedback ratings）和商家信用积分（feedback score）按照以下原则计算：

（1）相同买家在同一个自然旬（自然旬即为每月 1—10 号，11—20 号，21—31 号）内对同一个卖家只做出一个评价的，该买家订单的评价星级则为当笔评价的星级（自然旬统计的是美国时间）。

（2）相同买家在同一个自然旬内对同一个卖家做出多个评价，按照评价类型（好评、中评、差评）分别汇总计算，即好中差评数都只各计一次（包括 1 个订单里有多个产品的情况）。

（3）在卖家分项评分中，同一买家在一个自然旬内对同一卖家的商品描述的准确性、沟通质量及回应速度、物品运送时间合理性三项中某一项的多次评分只算一个，该买家在该自然旬对某一项的评分计算方法如下：平均评分 = 买家对该分项评分总和 / 评价次数（四舍五入）。

（4）以下三种情况不论买家留差评或好评，仅展示评论内容，都不计算好评率及评价积分。

①成交金额低于 5 美元的订单。（成交金额明确为买家支付金额减去售中的退款金额，不包括售后退款情况。）

②买家提起未收到货纠纷，或纠纷中包含退货情况，且买家在纠纷上升到仲裁前未主动取消。

③运费补差价、赠品、定金、结账专用链、预售品等特殊商品（简称"黑五类"）的评价。

除以上情况之外的评价，都会正常计入商品 / 商家好评率和商家信用积分。不论订单金额，都统一为：好评 +1，中评 0，差评— 1。

（5）卖家所得到的信用评价积分决定了卖家店铺的信用等级标志。

（四）全球速卖通放款规则

为确保速卖通平台交易安全，保障买卖双方合法权益，就通过速卖通平台进行交易产生的货款，速卖通及其关联公司根据相关协议及规则，有权根据买家指令、风险因素及其他实际情况决定相应放款时间及放款规则。

（1）速卖通根据卖家的综合经营情况（例如，好评率、拒付率、退款率等）评估订单放款时间。

①在发货后的一定期间内进行放款，最快放款时间为发货 3 天后。

②买家保护期结束后放款。

③账号关闭，且不存在任何违规违约情形的，在发货后 180 天放款。

（2）如速卖通依据合理理由相信判断订单或卖家存在纠纷、拒付、欺诈等风险的，速卖通有权视具体情况延迟放款周期，并对订单款项进行处理。

五、敦煌网

敦煌网在 2004 年就已正式上线，是中国国内首个实现在线交易的跨境电商 B2B 平台，以中小额外贸批发业务为主，开创了"成功付费"的在线交易佣金模式，免去卖家注册费，只有在买卖双方交易成功后才收取相应的手续费，将传统的外贸电子商务信息平台升级为真正的在线交易平台。作为国际贸易领域 B2B 电子商务的创新者，敦煌网充分考虑了国际贸易的特殊性，融合了新兴的电子商务和传统的国际贸易，为国际贸易的操作提供专业有效的信息流、安全可靠的资金流、快捷简便的物流等服务，是国际贸易领域一个重大的革新，掀开了中国国际贸易领域新的篇章。敦煌网的优势在于较早推出增值金融服务，根据自身交易平台的数据为敦煌网商户提供无实物抵押、无第三方担保的网络融资服务。其还在行业内部率先推出 APP 应用，不仅解决了跨境电商交易中的沟通问题和时差问题，还打通了订单交易的整个购物流程。目前，敦煌网已经具备 220 多万家国内供应商在线，2300 万种商品，遍布全球 222 个国家和地区的 2800 万买家的规模。

（一）敦煌网注册

注册人年龄须在 18 周岁到 70 周岁之间；只有中国内地的企业或个人，或中国香港地区的企业才可在敦煌网注册卖家账户。

注册流程如下。

第一步：打开敦煌网主页 http：//seller.dhgate.com/，点击"免费注册"，填写商户信息后提交。

第二步：进行手机验证和邮箱验证以激活账号。

第三步：手机验证和邮箱验证成功后，会显示注册成功，进行身份认证。

第四步：进入认证页面选择认证类型，填写联系人姓名、身份证号，点击"开始认证"。

第五步：上传提交 Dhgate 联系人手持身份证正面照片及反面照片（照片清晰不含水印，保证放大后能看清身份证个人信息和身份证号，图片大小控制在 2MB 以内，尽量为 JPG 格式）。

第六步：提交认证资料，等待审核通过。

（二）产品如实描述规则

1. 如实描述和描述不符

如实描述是指卖家在产品或者服务描述页面、店铺页面和所有敦煌网提供的沟通渠道中，对于所售产品或者服务的基本属性、成色、瑕疵、保质期等必须说明的信息进行真实、完整的描述，不存在任何夸大或者虚假的成分。描述不符是指买家所购买的产品和服务与达成交易时卖家对产品的描述和承诺的服务存在明显偏差。

2. "描述不符"类型和判断规则

（1）外观不符是指买家所购买的产品外包装、产品颜色、尺寸、材质等通过目测可以识别的属性，与达成交易时卖家对于产品的描述有明显偏差。

（2）功能属性不符是指买家所购买的产品与达成交易时卖家对于产品相应功能的描述有明显的偏差或者属性缺失。

（3）售后服务不符是指买家在购买某项产品或者服务时，卖家未提供或者未完全提供在产品描述中承诺的售后服务条款。

（4）附带品不符是指买家所购产品或者服务缺少卖家在产品描述中承诺的附带品或者附带品与描述有明显偏差。

（5）产品价格或者运费不符是指卖家不能按照交易达成时的产品价格或者运费执行订单，有要求买家额外支付费用的行为（买家同意的除外）。

（6）发货方式、发货时间和发货数量不符。

3. 卖家触犯"描述不符"类型和处理办法

（1）卖家欺诈：买家收到的产品与交易达成时的描述严重不符，且具有主观故意嫌疑，欺诈金额巨大。出现此种情况，敦煌网将对卖家做出关闭账户的处罚措施。对于触犯中国法律、法规的行为，敦煌网有权向相关国家机关检举、举报，并提供必要的协助。

（2）严重不符：买家收到的产品构成第四条中列明的某一项或者几项产品描述严重不符的情况，并直接导致买家不能使用产品或者服务，对于买家体验造成严重伤害。卖家触犯严重不符将给予产品删除，90天内第一次违规期限冻结7天，第二次违规关闭账户。

（3）一般不符：买家收到的产品构成第四条中列明的某一项或者几项产品描述存在不符的情况，影响买家对于产品或者服务的使用，对于买家体验造成伤害。卖家触犯一般不符将给予产品删除，90天内第一次违规期限冻结7天，第二次期限冻结30天，第三次关闭账户。

（4）轻微不符：买家收到的产品构成第四条中列明的某一项或者几项产品描述存在轻微不符的情况，但未对买家正常使用造成实质性影响。卖家触犯轻微不符将给予产品下架、黄牌累计处罚。

六、天猫国际

2014年2月19日，阿里巴巴宣布天猫国际正式上线，为国内消费者直供海外原装进口商品。入驻天猫国际的商家均为中国大陆以外的公司实体，具有海外零售资质；销售的商品均原产于或销售于海外，通过国际物流经中国海关正规入关。所有天猫国际入驻商家将为其店铺配备阿里旺旺中文咨询，并提供国内的售后服务，消费者可以像在淘宝购物一样使用支付宝买到海外进口商品。而在物流方面，天猫国际要求商家120小时内完成发货，14个工作日内到达，并保证物流信息全程可跟踪。

（一）天猫国际注册

1.卖家保证

（1）所有商品均属中国境外（中国香港特别行政区、中国澳门特别行政区和中国台湾地区被视为中国内地之外）直采，是海外原装正品。

（2）卖家的注册地为中国境外。

（3）向买家提供当地指定退货地点及正规退货渠道，即商品销往中国大陆的商家需提供中国大陆的指定退货地点；商品销往香港的商家需提供香港的指定退货地点；商品销往台湾地区的商家需提供台湾地区的指定退货地点。

2.店铺命名规范

商家会员的会员名、店铺名的命名应当严格遵守《天猫国际店铺命名规范》。天猫国际店铺ID及域名根据商家商品所在类目、品牌属性等要素生成，如遇店铺名称已被占用等特殊情况，天猫国际有权进行适当调整。天猫国际店铺 ID 及域名一旦生成，无法修改。

如针对专营店，店铺命名的可选类目包括服饰鞋包（服饰 / 内衣 / 男装 / 女装 / 鞋类 / 箱包 / 服饰 / 男鞋 / 女鞋）运动户外（运动户外 / 运动 / 户外），家装家具家纺（家居 / 家居用品 / 家纺 / 装潢 / 五金 / 卫浴 / 玩具）等。

3. 天猫国际入驻流程

（1）发送运营产品数据至 service.alibaba.com。

（2）等待审核（10 个工作日）。

（3）注册国际支付宝账户（7 ~ 10 个工作日）。

（4）与天猫国际签署协议并支付保证金与年费（7 ~ 10 个工作日）。

（5）注册天猫国际账户，完成开店测试，提供所有产品文件，最后网上店铺开张。

（二）天猫国际商品发布规范

1. 标题发布规范

（1）必须包含品牌名 + 商品名称 + 其他相关描述（如属性 / 规格 / 材质描述 / 款式描述等）。

（2）商品标题中不得带有任何与商品真实信息无关的文字或符号。

（3）定制 / 预售商品标题需加上"定制 / 预售"。

2. 主图发布规范

（1）主图图片须达到 5 张且必须为实物拍摄图，并且每张图片必须大于或等于 800 像素 × 800 像素（自动拥有放大镜功能），除部分类目外必须为白底图。

（2）如获得了相应品牌商品的商标使用权，则可将商品品牌 LOGO 放置于主图左上角，大小为主图的 1/10；卖场型旗舰店拥有卖场品牌商标使用权，则可将卖场品牌 LOGO 放置于主图左上角，大小为主图的 1/10。

（3）第一张和第二张主图必须为商品正面全貌清晰实物拍摄图。图片不得出现水印，不得包含促销、夸大描述等文字说明，该文字说明包括但不限于秒杀、限时折扣、包邮、折、满、送等。图片不得出现任何形式的边框，不得留白，不得出现拼接图，除情侣装、亲子装等特殊类目外，不得出现多个主体。

3. 类目发布规范商品类目

发布须遵守《天猫国际经营大类一览表》和《天猫国际允许跨类目经营的商品列表》具体要求，包括但不限于以下情况除外：商品品名上明确标示使用人群为孕妇、婴幼儿、儿童的（适用人群包含成人），须发布在母婴行业所属类目下（包含旗舰店）；商品品名上未明确标示使用人群为孕妇、婴幼儿、儿童的（适用人群包含孕妇、婴幼儿），须发布在商品所属行业大类下。

例如，在服饰大类下，如商品名称为"日本进口孕妇牛仔裤托腹外穿打底裤夏款"，明确为孕妇使用的，请发布在"孕妇装 / 孕产妇用品 / 营养 > 孕妇裤 / 托腹裤"类目下；未明确表明为孕妇使用，仅在使用人群中包含孕妇的，请发布在商品所属行业大类下。

4. 产品描述规范

为保证消费者在购买商品时拥有充分的知情权，商家需在发布产品时明示以下信息（包括商品瑕疵、临界保质期、附带品等信息披露，不得含有虚假、夸大等内容）。

（1）商标等品牌细节图展示。

（2）有效期：有效期不可以写详见产品外包装，必须具体展示，如"截止日期"，如果商品销售时剩余保质期少于一年的，必须如实说明。

（3）产品主要性能、适用人群。

提醒：化妆品应标注品牌归属国，化妆品名称中不得含有医疗术语、明示或者暗示医疗作用和效果的用语、虚假 / 夸大 / 绝对化的词语、医学名人的姓名等相关国家和地区法规明确规定禁止使用的词。

（4）使用说明要给出正确的使用方法（包括使用顺序）。

（5）产品重要信息中英文对照（例如，奶粉营养成分、使用方法等中英文对照说明）。

（6）物流查询方式及说明。

5. 产品宣传规范

页面描述不得含有"最新科学""最新技术""最先进加工工艺"等绝对化的语言或者表示。

（1）页面描述不得明示或者暗示可以替代母乳，不得使用哺乳妇女和婴儿的形象。

（2）页面描述中不得使用医疗机构、医生的名义或者形象。食品描述中涉及特定功效的，不得利用专家、消费者的名义或者形象做证明。

（3）页面描述不得与其他产品进行对比，贬低其他产品。

（4）页面描述不得含有无效退款、保险公司保险等内容。

（5）页面描述不得含有"安全""无毒副作用""无依赖"等承诺性表述。

（6）页面描述不得含有有效率、治愈率、评比、获奖等综合评价内容。

（7）页面描述不得出现医疗术语、明示或暗示医疗作用和效果的词语。

（8）页面描述不得出现庸俗或带有封建迷信色彩的词语。

6. 保质截止日期发布要求

保质截止日期指产品最佳的食用或使用的期限。食品大类商品发布时须填写保质截止日期，该日期与商品发布日差距天数不得小于商品保质期的十分之一。若未按此标准发布，每件商品将按严重违规行为扣一分，三天内累计不超过六分；情形特别严重的，将按严重违规行为每次扣六分。

若发布商品日期距保质截止日期大于或等于商品保质期的十分之一但小于或等于商品保质期的十分之二，必须在商品标题上注明"临期"字样，且在商品详情页面最上方清晰明显地展示"临期商品"字样，字样大小为"二号字体"，颜色为"标准红色"。若未按此标准发布，将下架该商品。

七、京东全球购

京东于 2015 年 4 月 16 日正式宣布上线全球购业务，涵盖来自美、法、英、日、韩、德、新西兰等国家和地区的母婴用品、服装鞋靴、礼品箱包等众多品类。京东全球购开放平台是指由香港 JD.com International Limited 公司提供平台服务的电子商务平台网站，网址为 www.jd.hk。网站为用户提供信息发布、交流，第三方经营者开设店铺并经营，以及其他技术服务的电子商务交易服务平台。

京东全球购与海外商家的合作更为自由，包括自营模式和平台模式。其中，自营模式是京东自主采购，由保税区内专业服务商提供支持；平台模式则是通过跨境电商模式引入海外品牌商品，销售的主体就是海外的公司。

围绕国际化发展需要，在跨境电商领域，京东推出了京东全球购平台和多语言全球售跨境贸易平台 en.jd.com，旨在抢占跨境电商业务市场，全面加速京东的国际化进程。京东全球购平台立足于进口跨境电商，目前已开设多个国家馆和地区馆。京东全球购为跨境电商企业提供了一个权威的跨境电商平台，下面来看看京东全球购的入驻事宜。

（一）京东全球购商家入驻

1. 入驻要求

（1）基本条件：

①拥有海外注册公司实体。

②拥有境外对公银行账户（美金结算）。

③是品牌方 / 拥有品牌授权 / 提供从品牌方开始完整链路的商品进货凭证。

（2）优先入驻条件：

①海外知名实体卖场或者 B2C 网站。

②品牌商、品牌代理商、知名零售商。

③未进入中国市场的海外知名品牌。

④拥有以下品类：母婴、保健品、食品、服饰、箱包、个护化妆。

（3）申请入驻基本资质文件：

①申请入驻公司成立证明文件。

②申请入驻公司近一年的纳税证明材料。

③申请入驻公司法人、授权代表人及店铺联系人身份证件。

④入驻公司海外对公银行账户开户证明／对账单／流水单。

⑤在国内有固定的授权退货地址。

⑥京东全球购要求提供的其他基础文件或资料。

（4）商品及服务要求。

①商品：原产于或销售于海外，保证 100% 原装正品。只可售卖直邮、保税区发货的商品。

②商品页面：页面信息须中文描述，国际公制度量单位，配备中文客服（京东咚咚客服）。

③在线服务：配备中文咚咚客服人员，下载安装京东咚咚软件，解答客户疑问。

④物流服务：客户下单后 72 小时内完成发货，可追踪。

⑤售后服务：中国大陆地区有退货点及联系人和联系方式。

2. 入驻流程

（1）资质提交。

（2）合同签订。

（3）缴纳保证金。

（4）店铺开通。

（二）商品发布规则

1. 商品标题

在商品标题中可以简单明确地说明商品属性，并使用描述性的文字，但不允许滥用品牌名称及与本商品无关的字眼。

2. 商品图片

清晰美观的图片对促进交易起着重要作用，一般商品都需要添加图片进行展示。Banner 图片规格为 980 像素 ×250 像素，LOGO 图片规格为 180 像素 ×60 像素，商品描述图片规格宽度为 700 像素，分辨率均为 72 像素。

3. 商品描述

商品描述，是向买家展示商品的各项特征和属性，翔实的商品描述对于能否成功出售商品起着至关重要的作用。商品描述应对商品外观、颜色、尺寸、成分、含量、质量、包装、保修、保质期、产地、功能、用途等商品属性进行说明，这将有助于买家更全面地了解商品属性。任何为吸引买家而使用的夸大描述、不实描述以及指向其他网站商品说明链接取代描述都是无效的。

4. 商品价格

市场价格是指商品在线下市场的售卖参考价格；京东全球购价格是指商品在京东全球购的实际售卖价格。商家需正确合理设置商品的相应价格，不得夸大扭曲，违背市场规律和所属行业标准。

5. 商品数量

商品数量分为单品数量即 SKU 数量和单品库存数量。店铺在售商品数量最少不低于 60 件，单品库存数量不能为 0。

备注：单品数量即 SKU 数量，指同一品牌中产品型号的数量。此数量不能少于 60 个。单品库存数量，指单个型号产品的库存数量。此数量不能为 0 个。

6. 商品类目

店铺在售所有商品的类目必须与京东全球购平台系统保持一致。

（三）平台违规积分制度

京东全球购平台采用违规扣分制的监管细则，如卖家施行违规行为将被扣除一定分数，当扣分累积到相应节点，则京东全球购平台依据本规则实行相应的违规处理措施。若此细则与《京东全球购 JD.HK 平台管理总则》（https：//www.jd.hk/ rule/gzz.html）内容存在异议，以此细则为准。

（1）违规行为分为两种类别：一般违规行为与严重违规行为。

（2）每一个违规行为对应一个扣分分值。计算方式："一般违规行为"以 25 分为一次违规处理节点，每累计扣除 25 分则开始执行违规处理；"严重违规"以 25 分、50 分、75 分、100 分为节点进行相应的违规处理。

（四）售后服务管理规则

售后服务包括商品的使用指导与咨询、客户提出的商品退货申请的处理、其他与售后相关的投诉问题的处理等。自商品售出之日（以实际收货日期为准）起 7 日内因质量等非客户原因，客户可以在线提交返修 / 退换申请办理退货事宜。退货时请保持主商品完好、附件齐全，并将商品的赠品一并返回。运动健康类、家居、厨具、家装类、礼品箱包类、服饰鞋靴类、食品保健类、母婴用品类、美妆个护类、3C 数码类等出现质量问题的，请将检测报告、附件、说明书、购物凭证、包装、商品一并返回办理退货手续。属于物流损等原因的，请将商品及附件（说明书、包装、赠品等）、购物凭证等一并返回办理退货手续。出于安全和卫生考虑，贴身用品如内衣裤、袜子、泳衣类商品不予退货；因个人原因造成的商品损坏（如自行修改尺寸、洗涤、皮具打油、刺绣等），不予退货；食品饮料、保健食品类商品属于特殊商品，一经售出拆开包装后不予退货。母婴食品、婴儿用品、贴身衣物属于特殊商品，一经售出，不予退货。如商品由全球购商家提供退货服务，则买家需将商品自行送至卖家或邮寄至卖家地址。非买家个人原因导致的退货，全球购商家将补偿运费。如双方对运费有异议，京东全球购鼓励协商解决，无法协商一致，可拨打全球购客户专线：4006069933。京东全球购自营及京东全球购第三方卖家订单产生的退款只能按原支付方式返回，到账时间：储蓄卡 1 ~ 7 个工作日，信用卡 1 ~ 15 个工作日。

第三节　跨境电商平台盈利模式

盈利模式是对企业经营要素进行价值识别和管理，在经营要素中找到盈利机会，即探求企业利润来源、生产过程以及产出方式的系统方法。跨境电商平台的盈利模式是一种动态的模式，因为这种模式归结于企业战略和核心竞争力。跨境电商平台盈利模式分为自发的盈利模式和自觉的盈利模式两种。自发的盈利模式是自发形成的，企业对如何盈利以及对未来能否盈利缺乏清醒的认识，企业虽然盈利但盈利模式不明确、不清晰，这种盈利模式具有隐蔽性、模糊性，灵活性较差；自觉的盈利模式是企业通过对盈利实践的总结和对盈利模式加以自觉调整和设计而形成的，它具有清晰性、针对性、相对稳定性、环境适应性和灵活性的特征。

在市场竞争的初期和电商企业成长的不成熟阶段，很多电商平台的盈利模式是自发的，当网站发展到有一定影响力时，无形中已经在为自身做项目招商。此时可以通过授权加盟者在网络平台上运营，形成一种无形的品牌推广，在获得加盟费的同时提高了自身在电商市场的影响力。随着市场竞争的加剧和电子商务的不断发展，电商开始重视对市场竞争和自身盈利模式的研究，即使如此，也并不是所有企业都可以找到正确的跨境电商平台盈利模式。如今，在跨境电商平台盛行的背景下，跨境电商平台盈利模式已经越来越受到广大学者的关注，相信在不久的将来，新的盈利模式会让所有的电商平台得到更快更好的发展。

一、采购端

跨境电商的采购模式一般是通过消费者订单信息决定采购品种并向供货商进行采购。目前，由于垂直跨境电商对该行业上下游把握更加细致，往往采取厂商直接采购，这样既能减少被中间商盘剥利润，提高盈利质量，同时可以对产品质量有着较好的掌控，容易提高产品客户黏性。这也是目前我国垂直跨境电商企业能够保持进销差价优势的重要原因。

二、支付端

跨境电商企业由于其重心在于发掘行业内产品与服务价值与质量，所以在支付端往往只是采用与第三方合作的模式，而非自建支付体系，如兰亭集势与环球易购等。虽然跨境支付与内贸支付有所不同，但这不是构成垂直跨境电商与国内垂直电商的重要差异。

三、物流端

物流是跨境电商与国内电商的重要差异点。考虑到跨境物流这一棘手问题，目前，海外仓已经取代大小包邮，成为解决这一问题的有效措施。目前，兰亭集势等大型垂直跨境电商企业纷纷开展海外仓的建设，通过提前备货、批量运输可以有效地降低物流环节的成本。同时考虑到跨境垂直电商企业产品多集中于某一领域，管理成本更低，因此未来海外仓有望成为垂直跨境电商的外贸标配。

四、关税与商检

关税与商检是垂直跨境电商企业面对的一个重要业务环节。但是目前，我国海关通关商检政策允许试点城市对跨境零售电商使用行邮清关规则，从制度上维持跨境电商渠道与一般进口渠道间价差，因此跨境电商产品价格仍具备竞争优势。同时随着未来相关政策进一步完善，跨境电商企业报关程序将进一步简化，在提高通关效率的同时有助于降低企业交易费用。

五、我国跨境电商企业发展的背景

（一）跨境电商行业迅速发展，为电商企业提供了政策红利

我国跨境电商行业的良好发展势头根本上源于我国电商行业的迅速发展，搭上了其快速发展的顺风车。跨境电商作为一种新的贸易形式，在税收、通关、支付、结算等多个环节均与传统贸易有较大的不同。没有政府政策的支持，跨境电商作为新的贸易形式很难发展。目前随着政府政策处于爆发期，跨境电商在通关流程以及税率等方面都会得到更好的规范，跨境电商也能保证稳定与高速的发展。除此之外，跨境第三方支付手段的完善、海外仓的扩建等，都成为推动跨境电商发展的重要支柱。

（二）综合型电商企业抢占市场份额，垂直跨境电商成为未来方向

随着跨境电商行业的不断发展，其竞争格局也发生了深刻的变化。阿里巴巴、京东、亚马逊等电商巨头纷纷进入跨境电商领域，迅速占据了跨境进出口电商的大部分市场份额。这类巨头凭借规模经济、平台品牌效应以及更早的切入时间、更充分的国际化进度，导致了新的综合类跨境电商企业很难在巨头争夺市场份额的空隙中生存。而在这种情况下，垂直跨境电商就成为更好的选择，既可以避开巨头的争夺，同时可以在某一领域深耕，提供差异化产品与服务，逐渐形成行业壁垒，从而为未来的发展与成熟打下基础。

（三）垂直型跨境电商已形成清晰商业模式

虽然在跨境电商行业，垂直跨境电商企业起步较晚，规模也较小，但是经过一定的发展，已经形成了清晰的商业模式，为未来后续企业进入以及行业内企业进一步发展提供了良好的指引作用。其主要商业模式如下。

（1）立足于某一行业的垂直跨境电商企业。以兰亭集势为例，兰亭集势以婚纱服饰为其细分市场，通过自营的进销差价或平台的佣金模式盈利。其优势在于对特定行业有着更深入的了解与把握。在跨境电商模式中，垂直电商公司更容易得到消费者青睐。

（2）立足于某国市场的垂直细分市场的跨境电商企业。这类电商企业可以以日贸通为例。该类平台专注于满足某一国家的消费者需求，优势在于不仅可以有效解决翻译问题，还可以更好地解决其中涉及的知识产权、物流贸易及质检等问题。

第三章　跨境电商供应链管理

第一节　跨境电商采购

一、跨境电商采购概述

（一）采购的含义

采购是指企业在一定的条件下从供应市场获取产品或服务，并使之成为企业资源，以保证企业生产及经营活动正常开展的一项企业经营活动。采购的基本职能是帮助企业在供应商处获得所需的资源。采购不仅是一项购买活动，还包括前期的供应商选择谈判和后期的采购结果评估。

相较于一般企业来说，跨境电商企业的采购更具有特殊性，对采购环节的管理也更具挑战性。首先，跨境电商具有产品更新换代快的特点，产品的生命周期短，而且需求波动较大，这就决定了跨境电商企业的采购需要采取小批量、多批次的策略，而这种策略很容易导致采购成本的提高。其次，由于很多跨境电商企业的仓储和销售在国外进行，因此采购与销售地域上的分离导致了产品的提前期延长和需求预测难度的增加，这对跨境电商企业的反应速度和运输能力提出了很大的挑战。最后，企业还需要面对许多跨国风险，如汇率风险、政治风险和运输风险等。因此，对于跨境电商企业来说，采购环节显得更为重要，对采购的良好管理将会给企业带来更大的竞争优势。

企业的采购并不单纯是产品的买卖，应当将其视为整个供应链上的一部分，对采购的认识也应当从供应链的角度出发，由最初的搜集供应商信息开始，到最终的采购结果反馈。这一整套的采购流程需要采购企业、供应商及供应链上相关企业共同参与，以供应链整体利润最大化为目标，来完成采购环节，并对其不断优化。

（二）采购的特点

1. 库存周转速度快

跨境电商采购过程中，即时响应用户需求，降低库存，提高物流速度和库存周转率，使电商企业由"为库存而采购"转变为"为订单而采购"。

2. 多批次、少批量、快速响应

跨境电商采购要提高库存周转速度，就必须做到多批次、少批量和快速反应。这样，就对供应商提出了更高的要求，增加了供应商的生产成本。

3. 采购的广泛性

所有的供应商都可以向采购方投标，采购方也可以调查所有的供应商。这样，可以扩大供应商范围，产生规模效益。

4. 采购的互动性

在跨境电商采购的过程中，采购方与供应商通过电子邮件或聊天等方式进行实时信息交流，既方便又迅速，而且成本较低。

5. 采购效率高

跨境电商采购的过程中，可以突破时间和空间的束缚，有效地收集、处理和应用采购信息。

6. 采购的透明性

跨境电商采购的过程中，应实现采购过程的公开、公平、公正，杜绝采购过程中的腐败。将采购信息在网站公开，由计算机根据设定标准自动完成供应商的选择，有利于实现实时监控，使采购更透明、更规范。

7. 采购流程的标准化

按规定的标准流程进行，可以规范采购行为，规范采购市场，减少采购过程的随意性。

8. 采购管理向供应链管理转变

采购方可以及时将数量、质量、服务、交货期等信息通过商务网站或电子数据交换传送给供应方，并根据需求及时调整采购计划，使供应方严格按要求提供产品。

（三）采购的形式

跨境电商企业的采购形式主要可以分为两类：一类是自主采购，一类是外包采购。自主采购是由企业自主寻找供应商，完成采购流程，其中包括大型企业的独立网上采购和小企业通过第三方采购平台的采购。外包采购是企业将采购环节外包给第三方供应链服务商来协助企业完成采购决策。

1. 自主采购

如前所述，自主采购是由企业独立完成采购决策。在自主采购时，跨境电商企业首先需要在众多的品牌中选择合适的产品来进行采购，由于大部分跨境电商并不具备获得超级国际大牌授权的能力，因此，选品变得尤为重要，既要选择非国际知名的品牌，还要保证有一定的市场潜力。跨境电商选品的策略主要包括选择国内有较大规模的品类、选择在国外有一定知名度的品牌以及选择与国内产品有较大差异化的产品。这三点可以使跨境电商企业从众多的海外品牌中挑选出合适的采购商品。

此外，由于企业的规模效应和采购产品等因素的不同，企业可能选择不同的平台来完成采购流程。像德国大众这类大型制造商，它们拥有大量且稳定的订单，足以令企业获得规模经济的好处，因此独立进行零部件采购将会是一个不错的选择。而对于规模较小的企业来说，它们或没有稳定的需求，或订单规模较小，这都使得它们没有足够的动机去独立进行电子采购，而是选择在阿里巴巴等第三方平台进行采购。虽然这样做会失去独立采购所带来的价格优势，但是可以更灵活地满足小规模企业不稳定的需求。

2. 外包采购

企业在进行外包决策时，首先应当考虑的是外包能否增加整体供应链的盈余。供应链盈余是指产品对顾客的价值与将产品提供给顾客的过程中所有供应链活动总成本之间的差额。供应链盈余是整条供应链活动所产生的额外价值，是由供应链中的所有人员所共享的收益。因此，企业选择外包的前提是外包可以增加供应链盈余，且供应链中的每个企业所获得的利润应与其提升盈余的程度相关。

相较于之前的自主采购企业，有些企业并没有独立完成采购决策的能力或自主进行采购将会明显增加企业运营成本，此时，企业会选择将采购外包给第三方供应链服务商以帮助其完成。将采购外包后，企业可以通过较低的成本得到第三方更为专业的服务，由此增加供应链盈余，同时得到更好的采购结果。第三方可以通过聚集多家企业的订单、库存或运输，从而达到单个企业所不可能拥有的规模经济，从而提高供应链盈余，这是企业为何将采购外包的最重要的原因。

企业的采购外包可以分为在岸外包和离岸外包。在岸外包是指外包商与其外包供应商来自同一个国家，因而外包工作在国内完成。也就是说，中国企业如果在国内选择外包供应商，则属于在岸外包。相反，离岸外包指外包商与其供应商来自不同国家，外包工作跨国完成。大部分的离岸外包企业也都是为了通过跨国方式寻求更低的成本。

二、跨境电商采购流程

采购的相关流程包括供应商的选择、供应商的谈判、设计订制、产品采购以及采购结果的评价和反馈。企业在制定采购策略时，需要考虑影响采购总成本的决定性因素是哪些，并着重对这些因素进行调整。例如，一个企业长期采购大量低价值产品并进行加工，那么，对于该企业来说，提升采购效率、节约交易成本能大幅缩减采购的总成本，而与供应商的设计协同则对总成本的影响相对较小。

首先，供应商的评估和选择是通过企业对各供应商进行绩效评级后选出合适的供应商的过程。在对供应商进行评估时，不仅根据供应商提供的产品售价高低来决定优劣，还要根据各供应商对供应链盈余增加的贡献和对总成本的影响来综合测评。供应商对总成本的影响因素包括订单完成及交货时间、产品质量、运输时间及合作程度等。因此,完善的供应商评估应该是综合各个绩效指标以及所有可能影响交易总成本的因素,从而得到供应商评分。此外,供应商的选择并不是一步到位的,而是需要经过初评后,选出符合条件的供应商进行详谈,最终确定合作对象。

其次,谈判与拍卖是在选择供应商时让企业获得更合理的价格和更低的总成本的一种方法。通过不同的拍卖方式以便从中挑选成本最低的供应商并与之合作。然后,设计定制时让供应商从产品设计环节便参与进来,与供应商在产品设计上达到协同可以在很大程度上降低产品成本,也可以使产品的供应更为及时高效,以进一步增加供应链的盈余。此外,设计定制还包括采购合同的设计。采购合同的设计是通过不同的合同内容设计来激励供应商创造更多的供应链盈余,同时减小双重边际化的影响和信息扭曲的程度。

采购环节主要针对不同的采购物品采取不同的采购方法,以更低的成本来保障生产的顺利进行。最后,需要对采购结果进行简要总结分析,汇总各供应商在采购流程中的绩效表现,将结果及时反馈到企业的数据库中,以便进行供应商的管理,减少采购风险。

对于跨境电商企业来说,现在很少有企业通过整合上下游供应链进行独立生产,外购材料或零部件已经占据了企业销货成本的很大部分,因此,跨境电商企业所面临的成本压力越来越大,如果能大幅度地降低销货成本,企业将获得更大的竞争优势。

优质的采购决策可以帮助企业降低生产成本,扩大竞争优势。优质的采购决策可以从多方面帮助企业获益,不仅是供应链盈余的增加,还有对风险的控制。具体来说,企业可以从以下几方面获得有效的采购决策所带来的益处:第一,企业通过将订单大量集中,实现规模经济效应,进而可以有效地降低采购成本,尤其对单位价值较低且采购量较大的产品更为明显;第二,对于单位成本较高的零部件来说,与供应商的设计协同可以更快速、精确地生产出所需的产品,从而降低总成本;第三,通过与供应商的协作,信息得到更好的交互共享,可以降低库存水平,更好地满足需求;第四,通过拍卖与合同设计,让供应商与企业目标趋于一致,从而降低信息扭曲与目标不一致带来的成本增加。

三、跨境电商采购管理

OCMC 供应商管理模型,即整体考虑(Overall Consideration)、跨部门协作(Cross-Department Collaboration)、机制设计(Mechanism Design)和合作共赢(Cooperation),为采购企业提供了完善的管理结构和管理方法。整体考虑是管理模型贯穿始终的核心思想,跨部门协作是将供应商管理化繁为简的重要手段,机制设计可以更好地保障管理计划的实施,合作共赢则是该模型最终的目的。

（一）整体考虑

企业作为采购方，不能只考虑自身的采购成本，一味地向供应商施压，试图获得最大的利润。在总体利润不变的情况下，采购方的利润增加意味着供应商利润的减少，虽然对于大采购商来说有足够的能力迫使小供应商放弃一部分利润，但如果压榨过度，其他的问题也就会接踵而至。

因此，采购方应该从整体的角度来考虑与供应商的关系和协作问题，同时让供应商参与到设计流程中也可以更好地降低整体供应链的成本。如今，同类型制造商在产品的制造成本方面已相差无几，想要继续减少生产成本，就需要采购双方在产品的协调性上做出努力，而产品协调性的高低在设计阶段就已经决定。因此，为了进一步缩减采购成本，供应商与采购方之间需要在产品设计阶段开始，通过产品信息的共享达到设计协同。

企业在设计阶段进行合作可以缩短产品的开发和制造时间。在采购双方的共同努力下，产品的研发可以得到更多的技术支持，而且由于供应商在设计阶段参与了研发，研发成功后可立即投入生产，极大地缩短了生产前的沟通时间。产品生产周期的缩短对企业赢得竞争提供了很大的帮助，尤其对于高科技行业而言，在设计阶段的协同往往能够帮助企业更快地推出新产品占领市场。随着供应商越来越多地承担设计责任，供应商需要明确其设计是为了满足生产和物流需求。满足生产需求是指其设计的产品应当方便制造，尽量减少制作的步骤和流程。满足物流需求是指供应商可以通过适当的设计来减少运输、配送及仓储的成本。在降低运输成本和库存成本时，采购方通常将产品以模块化、组合化或灵活化三种方式进行生产。模块化是将产品分为不同的模块，通过不同的模块组合方式而形成不同的产品，这样既可以增加订货批量，也可以提升库存的利用率，减少库存积压。组合化是指企业在设计时将多种功能组合成一款产品，这样通过一款产品的生产可以满足不同客户的需求。灵活化则是指产品在制成后可以根据需求来进行任意调整。

通过整体考虑，采购方不仅可以加强与供应商之间的联系，还可以从成本的降低、生产周期的缩短和质量的提高上获益。同时，供应商也会在设计和生产中投入更多精力，在设计协同中承担更多的设计责任，当然这也会从采购方的利润中得到适当的补偿。

（二）跨部门协作

很多跨境电商企业都会遇到这样的情况：同样的采购产品，在各部门之间会出现不同的型号和价格，或是不同的设计部门设计出来的产品零部件都不能通用。这是因为各个部门之间缺乏沟通，采购和设计都独立进行，没有做到跨部门协作将采购和设计标准化，从而导致企业白白增加了一大笔不必要的支出。

采购的分散会使供应商的数量变得十分繁多，不易管理，而且每个部门的采购量较小，无法实现规模经济，也使得采购的成本大大提高。而集中采购就能弥补分散采购的缺点，这就需要跨部门协作，将部门采购上升为企业层面的采购决策，以企业整体去和供应商进行谈判，然后将订单交由相应部门去执行。集中采购不仅协调了部门间的运作，同时对供应商进行整合，减少供应商的数量，提高了采购效率，取得了更多的数量。同样，设计部门之间也需要跨部门的沟通和协作。采用标准件、选用统一的设计模具这都可以减少重复设计带来的损失。大部分企业生产的产品往往是同一类型的，因此很多零部件或模具都是可以通用的，将通用的零部件标准化，这样可以节省很多不必要的时间和成本。在产品的设计阶段，设计部门要主动和其他部门沟通，在设计时就要考虑到原材料的供应、产品的生产以及运输等问题，通过各环节的综合考量来实现设计的优化。

此外，对于需求的管理也需要各部门之间的通力合作。销售在谈判时并不都能一次成功，而是需要不断地沟通来增加成功的概率。当销售部门对概率做出预测之后，需要将数据与产品、运营、设计等部门共享。例如，企业规定，在成功率达到6%的时候，运营部就可以将需求录入。若在需求录入后，谈判最终以失败告终，而信息没有及时共享的话，将会使企业积压大量的库存。此时，信息共享可以使企业及时对需求的变化做出调整，避免不必要的损失。企业可以通过跨部门的整合与合作使得企业内部的运转更加高效流畅，企业内部的整合也使得企业摆脱了繁重重复的作业流程，将更多的精力放在供应链的管理上。

（三）机制设计

机制设计是采购方与供应商之间关系的保障，它既包括之前的合同设计，也包括调整机制和预警机制等。机制的设计不仅要包含企业内部机制，也要考虑到与供应商之间的外部机制。企业内部机制是为了规范内部流程，防范内部风险的发生，而外部机制是为了更好地维系与供应商之间的关系，增加供应商为完善绩效而做的努力，通过激励与惩罚的合同设计、供应商的预警机制以及调整预案机制，可以很好地提高供应链的稳定性，减少由于供应商主观意愿而带来的损失。

采购中所面临的风险主要有供货的延迟或中断、商业机密的泄露以及供应链成本的增加。采购时的供货中断对采购方的影响极为严重，尤其是电商企业，供货不及时是对其致命的打击，不仅会造成顾客的迅速流失，还有可能失去竞争地位。因此，对于供应商的管理十分重要。企业通常会采用选取几个主供应商以及若干次级供应商来预防供应链的断裂。若对于多个供应商的开发成本较高，企业也可以选择增加库存或保留部分自行生产能力的方式来防范断货的风险。商业机密泄露的风险可以通过签署保密协议或自行负责机密部分的生产来降低泄露风险。供应链成本的增加往往是由于技术的革新、供求关系的改变或者汇率波动等。对于技术以及供求关系改变的风险，企业可以选择在合同中增加例外条款或签署临时性短期合同来进行规避。而对于汇率等金融风险，企业可以通过金融衍生工具来进行套期保值。由此，通过对采购中的风险进行合理的规避，企业可以更顺利地完成采购流程。

如果说整体考虑和跨部门协作是在采购方与供应商之间搭建了一个完善的关系网络，那机制的设计相当于这个网络当中的一道防火墙，使其不会因为某一方的问题而影响整个网络的运作。

（四）合作共赢

前三个部分可以帮助企业与供应商建立起十分密切且牢固的关系，而合作共赢则是让企业知道进行供应商管理应当实现什么样的结果。合作共赢是采购方与供应商之间寻找最大公约数的过程，在这个过程中，双方既要增加整体的规模，也要创造更多的协同，并不是一味地相互迁就就可以共赢，一定要规划好目标，制定好机制，才能真正地实现供应商管理的最终目的。

第二节　跨境电商供应链管理

一、跨境电商供应链概述

跨境电商供应链是指在满足国外顾客需求过程中直接或间接涉及的所有环节。跨境电商供应链包括制造商、供应商、国际物流公司、仓储中心、分销商，甚至包括国外顾客本身。这些企业和消费者构成了一条"链"，一个集成的组织，管理的载体是贯穿于"链"条中的信息流、产品流和资金流，目的是减少采购、库存、运输等环节的成本，提高整条供应链的竞争能力。这不仅可以提高供应链中单个企业的竞争力，还可以使供应链上所涉及的企业或组织分享更大的利润。跨境电商供应链是由跨境电商供应链载体、跨境电商供应链实体、跨境电商供应链周期和跨境电商供应链系统四个部分组成的。

（一）跨境电商供应链载体

跨境电商供应链的载体包括产品流、信息流和资金流。以跨境电商速卖通为例，其在 2010—2014 年所取得的巨大成功，就是与其在供应链的信息流、资金流和产品流方面所具有的优势密不可分。2010 年 4 月成立的速卖通，2016 年已经是全球第三大英文在线购物网站，已经覆盖了全球 220 多个国家和地区，2010—2016 年成交额年均增长超过 300%，这些都得益于对信息流、资金流和产品流的巨大投资和良好运作。

（二）跨境电商供应链实体

对于任何一个跨境电商来讲，仅仅处理好供应链中的产品流、信息流和资金流等工作是远远不够的，还需要处理跨境电商的沟通与协调问题。从企业内部来看，这涉及职能部门内和职能部门间；从跨企业来看，这涉及不同企业之间的协调问题。一个企业失败的原因可能是由于供应链设计方面出现缺陷，也可能是缺乏各个实体之间的协调与沟通，即供应链上各实体在设计、流程和资源等方面难以协调所期望的战略目标。因此，供应链上各个实体的战略应该与供应链的竞争战略具有共同的目标，这个共同的目标就是要满足顾客至上的理念和供应链旨在建立的供应链各实体之间的一致性。与供应链上各实体保持一致性的关键问题是，在供应链的各个环节，沟通与协调的范围有多大，即匹配的范围就有多大。具体来说，供应链实体的匹配范围可以分为三种情况。

1. 企业职能部门内供应链管理

企业职能部门内供应链管理是供应链的每个环节都独立设计自己的战略。在这种情况下，生成的战略组合不可能得到最大化的供应链剩余，因为会存在不同职能部门和不同的作业部门相互冲突的情况。这个有限的供应链管理曾经是普遍现象，供应链上每个环节的各个职能部门都试图最大限度地降低自己的成本，但跨境电商供应链管理不能简单地归结为各职能部门实现成本最小化。局部成本最小化观点通常使得各个部门无法相互协调，而缺乏相互协调的后果就是供应链的剩余被削弱了。

2. 企业职能部门间供应链管理

随着上述实体间供应链管理缺陷的暴露，管理人员逐渐意识到供应链上各实体协调的范围不应该仅限于各职能部门内，于是沟通与协调的范围开始向外扩展，即开始基于企业职能部门间制定战略。在企业职能间的范围里，目标是企业利润最大化。要达到这个目标，所有部门制定的战略都要相互支撑，并且要服从企业的长期目标。在供应链实体的协调范围拓展到职能范围时，企业不再仅仅看重单个部门内的成本，而是注重企业的整体收入，换句话说，应该注重多付出一单位的成本可以带来利润的增加幅度。比如，仓储部门希望通过减少商品库存来降低库存成本，而市场营销部门希望增加库存以便增加企业的响应能力从而获得更多的销售额。如果通过持有更多的产品库存可以获得的收入或利润要高于因此而产生的库存成本，企业就应该采取增加库存的行动。但是，对于整条供应链来说，这样的匹配范围仍然是有缺陷的，比如，两个独立的厂商——制造商和电商，电商希望通过实施快速响应的战略来吸引消费者，而制造商可能更看重效率或者说更看重成本，这样就很难达到整条供应链的最优状态，从而造成不必要的损失。

3. 企业间供应链管理

企业职能部门间供应链管理存在两个主要的缺陷：一是它将导致供应链上的每个

企业都会极力争取自己的利润最大化，这将不利于整条供应链的盈余最大化，而只有当供应链上各个实体相互协调起来，供应链盈余才能达到最大化。这就需要供应链的实体匹配范围拓展到供应链各企业间的范围，这时供应链的所有环节才会有协调一致的目标，即争取整条供应链的盈余最大化。二是如果供应链实体的匹配范围仅限于各企业，会导致整体服务速度跟不上，所以需要考虑在企业间进行供应链管理。今天越来越多的企业不是因为产品价格低或产品质量高、性能好才获得了成功，而是因为它能对市场需求做出快速的响应，用最短的时间将已选购的产品送到客户面前而获得成功。

（三）跨境电商供应链周期

跨境电商供应链所有流程可以分为一系列周期，每一个周期都发生在供应链的两个相邻环节的接口处。正常的流程应该包括供应商或制造商采购原材料环节、制造商生产产品环节、国际物流公司配送货物环节和处理顾客订单环节等，相应的跨境电商供应链流程都可以分解为采购周期、制造周期、补货周期和订单处理周期。每个周期都可以分解为卖方展示或推销其产品、买方发出订单、卖方接受订单、运输货物、买方接收货物等环节。跨境电商供应链的周期观点明确地说明了供应链所包括的所有流程及每个流程的承担者。在考虑供应链决策时，周期观点是非常有用的，因为它明确了供应链每个成员的职责和任务，以及每个流程的预期产出。

（四）跨境电商供应链系统

跨境电商企业内部几乎所有的供应链活动都可以归属于客户关系系统（Customer Relationship Management，CRM）、集成供应链系统（Integrated Supply Chain Management，ISCM）和供应商关系系统（Supply Relationship Management，SRM）这三种部门流程中的一种。这三种流程对生成、接受并履行顾客需求所需的信息流、产品流和资金流有着至关重要的影响。

客户关系系统致力于引发顾客需求并简化下单和跟踪订单的过程。客户关系管理流程包括客户关系、客户服务、市场营销、定价、销售、订单等流程。集成供应链系统致力于以尽可能低的成本及时满足客户关系管理流程所引发的需求。它包括内部生产和库存能力计划、供给和需求计划准备以及实际订单履行。供应商关系系统致力于为各种产品和服务安排并管理供货资源，包括评估和选择供应商，协商供应条款以及与供应商联系新产品和订购事宜。

上述三种部门流程都致力于为顾客需求服务。三种流程的整合对供应链的成功起到很重要的作用。在很多企业中，这三种流程都缺乏彼此联系，如市场营销部门只负责客户关系管理流程，生产制造部门只负责集成供应链管理流程，采购部门只负责供应商关系管理流程，各部门之间缺乏交流，这样就大大降低了供应链对供给和需求进行有效匹配的能力，从而导致顾客不满和较高成本。因此，有必要建立一个有效地反映上述流程的供应链组织，以确保流程中的成员可以顺畅地沟通和协作。

二、跨境电商供应链的重要性

跨境电商相对于国内电商和普通企业而言，所涉及的实体更多、载体更丰富、周期更长、系统更复杂，因此有效的供应链管理对跨境电商能否在竞争中取得成功至关重要。

（一）供应链对综合跨境电商平台的重要性

供应链对综合跨境电商平台能否取得成功至关重要，速卖通的发展历程提供了一个有力实证。速卖通发展初期的目标市场定位于欧美区域，是出于以下几方面的考虑：其一，欧美买家已经养成了采购中国产品的习惯；其二，金融危机后，欧美买家呈现碎片化的采购趋势，速卖通能够满足他们小批量、多频次的采购需求；其三，英语网站的筹备相对容易，且能够辐射欧美大部分国家。然而，速卖通在实际运营中发现，有越来越多的买家是来自俄罗斯、巴西等新兴市场国家。经调查分析，很多新兴市场国家一方面工业基础薄弱，对外国商品有依赖的倾向；另一方面新兴市场国家的线下商品流通不充分，线上电商零售也不成熟。于是，速卖通瞄准新兴市场消费人群，在新兴市场国家加大市场推广，并积极上线了俄罗斯语和西班牙语网站。这样，通过目标市场的定位，速卖通不仅避开了与 eBay、亚马逊等巨头的正面竞争，也使得自身快速发展成为一家领先的 B2C 跨境电商平台。

出于对市场的预测和对定位消费者的理解，速卖通对其供应链做出了适当的调整。2013 年 3 月，速卖通宣布将从小额在线外贸批发平台全面转型为面向海外的购物平台，即从 B2B 转型为 B2C。这个转型可以说非常具有前瞻性，不妨对这两种平台模式进行分析。小额在线外贸批发平台上，整个供应链其实是 B2B2C 模式，即从国内工厂或批发商到国外批发商或零售商再到国外消费者，而海外购物平台上，整个供应链是 B2C 模式，即从国内工厂或批发商直接到国外消费者。可见，相对于小额在线外贸批发模式，海外购物平台直接省去了"国外批发商或零售商"环节，让终端消费者可以直接购买到中国工厂或批发商销售的商品。速卖通之所以风靡全球，就是因为其压缩了供应链，降低了流通环节成本，依靠自己出色的供应链设计、计划和运作获得了巨大的成功。

（二）供应链对跨境电商实体企业的重要性

供应链对跨境电商实体企业能否取得成功更为重要，另一个说明跨境电商顺应技术和顾客需求修改供应链从而取得成功的例子就是苹果。库克刚加盟苹果时，苹果的供应链设计效率非常低。就拿其主打产品计算机来讲，零部件供应商在亚洲，组装厂商在爱尔兰，并且有很多库存，其供应链设计为从亚洲购买原材料，运往欧洲的加工厂进行加工，组装成品，再发往亚洲销售，这样的供应链成本很高。之后，库克对其供应链的设计进行了修改，秉承 IBM（国际商业机器公司）和计算机行业的最佳实践，开始搭建苹果的供应链。库克关掉在美国和爱尔兰的生产设施，启用亚洲的合同制造商、建立实时（Just in Time）库存系统，通过这些举措使得苹果的利润大幅增加。

小米手机取得的巨大成就也可以用来说明供应链的重要性。小米公司在成立三年之后被评估价值为 100 亿美元，成为排在腾讯、阿里、百度后面中国第四大互联网公司。2014 年，小米已经成功进入境外 7 个国家和地区，第三方市场调研机构 Canalys 发布的 2019 年第二季度印度智能手机市场报告显示，小米以 33% 的市场份额领跑印度智能手机市场。在成长时间如此短暂、市场竞争如此激烈的情况下，小米为何能够取得如此骄人的成绩？一个重要因素在于其供应链模式的创新。

一方面，小米采取 C2B 预售模式，实现了零库存的管理。对于广大跨境电商来说，高库存几乎成为一个挥之不去的梦魇，对企业的发展乃至生存都构成极大挑战。由于企业供应链管理滞后，上下游协调不畅，不能快速响应，以致引发高库存，企业资金的周转率和使用率下降，导致企业无法大量更新产品，销售下滑，资金问题加剧，以致很多企业陷入亏损的泥潭。而小米的供应链是快速响应的，同时能够规避高库存风险。小米早期在日常经营中没有设置实体专卖店，而是通过电子商务的形式在网上进行预售。消费者要想购买手机，就必须先上网预订，然后小米根据用户的需求进行按需生产，并及时配送到消费者手中。这种 C2B 的预售模式，精确了产品的生产数量，避免了高库存风险。同时由于是预售模式，小米公司可以在生产之前就收到货款，实现了资金的快速回笼，解决了前期需要融资的难题。

另一方面，在于其精简的供应链。传统手机的供应链有研发组、供应商、代工工厂、核心企业、一级代理商、二级代理商、终端代理商、顾客等。产品下线后需要放到产品库，依据各个销售合作伙伴的采购订单进行销售配送，然后由他们分发到各个终端零售网点进行销售。过多的供应链环节自然带来较高的经营成本。而小米手机的供应链非常精简，只涉及研发组、供应商、代工工厂、核心企业、顾客几个环节。在供应链上，小米手机减少了中间代理商和中间流转环节。由于供应链的缩短，小米减少了巨大的经营成本，相应带来更多的收益。首先是中间环节的显性成本消失，如行政管理成本、营销销售成本、政府税收等环节成本的减少。没有了这些成本，产品的售价必然有降低的空间。其次，供应链管理的隐性成本降低。因为供应链的缩短，使供应链管理变得更加简单、有效。

三、跨境电商供应链战略

（一）概述

跨境电商供应链战略是指从企业战略的高度来对全球供应链进行全局性规划，确定原材料的获取和运输、产品的制造或服务的提供以及产品配送和售后服务的方式与特点。跨境电商供应链战略突破了仅仅关注企业本身的局限，通过在整个供应链上进行规划，进而实现为企业获取竞争优势的目的。跨境电商供应链战略管理所关注的重点不是企业向顾客提供的产品或服务本身给企业增加的竞争优势，而是整个全球供应链流程所创造的价值给企业增加的竞争优势。

跨境电商供应链的目标都应该是供应链整体价值最大化，也就是追求整体供应链剩余最大化。跨境电商供应链剩余是指最终产品对于顾客的价值与供应链为满足顾客需求所付出的成本之间的差额。它由两部分构成：一是消费者剩余，即产品对于顾客的价值与顾客所支付的价格的差额；二是供应链盈余，即顾客支付的价格与供应链成本之间的差额。对于大部分以盈利为目的的供应链来说，供应链盈余与利润之间存在很强的关联，供应链是否成功，应当由供应链总体盈利而不是单个环节的盈利来衡量，供应链总体盈利越高，供应链就越成功，而过分追求个别环节的盈利很可能导致整体供应链利润的减少。

跨境电商供应链的收入只有来自消费者，其他环节所有的现金流都只是供应链内部的资金的交换或者说是内部资源配置的移动。跨境电商供应链战略追求的就是供应链剩余最大化，对于如何提高供应链剩余可以从两个大方向上去把握：首先是提高产品对于顾客的价值；其次是如何从消费者那里获得更高的剩余，这部分剩余是消费者所支付的价格与供应链总成本的差额，所以想要从消费者支付的价格中获得更多的收入就必须控制成本。

（二）跨境电商供应链战略分类

在一条供应链中，由于所有的信息流、产品流和资金流都会产生成本，因此有效的跨境电商供应链管理应该包括对供应链资产的管理、库存的管理、物流的管理，这样，实现供应链总剩余的最大化的方法就变得十分重要。具体来说，跨境电商供应链涉及不同层次、存在不同动力机制、追求不同的战略目标，因此跨境电商供应链战略可以主要体现为层次论、动力论和标的论三种。

1.跨境电商供应链层次论

成功的跨境电商供应链管理需要制定与信息流、产品流和资金流相关的各种决策，这些决策根据其战略重要性和影响的时间跨度可分为三个层次：供应链全局设计、经营计划和具体运作。全局设计阶段限定或者说确保了好的经营计划，而经营计划则又限定或者确保了有效的具体运作。

（1）跨境电商供应链全局设计

在这个阶段，公司决定如何构造供应链，决定供应链的配置以及供应链的每个环节或组织执行什么样的流程。这些决策通常也称为战略供应链决策。公司的战略决策包括生产和仓储设施的位置和能力，在各个地点制造或存放的产品，根据不同交货行程采用不同的运输模式以及将要使用的信息系统的类型。公司必须保证供应链配置支持这一系列的战略目标。

（2）跨境电商供应链经营计划

在供应链配置确定之后，公司需要有相应的供应链计划，即要制定一整套控制短期运作的运营政策，这一阶段的决策必须满足既定战略供应链配置的约束。计划从预测未来一段时间跨度的市场需求开始，包括决定哪个地点供应哪些市场、计划库存多少、是否外协制造，补货和库存政策、备货点设定以及促销时间和规模等一系列相关的政策。

（3）跨境电商供应链具体运作

这一阶段的决策时间是"周"或"天"，企业根据既定的供应链计划做出具体的实现客户订单的有关决策，其目的是以尽可能好的方式实施供应链计划。在这一阶段，公司分派订单给库存或生产部门，设定订单完成日期，生成仓库提货清单，指定订单交付模式，设定交货时间表和发出补货订单。由于供应链运作是短期决策，通常具有更小的需求不确定性，因此，运作决策的目的就是要利用这种不确定因素的减少，使供应链在配置和计划政策的约束下取得最优性能。

2. 跨境电商供应链动力论

根据跨境电商动力来源的不同可以将跨境电商供应链分为推动式供应链、拉动式供应链和推拉混合式供应链。

（1）推动式供应链

推动式供应链是以企业自身产品为导向的供应链，有时也称为产品导向或库存导向供应链。这种供应链始于企业对市场的预测，然后制造所预测的产品，并推向市场。推动式供应链的运作模式是依据制造商本身对市场的预测，如果能成功地预测市场需求，就能成功地销售产品，企业就会获得成功；相反，如果对市场预测得不准确，就意味着失败。当制造商对商品市场预测偏低时，就会供不应求，整体利润减少；相反，如果制造商对商品的市场预测偏大时，就会层层退货，导致企业负担过重。推动式供应链模式是以制造商的生产计划、分销计划为前提进行的，虽然也进行过市场预测，但并不能十分准确地把握市场，因而这种供应链的运营模式所产生的商业风险是不可低估的。

（2）拉动式供应链

拉动式供应链是以企业获得订单为前提的。企业根据所获得的订单来进行生产，所以又称为客户导向或订单导向供应链。这种供应链起始于企业收到客户的订单，并以此引发一系列供应链运作，这是以销定产模式，所以重点是拉到客户，再以客户需求为导向，进行生产、采购、外包等一系列活动。采用这种模式的供应链，增加了企业控制市场的能力，能够使企业适应复杂多变的市场，使企业运营处于一种良性状态，同时节约企业运营所需的资金量，从而节约企业运营成本，有效地增进客户服务。事实上，一般的跨境电商并不能完全满足顾客的体验要求，因为企业并不能在接到订单后再组织生产和配送，所以很难应用拉动式供应链，但是采取定制模式的供应链可以采用拉动式供应链对一个特定的产品而言，采用什么样的供应链战略不仅要考虑来自需求端的不确定性问题，还要考虑来自企业自身生产和分销规模经济的重要性。在其他条件相同的情况下，需求不确定性越高，就越应当采用根据实际需求管理供应链模式——拉动战略；相反，需求不确定性越低，就越应当采用根据长期预测管理供应链模式——推动战略。

（3）推拉混合式供应链

由于推动式供应链和拉动式供应链各有其优缺点及不适用的范围，所以在实际应用中，核心企业会根据需要将两种模式结合，形成新的推拉混合模式，以求将两种模式的优点互补、缺点互避。

实践中可以将顾客的需求作为分界点分别采取推、拉两种不同的运作模式，在分界点之前，按照推动式的大规模通用化方式和需求预测组织生产以形成规模经济；在分界点之后，首先将产品的后续分级、加工、包装和配送等过程延迟，待切入顾客的需求信息并接到订单后，根据实际订单信息，尽快将产品按客户的个性化或定制要求分级、加工及包装为最终产品，实现对顾客需求的快速而有效的反应。比如，某生产T恤的厂商先按照推动式的大规模生产、裁缝成品，但并未给衣服染色，而是在接收到个性化的订单后，再按照拉动的方式进行染色，可见，分界点之后实施的是拉动式差异化整合模式。

当然，顾客需求分界点的位置是可调整的。当分界点向供应链上游方向移动时，顾客的需求信息会较早地被切入生产过程，产品同质化生产阶段会相应缩短，从而扩大按订单执行生产供应活动的范围。若将切入点向供应链下游方向移动，产品的个性化培育时间则会被推迟，相应地延长规模化时段。在实践中，顾客需求切入点的位置一般根据产品生产的特征和市场需求的特点等情况进行调整。

3.跨境电商供应链标的论

根据产品的生命周期、需求稳定程度以及可预测程度等可以将生产的产品分为两大类，即功能型产品和创新型产品。功能型产品包括可以从大量零售店买到的主要商品，这些产品满足基本需求，即需求稳定且可以预测，并且生命周期较长。但是稳定性意味着竞争较激烈，进而导致利润较低。创新型产品是指为满足特定需求而生产的产品，企业在产品样式上或技术上进行创新以满足顾客的特殊需求。尽管创新型产品能使企业获得较高的利润，但是创新型产品的新颖程度却使需求变得不可预测，而且产品的生命周期一般较短。与此相对应，可以将供应链战略划分为两类：效率型供应链战略和响应型供应链战略。

（1）效率型供应链战略

效率型供应链战略是指强调以最低的成本将原材料转化为零部件、半成品、成品，以及在供应链运输中的供应链战略，主要适用于功能型产品。由于功能型产品的需求可以预测，生产该类产品的企业可以采取共用措施降低成本，在低成本的前提下妥善安排订单，完成生产和产品交付，使供应链存货最小化和生产效率最大化。

（2）响应型供应链战略

响应型供应链战略是指强调快速对需求做出反应的供应链战略，所对应的产品是创新型产品。这是因为创新型产品所面临的市场是非常不确定的，产品的生命周期也比较短，企业面临的重要问题是快速把握需求的变化，并能够及时对变化做出有效反应。许多跨境电商经营的产品属于时尚类产品，需求变化快，而且一旦畅销，其单位利润就会很高，随之会引来许多仿造者，基于创新的竞争优势会迅速消失，因此产品的生命周期较短。这类产品的供应链应该考虑的是供应链的响应速度和柔性，只有响应速度快、柔性程度高的供应链才能适应多变的市场需求，而实现速度和柔性的费用则退为其次。

四、跨境电商出口供应链管理

（一）出口供应链发展现状

1.线下出口与线上电商相互结合

当前，我国外贸出口贸易模式大体上可以分为传统线下出口模式和线上跨境电商模式。随着消费模式的转型升级，传统的线下出口贸易模式已经不能满足进口商及国外消费者的个性化需求，国内跨境电商平台依靠互联网和国际物流，直接对接终端，能够最大限度满足客户碎片化消费升级需求，迅速拓展出口市场。随着"互联网＋"理念的深入推进，跨境电商获得了更加有利的发展环境，突破了传统线下出口贸易所受到的时空约束限制，利用线上平台推广和宣传商品，更加便于商品交易，甚至能够到达传统出口贸易几乎不涉及的国家和地区。可以认为，跨境电商的迅猛发展为我国实现线下出口与线上电商相互结合奠定了坚实基础。

2.跨境电商国内外联系密度加大

ECI 指数（E-Commerce Connectivity Index between China and Major Economies）是中国与主要经济体跨境电商连接指数。ECI 指数越高表示我国与一国的电商交易规模越大，市场渗透率越高，连接紧密度也就越高。2017 年，我国跨境电商 ECI 指数排名前十位的国家和地区分别为美国、英国、澳大利亚、法国、意大利、日本、加拿大、德国、韩国、俄罗斯。不难发现，我国跨境电商联系密切的国家大多集中于发达国家。跨境电商可以弥补传统贸易较为粗放的劣势，转而利用其线上平台的便利优势对线下出口供应链运营渠道进行优化升级，进而扩大出口供应链的深度和广度，加强进出口贸易联系。

（二）出口供应链存在的主要困境

1. 出口供应链物流困境

（1）物流成本较高

目前，跨境物流主要有直邮进出口、保税仓进出口和海外仓进出口三种模式。直邮进出口模式更加适合小规模、定制化商品，直接通过快递发货，然后清关、入境，速度相对较慢，且成本较高。此外，国际快递一般按重量收取费用，会导致出口商品价格与销售国国内商品价格基本一致，无法体现跨境电商的价格优势，且会增加商品质量风险和等待时间。一旦发生商品质量问题，退货成本高，手续烦琐且等待时间长，增加退货物流费用的同时，浪费过多的时间和精力。保税进出口模式适合大规模、热销的商品，产品先运送至保税区存放，一旦发生购买则清关发货，这样不仅能够保证质量，还能提高时效。海外仓进出口模式是将热销商品先行运输至销售国仓库内，消费者下单后直接从销售国仓库进行配送，这样配送速度更快，但容易产生库存积压风险。保税仓进出口模式和海外仓进出口模式往往会导致商品各运送环节产生费用，容易导致商品价格随着物流成本增加而上涨。

（2）物流速度较慢

虽然跨境电商的流通环节缩减了，但对于跨境电商而言，商品的订单往往都比较小，因此在面对这些订单重量较小的商品时，为了降低物流成本，大多数会选择低价的国际小包裹，通常要 20 ~ 30 天才能送达。因此，小批量、高频率的跨境出口物流速度非常慢，导致国外买家望而却步，且容易出现包裹丢失的情况，购买商品的风险性较大。

（3）物流信息化水平不高

跨境电商出口订单往往存在批次多、批量小、周期短等特点，商品流通频繁、快速。为满足消费者实时跟踪监控需求，跨境电商必须提高物流信息化水平。当前，我国正在进一步完善信息化基础设施，跨境物流运输方式有了更多选择，但跨境物流的信息化和创新化水平还不高，有些跨境零售出口商通过邮政包裹运输商品，从而导致消费者无法实时跟踪商品运送状态，很多消费者对我国跨境出口物流满意度下降。因此，必须尽快提升我国跨境电商物流信息化水平。

2. 通关效率困境

当前我国跨境通关的方式主要有三种：一是货物方式，即全部纳入海关贸易，待入关后在我国市场销售。二是快件方式，由进出境快件运营人承揽、承运物品，除了免征税的货样、广告品外，货物类的通关通常参照一般贸易方式通关和征税。三是邮件方式，以自用合理数量为限，收取行邮税。跨境零售出口订单通常比较零散，且批次多、金额小，通常每批次交易以单件为基础，不仅出货频次高，而且商品种类繁多，给海关监管带来了困难。目前，我国通关环节手续相对复杂，如通关申报项目较多、检查产品需要双方反复确认、放行环节手续较多、退税流程不完善、成本高等，这会导致通关效率下降，进而无法满足国外消费者对时效性的要求。

3. 安全支付困境

基于"互联网＋"下的网络虚拟性及其难以操控性，网络支付安全问题日益突出，给跨境电商交易带来了隐患。目前，我国跨境交易支持的支付方式主要有信用卡支付、银行转账、第三方支付和线下结算等，相比于传统贸易中的货款单据支付，跨境电商交易更多依赖于第三方支付，但第三方支付不可避免地存在着安全隐患。如第三方支付平台所依赖的电子传输系统及计算机数据处理系统，一旦这些系统受到攻击，很容易导致用户个人数据和账户资金被盗取。此外，鉴于跨境交易的特殊性，资金流通容易受到通关、地域等因素影响，进而引致备付金管理机制不完善问题，加之当前我国针对"第三方支付"的监管法律尚不健全，容易导致占用、挪用备付金等情况，给我国跨境电商发展带来了不利影响。虽然我国已经建立了人民币跨境支付系统，但"第三方支付"与银行合作力度不够，人民币兑换及支付效率仍然较低，尚未形成相对安全的支付环境。

4. 出口供应链信用体系困境

当前，我国出口供应链信用体系并不完善。一是缺乏立法保障和规范，监管难度大、效率低。跨境电商主要是通过虚拟网络进行交易的，买卖双方只能通过线上平台展开相关操作，无法涉及具体商品和资金流通，这会导致商品及商品售后服务等信息不对称，一旦出现假冒伪劣商品或售后服务不到位等问题，必将引发信用风险。二是跨境电商面临的买家风险。当前，我国只对国别风险进行了评级分类，尚未建立完善的、系统的用户数据库来对买家进行跟踪调整和评定。一般跨境电商平台上往往更加倾向于保护买家权益，所以一旦出现不良买家恶意退款、退货或进口商拒付货款，会在一定程度上损害卖家即跨境电商的合法权益。三是"互联网＋"背景下的信用体系不健全，导致交易纠纷时常发生。由于跨境电商交易主体之间存在语言和文化差异，在交易过程中容易出现沟通交流障碍进而导致交易纠纷。四是售后维权难以执行。基于出口供应链交易双方具有的地域及文化差异，信用体系和标准存在诸多不一致性，交易双方处在不同监管下，售后维权存在多重壁垒。

（三）出口供应链优化

1. 优化物流系统

要充分发挥"互联网＋"的技术优势，改善物流发展模式，提升跨境电商物流流通效率。一是政府要加大对跨境电商新兴业态发展的政策支持，及时修订跨境电商物流相关法律法规，加大物流基础设施投资力度，为跨境电商发展营造良好的法制环境。二是优化改革传统物流运营模式，积极构建对外贸易、电子商务物流渠道。一方面，充分利用保税物流优势，设立跨境电商保税仓库，建立仓储中心，集中采购、集中运送，缓解物流压力，进一步降低商品价格。另一方面，加快跨境电商物流园区建设，加强通关监管，加大金融服务政策扶持力度。吸引阿里巴巴、递四方等跨境电商及物流企业入驻物流园区，提升物流园区集聚效应，壮大跨境物流企业发展规模，推动物流产业链形成，提升物流流通效率。三是提升物流信息化建设水平，优化升级物流服务。加大基础设施信息化及现代化投资力度，建立多层次物流网络，满足不同配送要求，提升储存、分拣、运输及配送水平，适应跨境物流市场发展环境，进一步提升消费者满意度。

2. 提升出口供应链的监管效率

不断完善跨境电商相关法律法规，充分利用"互联网+"优势，改革通关运作模式，提高货物通关速度。一方面，不断完善跨境电商相关法律法规，促使跨境电商运营规范化，采用创新型监管模式，提升监管效率。另一方面，要创建新型通关模式，促进跨境电商通关程序标准化、统一化，构建健全的跨国贸易零售企业认证、监管体系，推动跨国贸易健康发展。简化出口申报、查验及放行等程序，开发跨境通关电子管理系统，打破海关、质检、物流和支付障碍，实现跨境电商交易、仓储、物流和通关监管执法自动化，同时加强清关专业化及设备信息化建设，实现"电子报关，无纸化通关"全覆盖，节省报关时间，提升通关效率。

3. 创造良好的出口供应链资金流通环境

支付是出口供应链中的关键环节，必须加强支付环境的安全性。一是第三方支付平台的监管和注册认证必须符合相关法律法规，构建具有针对性的支付平台检验审核、认证体系，为企业、个人资金信息安全提供保障；切实维护第三方支付机构系统的安全性及稳定性，提升第三方支付的可信度；第三方支付机构要不断完善会员实名认证体系，确保会员信息真实、可靠，提高网络信息传输、信息处理安全级别，定期升级安全系统，确保第三方支付平台信息安全。二是完善备付金管理机制，保障第三方支付平台用户利益。如金融部门允许第三方支付机构开设备用金专户，并对备付金进行区分管理。与此同时，第三方支付机构要加快建立相应的备付金风险基金体系，积极应对支付不力、风险支付等状况，避免出现资金、信息安全风险。三是提高各主体协作力度，提高支付平台的安全性。政府层面，通过出台或完善相关法律法规及政策制度，强化对支付平台的监管，同时严厉打击违法犯罪行为。金融层面，金融部门要努力健全管理机制，提升第三方支付平台的安全度，利用数据库加密、身份识别、杀毒系统、防火墙等，构建安全的第三方支付系统。

4.健全出口供应链信用体系

积极借助大数据、云计算等技术，不断完善跨境企业信用体系。一方面，要利用大数据技术完善现有信用系统，建立统一信用系统，提升信用评级效果。如通过第三方征信机构，收集汇总跨境电商平台上的商家及消费者交易信息，如经营信誉、发货速度、交易评价、退货比率等，建立商家及消费者信用数据库，确立相应信用等级，保障买卖双方合法权益。另一方面，要加快构建跨境电商质量认证体系，通过第三方质量评估机构，对入驻跨境平台的商家进行全方位评估、评级，加强对入驻企业的监管，促使入驻商家不断规范经营行为，切实维护消费者合法权益。

五、跨境电商进口供应链管理

对于跨境进口电商来说供应链是最核心的环节，供应链的效率和优势直接决定着跨境进口电商企业的生存和发展，目前爆出倒闭或经营困难的跨境电商企业大多是因为供应链出了问题。2016年，跨境进口电商的税改落地，如何在新形势下解决跨境电商的供应链问题，供应链公司未来会遇到什么样的机遇和挑战，是每个跨境进口企业必须深刻思考的问题。

（一）税改带来的供应链变革

刚刚落地的进口跨境电商新政规定，进口商品50元起征税全面取消，改为实行跨境电商综合税，所以跨境电商传统的保税区模式的优势没有了，跨境电商的直邮模式会变得更加重要，而且海关对直邮的监管会变得越来越严厉。

（二）税改新政下供应链的正品问题

税改新政的出台是对跨境进口电商一次彻底地调整和清理。长期以来，很多利用跨境电商政策红利套现的企业，用低价格吸引消费者，最终靠市场规模和流量去融资。在这样的模式下，产品品类高度重复，还出现了品质不高的跨境进口产品，甚至是假冒伪劣的产品。税改新政实施后，如何通过供应链获得正品，考验着跨境电商企业。建议大家选择一些专业跨境供应链服务公司，必须做到产品原产地可以追溯，每个细节可以追溯，每个节点可以追溯。从源头到代理商，到海关，到保税区，到商检，每一环节通过系统和数据能让消费者看得明明白白，保证产品是正品，提升信任和体验会提高跨境电商企业的竞争力。

（三）如何确保跨境电商的时效性

跨境进口电商特别是中小跨境电商最大的问题之一就是产品到消费者手里的时间难以把控，目前跨境进口电商的时效性非常差，比如从美国进口的商品，需要超过10天才可以送达消费者手中。大企业利用自己的采购体系，清关和报关都由自己完成，缩短物流时间，同时在保税仓建立自己的跨境物流体系。无论是进口跨境电商还是出口跨境电商，未来如何提高跨境电商的物流水平，如何解决时效性问题，是需要跨境电商企业不断探索的。

第三节　跨境电商供应链设计

一、跨境电商供应链设计原则

根据供应链在跨境电商环境下的特点，有必要对传统的供应链进行重新设计和改造，构建供应链的新模式。在重新设计供应链的过程中，有以下几个方法和原则。

（一）建立基于供应链的动态联盟

在需求的不确定性大大增加的环境下，供应链必须有足够的柔性，随时支持用新平台和新的方式来获取原材料、生产产品、服务顾客并完成最后的配送工作。而建立生态联盟可以极大地提高供应链的柔性。供应链从面向职能到面向过程的转变，使企业抛弃了传统的管理思想，把企业内部以及节点企业之间的各种业务看作一个整体过程，形成集成化供应链管理体系。通过对集成化供应链的有效管理，整条供应链将达到全局生态最优目标。供应链集成的最高层次是企业间的战略协作，当企业以动态联盟的形式加入供应链时，即展开了合作的过程，企业间通过一种协商机制，谋求双赢或多赢的局面。

（二）构建统一的信息平台

跨境电商环境下，顾客需求的不确定性增大，也增加了供应链构建的风险。构建统一的信息平台，增加各供应链节点之间的交流，将有效地防止信息延迟，减少供应链的"波动放大性"，增加供应链的响应速度，从而降低供应链构建的风险。

（三）统一管理"虚拟贸易社区"

尽管通过信息技术可以实现供应链信息的共享，但供应链伙伴仍然有一些敏感信息不愿意与别人共享，信息不对称的问题依然存在。建立集成化的管理信息系统，统一管理"虚拟贸易社区"，加强企业间的协调，保证供应链伙伴信息的安全性，才能有效地实现供应链中关键信息的充分共享，从而提高整个供应链的管理效率，实现供应链效率的最大化。

（四）密切关注顾客的需求和重视顾客服务

供应链从产品管理转向顾客管理，以及客户需求拉动的特点，使得企业更加密切地关注顾客的需求，并通过数据仓库和数据挖掘等技术，增加对顾客需求的理解。在理解顾客需求的基础上，通过大规模定制等技术，为顾客提供一对一的个性化服务。

（五）改造企业内部业务流程

在传统企业"筒仓式"组织结构中，信息的传递效率极其低下，导致企业内部业务效率难以提高。应对企业内部的组织结构进行改造，打破原来的职能化组织结构形式，尽量实现组织结构的扁平化，减少信息流的传递环节，重新设计企业的业务流程，减少整个流程的环节，从而提高组织的业务效率。

供应链设计是一项复杂而艰巨的工作，也是供应链管理的重要环节，它涉及供应链组织机制、供应链成员的选择、供应链成员之间的相互关系、物流网络、管理流程的设计与规划，以及信息支持系统等多方面的内容。供应链设计必须遵循一定的原则，运用科学合理的方法。

二、跨境电商供应链设计的基本要求

（一）客户优先

客户是供应链中唯一真正的资金流入点，任何供应链都只有唯一的收入来源——客户。因此，供应链的设计要考虑客户优先的原则。客户服务由客户开始，也由客户终止，客户最能感受到供应链中复杂的相互影响的全部效应。供应链的设计必须具有高度柔性和快速响应能力，才能够满足客户的现实需求和潜在需求。

（二）定位明确

供应链由原材料供应商、制造商、分销商、零售商、物流与配送商以及消费者组成。一条富有竞争力的供应链要求组成供应链的各成员都具有较强的竞争力，不管成员为整个供应链做了什么，都应该是专业化的，专业化就是优势。无论企业在供应链中处于主导地位，还是从属地位，都必须明确自己在供应链中的定位优势。根据自己的优势来确定自己的位置，并据此制定相关的发展战略，对自己的业务活动进行适当的调整和取舍，着重培养自己的业务优势，保证以自己的优势业务参与供应链。只有这样，企业才有可能在供应链中被认可，并与其他企业合作，最终实现共赢。

（三）防范风险

由于受到自然和非自然因素的影响，供应链的运作实际上存在着不确定性，从而使企业面临着一定的风险。例如，由于不确定因素的影响，市场需求总是变化的，具有不稳定性，所以，每个节点企业都必须保持一定的库存。为了达到为客户服务的目标，必须保持足够的库存（也就是安全库存），这样即使上游过程出现问题，也不至于影响客户。在供应链的设计中，应该对各种风险因素进行度量和说明，了解各种不确定性因素对系统所产生的影响，并制定相应的防范措施。

（四）量力而行

供应链的建立与运行是一个十分复杂的工程，它要求企业必须具备较强的经济实力、较高的决策水平和熟练的供应链运作技巧。因此，企业应根据自己的实际情况，对于建立什么样的供应链、自己在其中的地位和作用、供应链未来运作的预期状况等问题，做出理性的判断并量力而行，使未来的供应链运作能够在自己的掌控之中。只有这样，企业才有可能达到供应链设计和实施的目的。

三、供应链设计的基本内容

（一）供应链合作伙伴选择

每个供应链都包括从采购、供应、生产到仓储、运输、销售等多个环节的多家供应商、制造商和零售商以及专门从事物流服务的多家企业，供应链成员囊括了为满足客户需求、从原产地到消费地、直接或间接相互作用的所有公司和组织。因此，供应链成员的选择是供应链设计的基础。供应链成员的选择是双向的。一般而言，参与供应链的成员在市场交易的基础上，为了共同的利益而结成相对稳定的交易伙伴关系。但供应链的主体企业，尤其是核心企业，主导整个供应链的存在和管理，因为在对供应链其他成员的选择上具有一定的主动性；其他非主体企业规模相对较小，在供应链上处于从属的地位，往往无法主宰自己能否成为供应链成员。从这个意义上说，供应链成员及其合作伙伴的选择又是单向的。

（二）网络结构设计

整个网络结构由供应链成员、成员间的联系和供应链工序连接方式三方面组成，网络本身体现供应链成员及其分布和成员间的相互关系。供应链网络结构设计的中心是保证网络能合理利用和分配资源，提升物流效率，从而达到提高供应链整体价值的目的。

（三）组织机制和管理程序

供应链的组织机制和管理程序是保证供应链有效运营的关键。由于供应链涉及多家企业的多个业务环节，而这些企业都是独立的市场经济主体，在管理上自成体系，要实现供应链的无缝衔接，各个独立的企业必须在相关环节上达成一致。供应链的组织机制和管理程序实际上是各成员企业相关业务组织机制和管理程序的集合。各成员企业必须从供应链整体出发，设计相关的组织机制和管理程序。尤其是核心企业，其组织机制和管理程序是整个供应链效率的关键。

（四）供应链运行基本规则

供应链上的节点企业之间的合作是以信任为基础的。信任关系的建立和维系，除了需要各个节点企业的真诚和行为之外，还必须有供应链运行的基本规则。其主要内容包括协调机制、信息开放和交互方式、生产物流的计划与控制体系、库存的总体布局、资金结算方式、争议解决机制等。计算机系统、相应的软件和信息系统是供应链运营规则实施必要的物质基础。

四、供应链设计的评价指标

一个供应链是否能够有效运营，可以从以下几方面考察。

（一）灵敏度

灵敏度是企业通过供应链运营了解市场变化的敏锐程度，是供应链系统灵巧运用和重组内外资源的速度。面对越来越短的产品生命周期和日益苛刻而无法预期的需求，企业必须具备敏锐的感知市场变化的能力和变革能力。

（二）应变能力

仅仅提前察觉客户的需求，对未来想要成功的企业来说是不够的，它必须比竞争对手更快做出反应。企业应该具备对现实和潜在客户提前采取行动的能力，市场一有蛛丝马迹出现，就要能立即洞察客户的需求变化，并试图满足他们的需要。优秀的供应链不仅能够适应可预测的环境，也能够适应难以预测的环境。

（三）精简化

精简化指的是在能够实现供应链整体目标的前提下，供应链的设计宜简不宜繁。精简的供应链可以降低供应链运作成本，提高供应链运作效率。

（四）协调性

供应链是多个企业的构成网链，每个企业又是独立的利益个体，所以它比企业内部各部门之间的协调更加复杂、更加困难。供应链的协调包括利益协调和管理协调。利益协调必须在供应链组织结构构建时将链中各企业之间的利益分配得更加明确；管理协调则是按供应链组织结构要求，借助信息技术的支持，协调物流和信息流的有效流动，以降低整个供应链的运行成本，提高供应链对市场的响应速度。

（五）智能化

面对企业和供应链中的事件，能够迅速及时地把握并能正确决策，有效地集成各种资源予以解决，是供应链智能化的表现。

总之，一个全新的、反应能力强的、灵敏的、精简的、协调的和智能型的供应链应该是供应链设计所追求的目标。

五、跨境电商供应链优化

（一）成立跨境电商平台联盟，统一向境外品牌商议价

境内中小跨境电商议价能力弱，不能直接与境外供货商签约的主要原因还是需求分散和需求规模不够。目前，跨境进口电商多数由个人或专业团队向境外零售商代购，再向境内消费者销售，并没有打通供应链。如果若干家跨境电商平台联盟共同议价，取得境外一些著名品牌的授权，取得货源上的对接，就可以极大地降低供应环节的成本和费用。

（二）突破传统思维，与境外卖方进行思维互换

目前，跨境进口平台上自营模式的电商90%是通过中间商采购的，中小跨境电商议价能力弱，难以与境外品牌商直接签署供货合同。大型跨境进口平台采购量大，议价能力强，却也很难与品牌商签约，原因有很多，如文化差异、账期问题等，境内电商普遍存在拖欠供应商货款的现象，但是境外企业却坚决不能出现这种现象。因此，跨境进口电商要想与境外品牌商取得货源上的协调对接，需要适应不同的商业经营风格、不同的文化、不同政治体系下的思维方式。

（三）同跨境物流供应链服务商合作

跨境电商的物流模式主要有五种：邮政包裹、国际（地区间）快递、境内快递、专线物流、境外仓或保税仓模式。邮政网络全，但时效性差，从中国到美国的包裹一般需要15个工作日。国际（地区间）快递速度快，但费用也较为高昂，境内快递还在发展时期。因此，跨境电商需要根据产品特点选择合适的物流服务商，有时候甚至要采用复合物流供应模式来满足消费者需求。

（四）做好大数据分析，实行精准营销

与大数据平台合作，及时掌握消费者的个人信息和交易信息，掌握目标人群的需求和关注点，掌握消费者的消费心理和消费习惯，开展有针对性的精准营销。就像淘宝网的每日推荐和私人定制，围绕消费者建立自己的生态圈，布局线下服务和自由店铺或品牌。如蜜芽宝贝更名为蜜芽之后，产品组合定位扩大为母婴用品，开设线下体验店，消费场景得以拓展，借助百度大数据的分析开展精准营销。

（五）境外仓和保税仓物流模式组合

税收新政策实施后，两批跨境进口商品清单可以满足境内大部分消费者的需求，部分跨境电商零售进口商品纳入政策实施范围内，走保税仓进口的大部分货物税率会提高是不争的事实，设立境外仓处理业务将是比较好的选择。比如说境外仓集货后，若不在正面清单内，以个人行邮方式进境，同时征收行邮税；若属于清单内但未能提

供通关单的商品，以直邮进口方式进境，同时按跨境进口方式征税；若属于正面清单内商品，可以以批量方式进保税仓（进口同时需提供通关单），后以保税进口方式入境，同时按跨境进口方式征税，软件系统也要相应地与海关系统对接。

第四章 跨境电商数据分析

第一节 数据分析在跨境电商中的应用

跨境电商是基于互联网信息技术的应用，数据就是跨境电商运营的核心，直接或间接存在于跨境电商中的每个环节。因为它原本就是继承了数据分析的基因，数据的收集与处理相对方便，能够对数据进行有效的分析，那么就可以帮助我们在电子商务运营的各个环节中进行有效的决策。现在，跨境电商领域存在各种各样的问题。例如：商家不知道如何针对不同国家和地区的客户选择合适的商品，不知道怎样提高商铺流量的转化率，不知道如何经过数据分析来进一步挖掘老客户的价值；不知道如何针对不同跨境客户选择广告投放平台。当然，正是因为存在大量的数据挖掘不到位的问题，才会有更多的机会，让我们认识到要解决这些问题，成功的关键在于数据分析。我们可以通过互联网的相关计算机技术，对每位客户的浏览访问路径进行记录，并通过对这些记录进行分析，从而充分了解消费者真实的购物行为模式以及个性化的需求，从而来进行商品、平台、客户、经营策略以及推广方式的选择，对客户的价值进行深入挖掘，提高流量的转化率。

一、跨境电商产业链分析

跨境电商产业链指的是在互联网电子商务平台上，通过产品支持、内部运营、外部营销、跨境支付、电子通关、仓储、物流等重要节点，把众多异质性群体聚合在一起从而形成的链状结构。跨境电商产业链的运作流程主要为：首先由供应商提供产品支持，并通过跨境电商网站内部进行运营以及在跨境电商平台上通过推广、发布进行外部营销，然后用户可以在跨境电商平台上对商品进行浏览、选购并支付，最后会有第三方跨境物流服务商对商品进行运输、海关通关、商检及配送等，从而将商品从供应商移送到最终用户的手中。

（一）供应商

作为跨境电商交易的开端，供应商是跨境电商贸易的发起者，因而是跨境电商产业链的关键性节点。在整个跨境电商产业链中，供应商承担着最为基本的角色，为后续的跨境电商交易提供产品或服务支持。在数字化产业浪潮背景下，消费理念的转型升级使得供应商突破原先简单粗暴的代工角色，逐渐转向 OBM 输出、品牌输出，提高相应配套和升级供应链，精准定位市场开发产品，打造差异化的跨境电商市场。

（二）跨境电商平台

作为跨境电商交易的核心载体，跨境电商平台为供应商进行内部运营与外部营销提供运作平台。在内部运营环节，供应商借助于跨境电商平台的优势，利用大数据技术合理地进行商品预测，完善自身服务，提升产业链运作效率。在外部营销环节，通过跨境电商平台进行产品的销售推广及售后服务等，优化渠道，实现精准营销。作为跨境电商产业链的中游环节，跨境电商平台有机地衔接了上下游之间的贸易，推动了整个跨境电商贸易的有序开展。

（三）跨境服务商

跨境服务商是跨境电商产业链的第三个环节，贯穿于整个产业链中，在促进跨境产品交易顺利完成的过程中起辅助性作用。跨境服务提供商的产生是缘于供应商通过跨境电商平台吸引终端用户，使得用户在该平台进行跨境交易。跨境服务提供商为跨境电商产业链上下游群体之间进行交易提供跨境物流以及一系列通关、商检服务，从而推动供应商与终端用户之间的贸易能够顺利开展。跨境服务商的建立形式多样，既可以由供应商自行建立，完成跨境电商的交易服务，也可以由第三方建立，然后由实力薄弱的供应商与其合作完成跨境电商的贸易活动。

（四）最终用户

最终用户既是跨境电商产业链的终端环节，也是供应商的最终目标群体，整个跨境电商产业链的搭建就是为了满足和适应终端用户的跨境需求而产生的。供应商经过跨境电商平台，借助于由跨境服务商提供的第三方服务，完成商品从供应商到最终用户的贸易环节。因此，最终用户虽是产业链的末端，但却是跨境电商产业链其余各环节主体的主要服务群体。跨境电商产业链是供应商与最终用户之间直接形成的链条，延伸与聚合了众多异质化的跨境电商平台与跨境服务商，以满足跨境电商交易双方的需求。因此，跨境电商产业链上的各节点成员不能独立作用，彼此之间须协同发展，从而提升整个跨境电商产业链的效益水平。

二、数据分析在跨境电商产业链中的应用

基于产业链的视角，运用大数据深耕跨境电商，挖掘新的经济增长点已然成为大数据时代下跨境电商发展的新的价值诉求。大数据技术的驱动对跨境电商的交易发挥

着重要作用，其应用价值与思路主要体现在跨境电商产业链的五大环节：产品支持、内部运营、外部营销、跨境物流及服务评价。

（一）产品支持

大数据与产品支持有效结合，成为供应商提升产品竞争力的关键性手段。作为产品支持核心，大数据所体现出的功能在于能够分析顾客对产品的个性化需求信息，对产品进行个性化设计，贴合用户的个性化需求，提供差异化服务，以拓展差异化市场。除了企业的经济活动外，另一个相当重要的应用途径是可以通过顾客对产品统一的需要和建议，对产品自身进行改良和优化，使产品的更新高度契合顾客的需求，从而提高跨境电商产品核心用户的满意率，提升跨境电商企业的经济效益。

（二）内部运营

跨境电商是外贸与信息技术相结合的产物，其发展离不开内部支撑条件的建设。在内部运营层面，跨境电商平台的信息化服务功能设计在大数据技术的驱动下趋向便捷化与多元化。从跨境电商平台优化的角度出发，跨境电商企业可以充分利用大数据优化自身网站，调整跨境电商平台自身的信息功能，保证网页内容更加详细和充实，丰富消费者选购时对产品的认知感，并且避免原先传统的人工处理数据的滞后、低效以及失真的局限性。从供应链管理效率的角度出发，基于大数据技术，企业货源信息的来源趋于多样化，跨境电商企业需要依赖大数据技术来确定组成供应链效率的关键性因素，并依据关键性因素进行合理的设计与安排，以尽可能地提升跨境电商企业供应链的运作效率。此外，跨境电商企业可以利用"互联网思维"，收集用户在跨境电商平台上的评论留言以及相同或者类似于行业竞争对手的用户评论留言数据，来发现自身及竞争对手在跨境电商贸易中存在的弊端和不足，并有目的性地采取适合跨境电商企业发展的运营管理方式，增加跨境电商企业与终端用户之间的黏度，从而提升跨境电商企业内部的运营管理水平。

（三）外部营销

相较于传统的营销模式，在大数据背景下跨境电商营销的决定性优势主要体现在主动性和精准性方面。在大数据下跨境电商的外部营销主要是通过利用跨境电商的大数据来建立线上和线下数据库，分析影响众多目标群体消费的心理路径，直接介入用户完成订单支付前的商品浏览与购买决策的关键性环节，从而影响用户对于目标商品的选择。在渠道优化层面，跨境电商企业可以利用大数据技术分析顾客的行为轨迹，判断吸引更多用户的渠道，从而合理调整各种营销资源的投放比例，确保实现资源利用效益最大化。在精准营销层面，跨境电商企业应当利用用户的搜索、浏览记录来寻找目标客户，从消费者属性、兴趣、购买行为等维度，挖掘更多的潜在客户，对个体消费者进行营销信息推送。此外，跨境电商企业将跨境电商平台的商家数量、消费者搜索数据以及其购买产生的数据与消费者行为相关联，研究消费者搜索、比较与购买行为的关系以分析消费者的类别，并针对各类消费者采取一定的策略。在外部营销环节，跨境电商企业可以基于大数据技术辨析用户属性，制定合理、有针对性的营销策略。跨境电商企业可以依据跨境电商平台上用户的相关大数据分辨出用户是属于长期客户还是潜在客户，再依据用户属性针对不同的用户制定符合其特性的营销策略，与用户之间建立良好的合作互动关系，从而实现交易双方的共赢。

（四）跨境物流

随着大数据时代的到来以及跨境电商的不断发展，大数据技术与跨境物流的结合成了发展的必然趋势。利用大数据分析技术，合理进行实体店选址，依据物流数据建立数据分析管理系统，根据用户收货的时间与地址，选择最合适的配送方式，从而为客户提供优质的物流服务，缩短物流的"最后一公里"。此外，针对跨境电商物流大数据反馈的信息，跨境电商企业可以调整商品存储的数量和位置，加大热销地区火爆商品的存储量，减少冷门地区滞销商品的存储量，打造实时动态的数据化仓储与物流。在跨境电商海外仓建设方面，跨境电商企业可利用大数据技术重点统计分析出口比重较高国家的用户收货地址，在收货地址分布密集的城市附近建立海外仓，完善对跨境商品的仓储管理与物流配送提速，从而减少商品的物流配送时间，提升用户跨境交易的消费体验。物流超市是在大数据时代背景下孕育出的一种新型的经营管理模式，通过整合现有的零散、粗放的数据资源，来打造可提供仓储、配送、信息咨询以及用户定制等一系列统一协调管理空间地理信息的现代化物流服务。

（五）服务评价

结合我国跨境电商的实际情况，从跨境电商的服务流程角度出发，可充分利用互联网和大数据进行设计，构建跨境电商服务评价指标体系，进一步完善跨境电商服务管理机制、政府监督等。基于消费者角度，可利用大数据技术来分析消费者对跨境电商的服务体验及评价，从而对跨境电商平台中的客户进行行为分析，研究跨境电商用户的消费心理，以便更容易锁定潜在客户，并提供个性化服务。跨境电商企业利用大数据来分析跨境电商的服务评价，在一定程度上可以引导、培育跨境电商企业开展跨境贸易，不断提升服务质量，直接将供应商与终端用户关联起来，减少交易双方的信息沟通障碍，从而提高消费者满意度。大数据技术在各个领域都引起了广泛的关注与讨论，各行各业也面临着前所未有的数据量和对数据分析的需求。在跨境电商运作中，大数据将成为跨境电商运营分析及日常推广的主要依据，跨境电商要充分意识到大数据在企业的经济活动和运营管理过程中所起到的战略价值和应用价值，最大限度地发挥大数据的整合效应优势。

第二节　跨境电商数据分析基础知识

跨境运营包括行业对比、选品开发、店铺监控、商品分析、爆款打造等，在所有的运营环节中能够为决策提供客观依据的就是数据分析，数据分析的目的就是找到最适合自己店铺的运营方案，以达到销售利润的最大化。

一、跨境电商数据分析基础指标体系

信息流、物流和资金流三大平台是跨境电商的三个最为重要的平台。而跨境电商信息系统最核心的能力是大数据能力，包括大数据处理、数据分析和数据挖掘能力。无论是跨境电商平台还是在跨境电商平台上销售产品的卖家，都需要掌握大数据分析的能力。越成熟的跨境电商平台，越需要通过大数据能力驱动跨境电商运营的精细化，更好地提升运营效果，提升业绩。构建系统的跨境电商数据分析指标体系是跨境电商精细化运营的重要前提，本部分将重点介绍跨境电商数据分析指标体系。跨境电商数据分析指标体系可分为八大类指标，包括总体运营指标、网站流量指标、销售转化指标、客户价值指标、商品指标、市场营销活动指标、风险控制指标和市场竞争指标。不同类别的指标对应跨境电商运营的不同环节，如网站流量指标对应的是网站运营环节，销售转化、客户价值和营销活动指标对应的是跨境电商销售环节。

（一）个体运营指标

总体运营指标，是指从流量、订单、总体销售业绩、整体指标方面进行把控，至少对运营的跨境电商平台有个大致了解，到底运营得怎么样，是亏还是赚。跨境电商总体运营指标主要面向的人群是跨境电商运营的高层，他们需要通过总体运营指标来评估跨境电商运营的整体效果。跨境电商总体运营指标包括四方面的指标。

1. 流量类指标

（1）独立访客数。独立访客数（UV）是指访问电商网站的不重复用户数。对于PC网站，统计系统会在每个访问网站的用户浏览器上"种"一个cookie来标记这个用户，这样每当被标记cookie的用户访问网站时，统计系统都会识别到此用户。在一定统计周期内（如一天），统计系统会利用消重技术，对同一cookie在一天内多次访问网站的用户仅记录为一个用户。而在移动终端区分独立用户的方式则是按独立设备计算独立用户。

（2）页面访问数。页面访问数（PV）即页面浏览量，用户每一次对电商网站或者移动电商应用中的每个网页访问均被记录一次，若用户对同一页面多次访问，则访问量累计。

（3）人均页面访问数。人均页面访问数即页面访问数（PV）/独立访客数，该指标反映的是网站访问黏性。

2.订单产生效率指标

（1）总订单数量。总订单数量即访客完成网上下单的订单数之和。

（2）从访问到下单的转化率。从访问到下单的转化率即电商网站下单的次数与访问该网站的次数之比。

3.总体销售业绩指标

（1）网站成交额（GMV）。网站成交额（GMV）也称电商成交金额，即只要网民下单，生成订单号，便可以计算在 GMV 里面。

（2）销售金额。销售金额是货品出售的金额总额。注意无论这个订单最终是否成交，有些订单下单未付款或取消，都算 GMV，而销售金额一般只指实际成交金额，所以 GMV 的数字一般比销售金额大。

（3）客单价。客单价即订单金额与订单数量的比值。

4.整体指标

（1）销售毛利。销售毛利是销售收入与成本的差值。销售毛利中只扣除了商品原始成本，不扣除没有计入成本的期间费用（管理费用、财务费用、营业费用）。

（2）毛利率。毛利率是衡量电商企业盈利能力的指标，是销售毛利与销售收入的比值。如京东 2014 年的毛利率连续四个季度稳步上升，从第一季度的 10.0% 上升至第四季度的 12.7%，体现出京东盈利能力的提升。

（二）网站流量指标

网站流量指标，即对访问你网站的访客进行分析，基于这些数据可以对网页进行改进和对访客的行为进行分析。

1.流量规模类指标

常用的流量规模类指标包括独立访客数和页面访问数，相应的指标定义在前文（跨境电商总体运营指标）已经描述，在此不再赘述。

2.流量成本类指标

流量成本类指标是指在流量推广中，广告活动产生的投放费用与广告活动带来的独立访客数的比值。最好将单位访客获取成本与平均每个访客带来的收入以及这些访客带来的转化率进行关联分析。若单位访客获取成本上升，但访客转化率和单位访客收入不变或下降，则很可能流量推广出现了问题，尤其要关注渠道推广的作弊问题。

3.流量质量类指标

（1）跳出率

跳出率也被称为蹦失率，为浏览单页退出的次数与该页访问次数的比值，跳出率只能衡量该页作为着陆页面（Landingpage）的访问情况。如果花钱做推广，而着陆页的跳出率高，很可能是因为对推广渠道的选择出现了失误，推广渠道目标人群和被推广网站的目标人群不够匹配，导致大部分访客访问一次就离开。

（2）页面访问时长

页面访问时长是指单个页面被访问的时间。页面访问时长不是越长越好，要视情况而定。对于电商网站，页面访问时间要结合转化率来看，如果页面访问时间长，但转化率低，则页面体验出现问题的可能性很大。

（3）人均页面浏览量

人均页面浏览量是指在统计周期内，平均每个访客所浏览的页面量。人均页面浏览量反映的是网站的黏性。

4. 会员类指标

（1）注册会员数

注册会员数是指一定统计周期内的注册会员数量。

（2）活跃会员数

活跃会员数是指在一定时期内有消费或登录行为的会员总数。

（3）活跃会员率

活跃会员率即活跃会员占注册会员总数的比重。

（4）会员复购率

会员复购率是指在统计周期内产生两次及两次以上购买行为的会员占购买会员的总数。

（5）会员平均购买次数

会员平均购买次数是指在统计周期内每个会员平均购买的次数，即订单总数与购买用户总数的比值。会员复购率高的电商网站，其平均购买次数也高。

（6）会员回购率

会员回购率指上一期内活跃会员在下一期时间内有购买行为的会员比率。

（7）会员留存率

对会员在某段时间内开始访问你的网站，经过一段时间后，仍然会继续访问你的网站就被认作是留存，这部分会员占当时新增会员的比例就是新会员留存率，对这种留存的计算方法一种是按照活跃来计算，另一种是按消费来计算，即某段的新增消费用户在往后一段时间周期（时间周期可以是日、周、月、季和半年度）还继续消费的会员比率。留存率一般看新会员留存率，当然也可以看活跃会员留存率。留存率反映的是电商留住会员的能力。

（三）网站销售（转化率）指标

网站销售（转化率）指标，指分析从下单到支付整个过程中的数据，从而帮助提升商品转化率，也可以对一些频繁异常的数据展开分析。

1. 购物车类指标

（1）基础类指标

基础类指标包括在一定统计周期内加入购物车次数、加入购物车买家数以及加入购物车商品数。

（2）转化类指标

转化类指标购物车支付转化率，即在一定周期内加入购物车商品支付买家数与加入购物车买家数的比值。

2. 下单类指标

（1）基础类指标

基础类指标包括在一定统计周期内的下单笔数、下单金额以及下单买家数。

（2）转化类指标

转化类指标为浏览下单转化率，即下单买家数与网站访客数（UV）的比值。

3. 支付类指标

（1）基础统计类指标

基础统计类指标包括在一定统计周期内的支付金额、支付买家数和支付商品数。

（2）转化类指标

转化类指标包括浏览 – 支付买家转化率（支付买家数/网站访客数）、下单 – 支付金额转化率（支付金额/下单金额）、下单 – 支付买家数转化率（支付买家数/下单买家数）和下单 – 支付时长（下单时间到支付时间的差值）。

4. 交易类指标

（1）基础类指标

基础类指标包括在一定统计周期内的交易成功金额、交易成功买家数、交易成功商品数、交易失败订单数、交易失败订单金额、交易失败订单买家数、交易失败商品数、退款总订单量、退款金额。

（2）退款率

退款率指的是在具体时间段内，已退款的商品所占的比例。计算公式为：退款率 = 已退款的商品数量/已订购商品数量 ×100%。

（四）客户价值指标

客户价值指标，包括客户指标、新客户指标和老客户指标。

1. 客户指标

客户指标包括在一定统计周期内的累计购买客户数和客单价。客单价是指每个客户平均购买商品的金额，也称平均交易金额，即成交金额与成交用户数的比值。

2. 新客户指标

新客户指标包括在一定统计周期内的新客户数量、新客户获取成本和新客户客单价。其中，新客户客单价是指第一次在店铺中产生消费行为的客户所产生的交易额与新客户数量的比值。影响新客户客单价的因素除了推广渠道的质量外，还有电商店铺活动和关联销售。

3. 老客户指标

老客户指标包括消费频率、最近一次购买时间、消费金额和重复购买率。

（1）消费频率是指客户在一定期间内所购买的次数。

（2）最近一次购买时间表示客户最近一次购买的时间离现在有多久。

（3）消费金额是指客户在最近一段时间内购买的金额。消费频率越高、最近一次购买时间离现在越近、消费金额越高的客户就越有价值。

（4）重复购买次数则是指消费者对该品牌产品或者服务的重复购买次数。重复购买次数越多，则反映出消费者对品牌的忠诚度越高，反之则越低。重复购买率可以按两种口径来统计：第一种，从客户数角度，重复购买率是指在一定周期内下单次数在两次及两次以上的人数与总下单人数之比，如在一个月内，有 100 个客户成交，其中有 20 个是购买两次及以上，则重复购买率为 20%；第二种，按交易计算，即重复购买交易次数与总交易次数的比值，如在某月内，一共产生了 100 笔交易，其中有 20 个人有了二次购买，这 20 个人中的 10 个人又有了三次购买，则重复购买次数为 30 次，重复购买率为 30%。在面向客户制定运营策略、营销策略时，我们希望能够针对不同的客户推行不同的策略，实现精准化运营，以期获取最大的转化率。精准化运营的前提是客户关系管理，而客户关系管理的核心是客户分类。通过客户分类，对客户群体进行细分，区别出低价值客户、高价值客户，对不同的客户群体开展不同的个性化服务，可将有限的资源合理地分配给不同价值的客户，实现效益最大化。在客户分类中，RFM 模型是一个经典的分类模型，模型利用通用交易环节中最核心的三个维度——最近一次消费（Recency）、消费频率（Frequency）、消费金额（Monetary）来细分客户群体，从而分析不同群体的客户价值。

（五）商品指标

商品指标主要分析商品的种类，哪些商品卖得好，库存情况，以及可以建立关联模型来分析哪些商品同时销售的概率比较高，从而进行捆绑销售。

1. 产品总数指标

产品总数指标包括 SKU、SPU 和在线 SPU。

（1）SKU

SKU是物理上不可分割的最小存货单位。

（2）SPU

SPU即标准化产品单元（Standard Product Unit），SPU是商品信息聚合的最小单位，是一组可复用、易检索的标准化信息的集合，该集合描述了一个产品的特性。通俗点讲，属性值、特性相同的商品就可以称为一个SPU。如iPhone5S是一个SPU，而iPhone5S的配置为16G版、4G手机、颜色为金色、网络类型为TD–LTE/TD–SCDMA/WCDMA/GSM则是一个SKU。

（3）在线SPU

在线SPU是指在线商品的SPU数。

2. 产品优势性指标

产品优势性指标主要是独家产品的收入占比，即独家销售的产品收入占总销售收入的比例。

3. 品牌存量指标

品牌存量指标包括品牌数和在线品牌数指标。品牌数是指商品的品牌总数量。在线品牌数则是指在线商品的品牌总数量。

4. 上架

上架包括上架商品SKU数、上架商品SPU数、上架在线商品SPU数、上架商品数和上架在线商品数。

5. 首发

首发包括首次上架商品数和首次上架在线商品数。

（六）市场营销活动指标

市场营销活动指标主要监控某次活动给电商网站带来的效果，以及监控广告的投放指标。

1. 市场营销活动指标

市场营销活动指标包括新增访问人数、新增注册人数、总访问次数、订单数量、下单转化率以及投资回报率（ROI）。其中，下单转化率是指活动期间，某活动所带来的下单的次数与访问该活动的次数之比。投资回报率（ROI）是指，在某一活动期间，产生的交易金额与活动投放成本金额的比值。

2. 广告投放指标

广告投放指标包括新增访问人数、新增注册人数、总访问次数、订单数量、UV订单转化率、广告投资回报率。其中，下单转化率是指某广告所带来的下单的次数与访问该活动的次数之比。广告投资回报率是指，某广告产生的交易金额与广告投放成本金额的比值。

（七）风险控制指标

风险控制指标是指分析卖家评论以及投诉情况，从而发现问题，改正问题。

1.买家评价指标

买家评价指标包括买家评价数、买家评价卖家数、买家评价上传图片数、买家评价率、买家好评率以及买家差评率。其中，买家评价率是指某段时间参与评价的买家与该时间段买家数量的比值，是反映用户对评价的参与度，电商网站目前都在积极引导用户评价，以作为其他买家购物时的参考。买家好评率是指某段时间内好评的买家数量与该时间段买家数量的比值。同样，买家差评率是指某段时间内差评的买家数量与该时间段买家数量的比值。尤其是买家差评率，是非常值得关注的指标，需要监控起来，一旦发现买家差评率在加速上升，就要提高警惕，分析引起差评率上升的原因，并及时改进。

2.买家投诉类指标

买家投诉类指标包括发起投诉（申诉）数、撤销投诉（申诉）数、投诉率（买家投诉人数占买家数量的比例）等。对于投诉量和投诉率，卖家为了发现问题都需要及时监控，及时优化。

（八）市场竞争指标

市场竞争指标，包括市场份额相关指标和网站排名两类指标。

1.市场份额相关指标

市场份额相关指标包括市场占有率、市场扩大率和用户份额。市场占有率是指电商网站交易额占同期所有同类型电商网站整体交易额的比重；市场扩大率是指购物网站占有率较上一个统计周期增长的百分比；用户份额是指购物网站独立访问用户数占同期所有 B2C 购物网站合计独立访问用户数的比例。

2.网站排名

网站排名包括交易额排名和流量排名。交易额排名是指电商网站交易额在所有同类电商网站中的排名；流量排名是指电商网站独立访客数量在所有同类电商网站中的排名。

以上共从八方面来阐述如何对跨境电商平台进行数据分析，当然，具体问题具体分析，每个公司的侧重点也有所差异，所以具体如何分析还须因地制宜。总之，本书介绍了跨境电商数据分析的基础指标体系，涵盖了流量、销售转化率、客户价值、商品类目、营销活动、风控和市场竞争指标，对于这些指标只有系统化地进行统计和监控，才能更好地发现跨境电商运营健康度的问题，从而更好地及时改进和优化，提升跨境电商收入。例如，销售转化率本质上是一个漏斗模型，而对于从网站首页到最终购买各个阶段的转化率的监控和分析是网站运营健康度很重要的分析方向。

二、数据分析方法

（一）趋势分析

趋势分析是最简单、最基础，也是最常见的数据监测与数据分析方法。通常我们要在数据分析产品中建立一张数据指标的线图或者柱状图，然后持续观察，并重点关注异常值。在这个过程中，我们要选定第一关键指标，而不被虚荣指标迷惑。以社交类 App 为例，如果我们将下载量作为第一关键指标，可能就会走偏，因为用户下载 App 并不代表他使用了你的产品。在这种情况下，建议将 DAU 作为第一关键指标，而且是启动并且执行了某个操作的用户才能算上去；这样的指标才有实际意义，运营人员要核心关注这类指标。

（二）多维分析

多维分析是指从业务需求出发，将指标从多个维度进行拆分。这里的维度包括但不限于浏览器、访问来源、操作系统、广告内容等。为什么需要进行多维拆解？有时候对于一个非常笼统或者最终的指标是看不出什么问题来的，但是进行拆分之后，很多细节问题就会浮现出来。

（三）用户分群

用户分群主要有两种分法：维度和行为组合。第一种是根据用户的维度进行分群，比如从地区维度分，有北京、上海、广州、杭州等地的用户；从用户登录的平台进行分群，有 PC 端、平板端和手机移动端用户。第二种是根据用户的行为组合进行分群，比如，区分在社区"每周签到 3 次"的用户与在社区"每周签到少于 3 次"的用户。

（四）用户细查

正如上文所述，用户行为数据也是数据的一种，观察用户在你产品内的行为路径是一种非常直观的分析方法。在用户分群的基础上，一般抽取 3~5 个用户进行细查，即可覆盖分群用户大部分的行为规律。

（五）事件分析

事件，即通过埋点，高效追踪用户行为或业务的过程。注册、启动、登录、点击等，都是常见的事件。

通过事件分析我们可以准确了解 App 内发生的事件量，根据产品特性合理配置追踪，可以轻松回答关于变化趋势、分维度对比等问题，例如：

某个时间段推广页面的点击量有多少，对比昨日有多少提升？

某个渠道的累计注册数是多少，第一季度排名前十的注册渠道有哪些？

某个活动页的 UV 不同时段的走势，安卓和 IOS 占比情况如何？

（六）漏斗分析

漏斗是用于衡量转化效率的工具，因从开始到结束的模型类似一个漏斗而得名。漏斗分析要注意两个要点：第一，不但要看总体的转化率，还要关注转化过程中每一步的转化率；第二，漏斗分析需要进行多维度拆解，拆解之后可能会发现在不同维度下的转化率有很大差异。在漏斗模型中须清晰三个基本概念，可以借助强大的筛选和分组功能进行深度分析。步骤：用户行为，由事件加筛选条件组成。时间范围：漏斗第一步骤发生的时间范围。转化周期：用户完成漏斗的时间限制，漏斗只统计在这个时间范围内，用户从第一步到最后一步的转化。漏斗分析与事件分析的不同在于：漏斗分析是基于用户，或者说是基于人来统计某一批用户所发生的行为，不会受到历史浏览页面用户的事件的影响，可以更加准确地暴露某一时间段内产品存在的问题。例如，某企业的注册流程采用邮箱方式，注册转化率一直很低，只有 27%。通过漏斗分析发现，主要流失在"提交验证码"环节。

（七）留存分析

留存，顾名思义就是新用户留下来持续使用产品。衡量留存的常见指标有次日留存率、7 日留存率、30 日留存率等。我们可以从两方面去分析留存，一个是新用户的留存率，另一个是产品功能的留存。

1. 留存用户

留存用户，即用户在发生初始行为一段时间后，发生了目标行为，则认定该用户为留存用户。

2. 留存行为

留存行为，即某个目标用户完成了起始行为之后，在后续日期完成了特定留存行为，则留存人数加 1。

3. 留存率

留存率，是指发生"留存行为用户"占发生"初始行为用户"的比例。常见指标有次日留存率、七日留存率、次月留存率等。

4. 留存表

留存表中给出了目标用户的留存详情，主要包括以下信息：

（1）目标用户：每天完成起始行为的目标用户量，是留存用户的基数。

（2）留存用户：发生留存行为的留存用户量和留存率。

（3）留存曲线图：通过留存曲线图可以观测随着时间推移，用户留存率的衰减情况。第一个案例：以社区网站为例，"每周签到 3 次"的用户留存率明显高于"每周签到少于 3 次"的用户。签到这一功能在无形中提升了社区用户的黏性和留存率，这也是很多社群或者社区主推这个功能的原因。第二个案例：首次注册微博，微博会向你推荐关注 10 个"大 V";首次注册 LinkedIn，LinkedIn 会向你推荐 5 个同事；在申请信用卡时，发卡方会说信用卡消费满 4 笔即可抽取"无人机"大奖；很多社交产品规定，每周签到 5 次，用户可以获得双重积分或者虚拟货币。在这里面，"关注 10 个大 V""关注 5 个同事""消费 4 笔""签到 5 次"就是笔者想说的"Magicnumber"，这些数字都是通过长期的数据分析或者机器学习的方式发现的。实践证明，符合这些特征的用户的留存度是最高的；运营人员需要不断去推动、激励用户达到这个标准，从而提升留存率。

(八)A ~ B 测试与 A ~ A 测试

A/B 测试是为了达到一个目标，采取两套方案，一组用户采用 A 方案，另一组用户采用 B 方案。通过实验观察两组方案的数据效果，并判断两组方案的好坏。在 A/B 测试方面，谷歌一直不遗余力地进行尝试；对于搜索结果的显示，谷歌会制订多种不同的方案(包括文案标题、字体大小、颜色等)，来不断优化搜索结果中广告的点击率。这里需要注意一点，在 A/B 测试之前最好有 A/A 测试或者类似准备。A/A 测试是评估两个实验组是否处于相同的水平，只有这样 A/B 测试才有意义。其实，这和学校里面的控制变量法、实验组与对照组、双盲实验本质上是一样的。

第三节　跨境电商数据分析流程

一、产品支持分析

(一)产品支持的概念分析

所谓的产品支持，就是选品，它是数据化运营的基础，很多卖家在选品时都会有一些误区，例如，卖家会选择自己喜欢、价格低廉、供应商推荐的商品等。这些都不是科学的选品方法，往往会导致亏损。在电商交易中，我们可以通过数据分析结果进行选品，选品可以分为站内选品和站外选品两类。

(二)产品支持的数据获取

在选品的过程中，我们经常需要搜集、分析一些客观数据，来帮助我们更好地了解产品和市场信息。常用的数据获取分析方法有两种：一种是从买家界面来获取数据，另一种是从卖家后台或者第三方数据分析平台来获取数据。

1.买家界面获取数据

（1）亚马逊数据

Bestsellers：可对热销产品进行观察。

Hotnewreleases：热门新品榜单，每小时更新一次数据。

Movers&Shakers：一天内销量上升最快的商品，通过这个数据可以寻找潜力商品。

Mostwishedfor：愿望清单，买家想买但是还没买的产品，一旦愿望清单里的商品降价了，平台就会主动发通知给买家。

GiftIdeas：最受欢迎的礼品，如果你的产品具有礼品属性，可以关注这块信息，这些数据会每日及时更新。

（2）全球速卖通平台数据

Bestselling：频道收集了最新热门商品和每周热销商品，可以按照经营类目来查看热门商品排行。

2. 卖家后台获取数据或者第三方数据分析平台获取数据

（1）Googletrends（谷歌趋势）

谷歌搜索对于跨境电商卖家来说是很实用的工具。在 Googletrends 中可以看到每个关键词的搜索趋势，卖家可以根据升降变化来判断产品最近的销售趋势。

（2）Googleglobalmarketfinder（全球商机洞察）

Googleglobalmarketfinder 可以提供来自全球互联网搜索的数据。按照总的搜索量、建议出价和竞争情况对每个市场的商机进行排序，可以从全球范围搜索关键词在各地区的表现情况。

（3）WatchCount 和 WatchcdItcm

WatchCount 和 WatchedItem 是 eBay 的两个搜索分析网站，可以查看在 eBay 平台上受欢迎的商品。

（4）Terapeak。

在 Terapeak 上可以查找到关于 eBay 的商品销售数据，包括热销商品的类目情况、自己经营的类目情况等。

（5）全球速卖通后台数据

在全球速卖通的卖家后台，可以通过"行业情报"和"选品专家"数据工具进行系统的选品分析。

（6）其他

另外，还有紫鸟数据魔方、三个骆驼、物托帮、米库、海鹰数据网等工具可以使用，这里不再详述。此外，分享三个付费插件——Keepa、UnicornSmasher 和 ASINspector，感兴趣的读者也可以试试。

二、跨境电商内部运营数据分析

（一）数据引流分析

流量对于网店来说，相当于心脏之于人体，其重要性不言而喻。人没有心脏就无法生存；网店没有流量，也就只能倒闭。就像开实体店，即使我们有最优质的产品、最便宜的价格，但是如果没有客流量，就相当于将产品放在仓库，产品不能被别人看到自然就卖不出去。所以有好产品，就要把它展示出来。"流量为王"是所有网站运营的核心，通过数据化选品以后，接下来我们需要做的就是为产品或者店铺引流。流量整体上分为类目流量和普通搜索流量两类

类目流量，指的是从平台页面类目栏（通常在左侧）通过层层筛选最后到达产品展示页的流量。普通搜索流量即自然搜索流量，指的是买家在平台页面搜索框中搜索某个关键词出现搜索结果后，点击某个搜索结果，为该产品所属卖家带来的流量。商品的曝光量与成交量成正比，有更多的曝光量意味着有更多的成交量。我们可以通过数据分析设置流量最大化的标题、设置关键词填写、填写流量最大的属性等发布一个流量最大化的产品，从而获得更多的订单。因此，我们要尽量将商品发布在流量大的类目中来增加商品的类目流量。那么如何知道哪个类目的流量更大呢？这就需要用到数据分析。很多电商平台都提供了相关的数据分析工具，例如，全球速卖通平台上的数据纵横工具里有"搜索词分析"，可以从中找到平台内最近的热搜词；在"选品专家"中可以找到热销属性等。我们还可以通过直通车的数据分析来选择近几年匹配度最高的关键词进行推广，从而为产品精准引流。流量还可以分为店内流量和站内其他流量两类，店内流量相对比较简单，也就是通过店铺内的搜索栏搜索本店产品的流量。而站内其他流量包括的范围比较广泛，但是其核心就是店铺产品与产品这个页面的跳转，也可以称之为流量的共享，主要工作就是关联产品以及店铺装修等。

（二）店铺整体数据分析

当我们选好了产品，引来了流量，优化了点击率和转化率以后，接下来要做的就是分析店铺整体的数据。对店铺整体的数据进行分析时，首先要分析的是买家的行为，通过分析店铺买家的具体特征，可以为接下来的运营提供数据支持，对于跨境电商而言，客户来自不同的国家和地区，那么客户的购物时间是不同的，这样我们就要分析网店的主要客户是哪个国家和地区的，确定客户主要购物所在地与我国的时差，知道了这个规律之后，我们就可以调整新产品上架的时间，因为新产品在上架之后会有流量倾斜。待商品上架后，通过数据分析店铺的买家的具体特征以及买家最关注的产品有哪些特征，来提升客户的平均停留时间，提升客户的活跃度，可以降低流失率，最终提

高客户的黏性。一般来说，客户在一个网站上的平均停留时间和每个客户对网站的平均贡献值是成正比的。那么，卖家可以记录客户的浏览行为，了解客户的兴趣及需求所在，有针对性地动态调整网站页面，以满足客户的需要并向客户推荐、提供一些特有的商品信息和广告，从而使客户能够继续保持对访问站点的兴趣。分析完买家行为以后，接下来就要分析运营人员在日常的数据化运营中，在每个不同的时间节点都需要做哪些工作。比如，营销活动匹配买家购物高峰、掌握国外重大节日进行节点营销等。只有工作细分了，效率才能提高。利润永远是卖家最关注的问题，而店铺的利润在绝大多数情况下取决于仓库中的库存，也就是我们最关心的仓库的动销率。所以，我们要经常统计仓库中哪些产品是滞销的，从而将其淘汰；哪些产品是热销的，从而将其继续推广。仓库的动销率提高了，店铺的利润自然也会随之增加。当我们能够成功地提升访问次数、停留时间和访问深度这三个数据点之后，客户的活跃度自然就提升了。数据分析在跨境电商中起到了关键作用。

三、跨境电商外部营销数据分析

在跨境电商外部营销数据分析中，通常用到的是 AARRR 模型。AARRR 模型是一套适用于移动 App 的分析框架，又称海盗指标，是"增长黑客"中驱动用户增长的核心模型。AARRR 模型把用户行为指标分为五大类，即获取用户（Acquisition）、激活（Activation）、留存（Retention）、变现（Revenue）和推荐（Referral）。

以电商业务为例，基于 AARRR 模型构建用户生命周期运营全脉络和每个节点需要关注的重点指标。

（一）获取用户

在获取用户阶段，我们希望让更多潜在用户关注到我们的产品，将通过以下基础途径来曝光我们的推广页面。付费获取：媒体广告、SMS、EDM、流量交易/置换。搜索营销：搜索引擎优化（SEO）、搜索引擎营销（SEM）。口碑传播：用户间邀请活动、推荐传播等。在用户访问页面后，可以通过导航、主动搜索、算法推荐来了解到我们的产品。切中当下需求的用户会进行注册行为，这算是和用户真正意义上的第一次会面。这时就要重点关注推广页 UV、点击率、注册量、注册率、获客成本等重要指标。

（二）激活

在用户注册后是否会进一步了解我们的产品？其中涉及产品的功能、设计、文案、激励、可信度等。我们需要不断调优，引导用户进行下一步行为，让新用户成为长期的活跃用户。我们可以通过界面或文案优化、新手引导、优惠激励等手段，进行用户激活流程的转化提升，还要监控浏览商品页面、加入购物车、提交订单、完成订单的漏斗转化。在这个过程中，我们要重点关注活跃度，若定义加入购物车为活跃用户，那么就要观察注册至加入购物车的漏斗转化率，按维度拆分，分析优质转化漏斗的共有特征或运营策略，从而提升策略覆盖率，优化整体转化效果。

（三）留存

用户完成初次购买流程后，是否会继续使用？流失的用户能否继续回来使用我们的产品？

产品缺乏黏性会导致用户的快速流失，我们可以通过搭建生命周期节点营销计划，通过推送、短信、订阅号、邮件、客服跟进等一切适合的方式来提醒用户持续使用我们的产品，并且在此基础上通过积分或等级体系，来培养用户忠诚度，提升用户黏性。我们应重点关注留存率、复购率、人均购买次数、召回率等指标。

（四）变现

我们获得每位用户平均需要花费多少钱？每位用户平均能为我们贡献多少价值？能否从用户的行为，甚至其他方式中赚到钱？电商业务的基础是要关注获客成本（CAC）、顾客终身价值，并在此基础上通过运营活动激励用户进行购买，提升用户单价、频次、频率，最终提升用户生命周期贡献价值。我们应重点关注获客成本、顾客终身价值、营销活动 ROI 等指标。

（五）推荐

用户是否会自发地推广我们的产品？通过激励是否能让更多的忠诚用户推广我们的产品？在社交网络高度发达的今天，我们可以通过各种新奇的方式来进行产品传播，如用户邀请的老带新活动、垂直领域的社群运营、H5 营销传播、让老用户推广我们的产品等，从而吸引更多的潜在用户。我们应重点关注邀请发起人数、推荐的新用户量、邀请转化率、传播系数等指标。

结合多种业务场景，梳理如何通过用户行为进行事件分析、漏斗分析和留存分析，基于 AARRR 模型如何获取用户、激活、留存、变现和推荐，最终通过三大引擎，聚焦 OMTM 驱动增长。每当产生新的业务问题的时候，通过框架去进行系统化的思考，对问题的解决起着尤为重要的作用。

第四节　第三方平台数据分析工具

一、跨境电商平台数据分析基本指标体系

2017 年，跨境电商进入新时代，亚马逊也已经不再是粗放运营的平台，众多跨境电商卖家或者爆款的成功足以证明数据分析的重要性，那么数据分析又需要注意哪些指标呢？

（1）市场的竞争程度。众所周知，一款产品售卖数量在一定程度上决定了此款产品的竞争程度，据业内人士分析，产品售卖数量越多，竞争程度也就越大，那么推广起来的可能性也就越小，对于众多跨境电商卖家而言并非易事，因此，在数据分析指标考量上，合理评估产品的市场竞争程度是首要因素。

（2）产品的市场容量。提到产品的市场容量，据了解，亚马逊会以月销 5 万美元以上的产品数据作为参考依据，来评判某款产品是否为热销产品，如果一款产品市场竞争激烈，而市场容量却相对较小，同时就意味着产品销量岌岌可危，是得不偿失的。

（3）自身的优势。在卖同样产品的时候，要能深刻挖掘出自身产品的突出优势所在，俗话说"知己知彼，百战不殆"，只有清楚地意识到自己当前的实力状况，才能胸有成竹地与对手相较量，其中也包括运营团队的实力和工厂资源上的优势。需要注意的是，并不是说竞争大热门的产品就不能够去运营，只要能合理掌握当前的自身优势所在，还是值得探索尝试的。

（4）产品的后续发展趋势。对于广大跨境电商卖家而言，针对新产品上架方面都会选择发展前景更为广阔的产品，而不会去选迭代性的产品，因此前期的准备工作就显得尤为重要。要分析好一款产品的时间周期情况，主要分为导入期、成长期、稳定期和衰落期，在导入期和成长期阶段就要强有力地进入市场，促使一款产品朝着爆款的趋势进攻，从而在产品的后续发展阶段才能更为稳定。

（5）推广的难易程度。若选择一款较为热门的产品，即使市场容量大，但如果跟不上市场的推广步伐的话，那么产品的销量自然也会不见起色，因此合理考量产品推广的难易程度是十分必要的。

（6）自身的目标定位。这就好比对于一款产品如果大部分卖家月销量都能够达到 5 万美元左右，那么就需要根据这个数据分析自己当前的运营状况，最终定位目标。

（7）清货的难易程度。前文提到每款产品都具有生命周期，在产品的销售末期清货若显得较为困难，进而就会影响到产品的利润，因此在开发产品的时候就需要考虑

到后期清货的难易程度。

（8）日后大批量时是否有利于自己打包发货。这是一个 A 多跨境电商卖家容易忽视的问题，当在开发某款销售量十分可观的产品的时候，在前期小批量的订单生产阶段就需要着手准备打包发货，而不应该延迟至大批量时同时打包发货，这样就会容易导致公司配备人员相应增多，物流难度也会相应加大。作为一个在亚马逊开店的卖家，如果想要了解店铺一天赚了多少钱、卖了多少单，可以直接在后台查看业务报告的各项数据。那么，如何看懂业务报告呢？卖家可以打开账户后台，在数据报告（Report）选项中找到业务报告（Businessreport）入口，进入页面后可以看到业务报告。业务报告由销售图表（Salesdashboard）、按日期或按 ASIN 归类数据的业务报告（Businessreport）、亚马逊销售指导（Amazonsellingcoach）三部分数据组成，而这些报告的数据通常最多可以保留两年。对于所有的业务报告，卖家都可以进行下载，系统默认下载全部数据，再将数据保存到相应的文件夹里。在业务报告里的任何一个数据报告，都把月租和产品销售佣金这部分的支出费用计算在内。可在后台"Report"里面的"Payments"下载"Daterangereports"来查看实际收入。

（一）销售图表

销售图表（Salesdashboard）由销售概览（Salessnapshot）、销售对比（Comparesales）和商品类别销售排名（Salesbycategory）三部分组成。

1. 销售概览

销售概览通常会显示卖家当天的销售情况，数据大约每小时更新一次。

2. 销售对比

销售对比由直观的图表组成。它能将不同时间的销售数据放在一起对比，可以很直观地看到商品销量、净销售额的升降情况。销售对比具有互动式功能。

3. 商品类别销售排名

商品类别销售排名能让卖家知道在具体时间段内，排在店铺前几名的产品类别分别有哪些分类，各分类的商品数量、净销售额有多少以及商品数量百分比和净销售额百分比。

（二）业务报告

业务报告（Businessreport）的报告按照日期、ASIN 码和其他业务报告这三大版块来归类数据。业务报告这一大块业务报告的数据比较多，但卖家常看的数据有以下几项：

1. 根据日期统计的业务报告

（1）销售量（Sales）与访问量（Traffic）

根据日期统计的"销售量与访问量"这类数据，以"图像＋表格"的形式表达，数据非常直观。在表格中，卖家可以看到具体某段时间内的销售额、销量、买家访问次数、订单商品种类数转化率等各类数据。下面，笔者将对各数据的专有名词进行解读。日期（Date）：卖家可以按天、周、月、年查看数据，最长时间为2年。已订购商品销售额（Orderedproductsales）：在具体时间段内，卖家所有订单加起来的净销售额度。计算公式为：已购商品销售额 = 商品价格 × 已订购的商品数量。已订购商品数量（Unitsordered）：在具体时间段内，卖家所有订单加起来的商品个数的总和。例如，买家提交了一个订单，这张订单含2件商品，那么已订购商品数量（Unitsordered）为2。订单商品种类数（Totalorderitems）：在具体时间段内，所有订单中加起来的商品的品种个数。比如，买家提交了3个订单，其中2个订单的产品都是相机，另外1个订单的产品是键盘，相机和键盘是不同的产品，算2种产品，那么订单商品种类数（Totalorderitems）就是2。每种订单商品的平均销售额（Averagesalesperorderitem）：在具体时间段内，平均每一种产品以多少价钱售出。计算公式为：每种订单商品的平均销售额 = 已订购商品销售额/订单商品种类数。例如，当天卖家店铺产生了157美元的销售额，共卖出36种产品，那么每一种商品的平均销售额约为4.4美元。每种订单商品的平均数量（Averageunitsperorderitem）：在具体时间段内，平均每一种商品的销售数量。计算公式为：每种订单商品的平均数量 = 已订购商品数量/订单商品种类数。比如，卖家当天售出了36个产品，共32个品种，那么平均每一个品种的销量约为1.13个。平均销售价格（Averagesellingprice）：在具体时间段内，平均每一个商品以多少价钱售出，也就是我们平常所说的"每个商品的平均价格"。买家访问次数（Sessions）：对买家对卖家产品页面进行访问的浏览次数的统计。在一次访问中，即使买家多次浏览多个页面（24小时内），也只会记为一次访问。买家访问量越高，证明产品的曝光度越高。商品转化率（Orderitemsessionpercentage）：在买家访问次数中下单用户所占的百分比。产品有没有吸引力，下单的人多不多，从这个转化率中就可以看得出来。平均在售商品数量（Averageoffercount）：是由亚马逊所计算出来的处于"在售"状态的商品的平均数量。

（2）详情页面上的销售量与访问量

在这项数据报告中，卖家应该重点读取关于销售量与访问量的数据。笔者着重解释一下什么是页面浏览次数（Pageviews）和购买按钮页面浏览率（Unitsessionpercentage）。页面浏览次数（Pageviews）：在所选取的时间范围内，产品详情页面被买家点击浏览的次数，即经常所说的PV。如果在24小时内，同一用户点击了10个商品详情页面，那么PV就算是10次。但买家访问次数（Sessions）只算1次，所以"页面浏览次数"一般会比"买家访问次数"要高很多。PV越高，也就意味着商品的曝光率越高，对销量、转化率就越有利。购买按钮页面浏览率（Unitsessionpercentage）：获得黄金购物车购买按钮的商品页面的浏览次数在总的页面浏览次数中所占的百分比。

（3）卖家业绩

这一数据主要反映售后情况，包括退款、退货、索赔的数据。通过这一数据，可以知道用户体验好不好，卖家有没有将售后和客户服务做好。已退款的商品数量（Unitsrefunded）：在具体时间段内，卖家被要求退款的商品数量，即退货数量。退款率（Refundedrate）：在具体时间段内，已退款的商品所占的比例。计算公式为：退款率＝已退款的商品数量/已订购商品数量×100%。已收到的反馈数量（Feedback received）：在具体时间段内，卖家收到已验证购买的买家所留下的反馈总数量，包括好评与差评。已收到的负面反馈数（Negativefeedbackreceived）：在某段时间内，卖家收到的已验证购买的买家所留下的差评数量，包括一星、二星差评。差评对卖家不利，数量越少越好。负面反馈率（Receivednegativefeedbackrate）：差评在反馈总数量中所占的比例，也就是已收到的负面反馈数与已收到的反馈数量的比值。

已批准的亚马逊商城交易索赔（A–to–Zclaimsgranted）：亚马逊商城买家对卖家的产品或服务不满意，就会发起交易索赔，一旦成立就会计人次数。A–to–ZClaims 对卖家也很不利，卖家应尽量避免交易索赔的产生。索赔金额（Claimsamount）：买家提出索赔的金额。金额当然是越小越好。如果卖家的售后与客户服务都做得好，那么退货数量、退货率、负面反馈率都会是比较低的。

2. 按商品 ASIN 码统计的业务报告

上述的数据都是介绍产品整体的表现。如果卖家需要仔细分析某个产品的表现，那么按商品统计中的"子商品详情页面上的销售量与访问量"这一数据值得一看。卖家可以主要查看子商品的买家访问次数、页面浏览次数、已订购商品数量、已订购商品销售额和订单商品种类数这几个反映 Listing 销售量与访问量的数据。同时，卖家也可以通过对比不同的子产品数据，从而发现和挖掘产品的市场潜力。人气旺的热门产品的页面浏览量往往会比其他产品的高出很多，产品销量也会比较理想。但如果人气不旺，产品没有吸引力，买家的浏览量少了，那么它的销量也不会高到哪里去，这个产品就可能会有库存，因而卖家可以对 Listing 标题、描述、关键词进行优化，或者进行推广引流。

3. 按照其他方式统计的业务报告

这些数据主要是以月为单位，统计某个月已订购商品销售额、已订购商品数量、订单商品种类数、已发货商品销售额、已发货商品数量、已发货订单数量这些数据。通过这些数据可以知道哪个月比哪个月多了还是少了，从而方便卖家及时调整销售政策。

二、各平台数据分析要点

（一）亚马逊数据分析要点

在亚马逊后台数据报告中，业务报告和库存报告是卖家应该关注的重点数据，业务报告数据就是指店铺的销量。库存报告主要包含两个数据——自发货库存和FBA。FBA是FulfillmentbyAmazon的英文缩写，是指亚马逊提供的代发货业务。亚马逊数据分析可以参考市场趋势报表、客户行为分析数据表、地理位置数据分析表、订单销售数据表、店铺运作数据表、客户评论数据表，报表常用名词如下：

（1）Pageviews（页面流量）：在所选取的时间范围内销售页面被点击的总浏览流量。

（2）Pageviewspercentage（特定页面流量比率）：在页面流量中特定浏览某项SKU/ASIN的流量所占的比例。

（3）Sessions（浏览用户数）：24小时内曾经在销售页面浏览过的用户总数。

（4）Salesrank（销售排名）：产品在亚马逊平台的销量排名及变化。

（5）Orderedproductsales（订单销售总和）：订单的销售数量乘以销售价格的总和。

（6）Averageoffercount（平均可售商品页面）：在所选定的时间范围内计算出平均具有的可售商品页面。

（7）Orderitemsessionpercentage（下订单用户百分比）：在浏览用户数中下订单用户所占百分比。

（二)eBay数据分析要点

在eBay店铺流量报告中有10项数据，既包括店铺访问人数、买家停留时间等店铺相关页面的流量数据信息统计，也包括买家前往店铺或商品页的路径。所有店铺页面，包括自订页面、自订类别页面以及搜索结果页面。各种形式的物品刊登，包括拍卖、一口价和店铺长期刊登物品。其他与卖家相关的eBay页面，包括其他物品页面、信用评价档案和我的档案。

1.eBay有些数据变化会影响商品销量，卖家需要留意以下几类数据：

（1）最近销售记录（针对"定价类物品"）：是衡量卖家一条Listing中，有多少物品被不同的买家所购买。物品的最近销售记录越多，越能取得曝光度。第一次被重新刊登的物品同样保留有最近的销售记录。

（2）卖家评级（DSR）：包括物品描述、沟通、货运时间、运费各项。优秀评级卖家（Topratedseller）的商品一般排名较为靠前。

（3）买家满意度：包含3个考量标准，即中差评的数量、DSR1分和2分的数量、INR/SNAD投诉的数量。

（4）物品"标题"相关度：买家输入的搜索关键词与最终成交商品的标题、关键词之间的匹配程度。

2.收集 eBay 数据后，可以从以下几点展开市场分析：

（1）市场容量分析：通过同类商品的月度总成交金额，可以估算自己所占的市场份额。

（2）拍卖成交比例：卖家可以比较自己的拍卖成交比例在同类商品中是否高于平均值，如果低于平均水平，就要查找原因。

（3）最优拍卖方式：分析哪一种拍卖方式更好，以及是否要设底价，还是采用一口价。

（4）可选特色功能促销效果分析：促销是有成本的，分析何种促销方式能为自己带来最大的收益，以及是否提高了成交比例、成交价格。

第五章 跨境电商营销推广

第一节 跨境电商营销理论基础

互联网技术的发展大大加强了跨国渠道成员间的信息传递效率和信息沟通量，有效减少了需求放大效应，使制造商可以在第一时间获得真实的市场数据，为制造商的生产提供有效的决策依据，有效减少渠道中的库存成本，提升总体渠道效率，提高最终产品的市场竞争力。另外，条形码技术、通用分组无线服务技术、全球定位系统等技术的发展，使跨境物流领域的运营效率有了很大的提升，不仅减少了单位产品的物流运输成本，而且部分跨境物流服务提供商还能精准做到在恰当的时间、恰当的地点提供恰当的产品，为更进一步的跨境供应链管理提供技术基础。

跨境电商营销不仅局限于加强跨境渠道间企业信息沟通、提升渠道效率等方面，还包括目前影响力越来越大的跨境零售。在这一方面，跨境电商营销开始改变渠道中成员的构成和成员间的协调机制，导致了产品价值链的重新构建、利润的重新分配，可以说影响深远。

一、跨境电商营销概念与特点

（一）跨境电商营销概念

互联网技术和移动通信技术使终端客户的搜索、发现能力大幅度提升，客户通过搜索引擎和智能代理，可以很方便地获取厂商和产品数据，并进行比较，最终确定要购买的产品。从厂商的角度出发，由于信息系统建设，厂商可快速有效地处理海量的客户信息，并及时对客户的信息进行分析，与客户进行点对点的沟通。跨境电商营销本质上是营销活动，可以从营销的角度出发，结合跨境商业活动与互联网的特点去分析和理解。跨境电商营销，简单来说就是通过跨境线上媒体，构建特定内容，吸引特定跨境消费者的关注，并对你发布的内容产生共鸣，进而激发购买热情的过程。

（二）跨境电商营销的功能特点

互联网可以将企业、团体、组织以及个人跨时空联结在一起进行信息的交换，互联网营销呈现出以下一些特点。

1. 跨时空

跨境电商营销的最终目的是占有国外市场份额，由于互联网能够超越时间约束和空间限制进行信息交换，这使得跨境电商营销脱离时空限制进行交易变成可能，企业有了更多的时间和更大的空间进行营销，可每周 7 天、每天 24 小时随时随地提供全球性营销服务。

2. 多媒体

互联网可以传输多种媒体的信息，如包含文字、声音、图像等信息，使得为达成交易进行的信息交换以多种形式存在，可以充分发挥跨境电商营销人员的创造性和能动性。

3. 交互式

互联网通过展示商品图像，并由商品信息资料库提供有关查询，来实现供需联动与双向沟通。

4. 整合性

互联网营销是一种全程的营销渠道，可以将不同的传播营销活动进行统一规划和协调实施，以统一的传播信息向消费者传达，避免因不同传播营销活动之间的不一致性导致消极的影响。

5. 高效性

大数据、云计算高速、高效，能及时、有效地了解并满足顾客的需求。

6. 低成本

跨境电商营销减少了传统营销的印刷与邮递成本。

二、跨境电商营销策略的优化

（一）定价策略的优化

价格的制定是跨境电商发展的关键，在具体定价方面不仅需要考虑产品的实际成本，还要考虑客户是否能够接受产品的价格。另外，合理的定价还能够在同类产品中更具竞争优势。在定价方面，要重点考虑以下两方面。

第一，需要以时间为基准，在价格制定中不同时间段对价格的影响往往较大，例如在跨境政策红利阶段可适当降低产品定价，在出口政策紧缩阶段可适当提高产品定价。众所周知，我国的跨境电商在很大程度上受到出口政策的影响，因此如何利用好出口政策进行产品定价至关重要。

第二，以跨境电商产品出口成本来进行定价。跨境电商所生产的产品成本很大一部分决定于市场的变化，例如，原材料价格的波动、劳动力成本的增加、物流价格的变动等。因此，跨境电商在进行价格制定中应当以市场变动情况灵活制定产品的价格，给出合适的产品报价。

（二）优化产品售后服务

跨境在线交易的形式，会使得消费者在购买的过程中担心产品售后服务，因为跨境交易售后服务对消费者而言不仅耗时，而且在产品返厂邮寄过程中成本过高。这些因素在很大程度上影响了跨境电商的发展，因此，优化跨境电商产品售后服务对提高跨境产品销售有着重要的影响。在优化产品售后服务方面需要做到：一是建立海外售后服务站点，在跨境产品集中销售地区建立售后服务站点，该站点可为本区域或附近区域的产品提供售后服务。海外售后服务站点的建立可有效消除消费者对产品售后的担忧。二是购买售后服务运费险，跨境电商产品售后服务难，一个关键因素在于产品售后服务的运费成本高，因此，可以考虑产品销售中企业为产品购买运费险，这样可有效解决产品售后服务运费成本高的问题。

（三）优化出口通关，构建信息共享平台

当前通关税收的不完善严重制约了我国跨境电商的发展，跨境电商在营销活动中始终缺乏完整的流程支撑。因此，就跨境电商发展而言应当快速构建一套完备的适合跨境电商发展的通关税收，构建科学、合理的信息共享平台。

目前，我国已经在全国多个地区建立了跨境电商的试点城市，其中包括广州、上海、杭州、重庆等，并在这些试点城市根据地方跨境电商实际情况制定了相匹配的创新性的出口通关税收以及完整的退税流程。现阶段将首先汇总各试点城市关于通关退税政策的相关反馈信息，然后对所反馈的信息进行分析研究。对于海关方面，政府部门应当积极出台海关监管、出口退税等制度，例如，跨境电商可通过电子报关、集中报关等，这样一方面可简化跨境电商报备出口税收的程序，另一方面可极大地提高税收部门工作效率，节约人力成本。

除此之外，应当建立信息共享平台，利用互联网技术将跨境电商出口通关、退税等信息在互联网平台上进行共享。该平台物流企业、跨境电商、第三方平台等均可共享出口通关的相关信息，最大程度上实现资源的有效利用，缩减通关流程，降低物流和时间成本。

（四）建立和优化市场监管体系

通过调查发现，目前我国的跨境电商在交易过程中出现了很多境外进口恶意敲诈、诈骗等行为，这些行为的出现严重制约了我国电商产业的发展，因此当前亟待建立完善的市场监管体制。跨境电商市场监管体系要求：首先，涉及跨境电商的政府各部门

之间应当积极沟通，建立信息共享平台，及时了解各部门动态以及跨境电商在交易过程中所遇到的问题，统筹规划跨境电商、物流企业、第三方跨境电商平台；其次，宏观上把控跨境电商出口产品的质量，尽可能地避免因侵犯国外知识产权而引起纠纷和摩擦，从根源上提高中国制造的声誉；最后，积极营造国外跨境电商市场生态环境，为跨境电商创造一个和谐、友好、共赢的市场环境。

（五）优化产品品类

虽然当前标准化的产品能够满足电商出口的贸易形式，但是伴随着全球化的深入推进，海外市场必将会被逐步打开，跨境电商产品的竞争也必将会越来越激烈，海外市场消费者对产品需求的种类将会发生很大的变化，因此推动产品种类结构优化将成为跨境电商营销策略的必然选择。就跨境电商产品优化而言，一方面要充分分析跨境电商的相关数据，根据数据最终来对跨境电商进行定位，通过分析跨境电商平台销售种类、海外消费者需求、产品成本等信息来有效地选择出口产品的类别。另一方面要对行业现状进行深入调查，收集行业相关数据并加以分析。最后，要做好客户需求反馈调查，跨境电商企业通过问卷调查等方式获取消费者需求，及时了解客户需求，在产品出口过程中要为不同消费者提供定制化生产，尽可能地满足海外消费者的个性需求。

（六）推进品牌国际化

中国品牌在国际市场已经有较好的口碑，在国际交易市场有着重要的地位。随着我国跨境电商政策的不断完善，传统的跨境电商企业之间的价格竞争必然会向品牌竞争方向转变。随着国际贸易市场需求的不断转变，低廉的价格已经无法满足海外进口的需求。在这种情况下，跨境电商需要紧跟国外市场的变化趋势，在控制成本的同时尽可能地提高产品质量，不断强化中国品牌的国际化地位，否则的话必然会在世界贸易市场中被淘汰。总而言之，只有中国品牌深深地扎根于国外市场，赢得国外市场的好评，才能从根本上推动我国跨境电商的发展。

第二节　跨境电商站内营销

本小节以速卖通平台为例展示跨境电商的站内营销。

一、平台活动

阿里巴巴速卖通的平台活动是为卖家提供的一项引流推广服务，是完全免费的，不过有的活动需要满足一定的条件才有资格参加。卖家可以在平台的营销中心板块浏览当期的活动内容，自主选择符合条件的活动进行报名。如果平台审核通过，卖家申报的商品就会被平台活动推广，获得大量的免费流量。

速卖通平台活动主要有：Flash Deals（含俄罗斯团购），是平台的爆品中心，帮助卖家打造店铺爆品；金币频道，App端的权益频道，利用金币带来的权益吸引买家定期回访；品牌闪购频道，头部品牌的营销阵地，潜力品牌的孵化；拼团频道，拼着一起买更便宜，可结合站内外综合营销活动，获取社交流量；试用频道，通过提供试用商品吸引买家进店并关注宝贝，为品牌快速入市提供帮助。

二、店铺自主营销

每一个跨境电商平台都有自己独特的营销工具，如何根据活动特点、客户特点和商品特点使用合理的营销工具，从而实现销量与利润最大化，这是每个平台用户应当认真学习和研究的。下面就以速卖通平台为例来介绍跨境电商店铺的自主营销功能。

速卖通平台的店铺自主营销活动有：①单品折扣活动。单品级打折，商品成交转化提升利器。②满减活动。轻松提高客单，日常活动期间出货凑单转化利器。③店铺优惠券。全渠道推广的虚拟券，有效促进引流，刺激下单。④搭配活动。关联商品推荐，搭配买更优惠，提高买家购买欲望。⑤互动活动。互动游戏打造营销氛围感，引导用户进店、转化。

三、客户管理营销

客户管理营销工具能帮助速卖通卖家更好地管理自己的买家，该工具能自动识别有购买力并且诚信度良好的买家，并可以通过该工具对这些买家开展有针对性的精准营销。该工具包含客户管理和邮件营销两个核心功能。

（一）客户管理功能

登录"我的速卖通"—"营销中心"—"历史客户统计与营销"，进入客户管理营销页面，选择历史客户统计与营销页，通过"历史客户统计与营销"页面可以清楚地看到老客户的最后一笔订单、成交次数、累计成交金额、最近一次采购时间等信息，并对这些客户信息进行管理，方便卖家通过各种维度识别需要维护的重点买家并进行有针对性的营销。比如，一位顾客曾多次在店铺购买过东西，而且每次的订单数额都很大，但是自上次购买后至今已经很久没有消费了，对于这样的顾客，卖家应该主动与其联系，了解原因，并有针对性地改善自己的产品或服务，争取做到更好，留住老顾客。当然，对于一些恶意客户，应该直接把他们拉进黑名单，避免和他们交易，以降低对店铺的不利影响。

建议卖家养成对买家信息进行备注的习惯,特别是重要的信息,如买家的购买需求、购买习惯、购买频率、购买类型等采购信息及邮箱等。这样,客户再次购买时,就可以根据之前的备注给顾客提供更好的服务,提升客户的购物体验,促进交易成功。

（二）邮件营销功能

卖家可以在"历史统计与营销"页面勾选需要进行邮件营销的客户,单击"发送营销邮件"按钮,即进入营销邮件编辑页面。进入营销邮件编辑页面之后,首先需要填写邮件标题和邮件内容。可以将需要向客户传达的店铺相关信息发送给顾客,如产品的促销打折信息、新品上架信息、清仓处理信息等,也可以对顾客的售后满意度等进行调查,吸引老顾客再次购买。

需要注意的是,要避免在短时间内对同一客户多次发送营销邮件,一定要控制对每个买家发送邮件的频率,因为过多的营销邮件反而会产生负面作用。为了控制买家接收邮件的频率,提高买家的购物体验,建议每月对同一客户的邮件控制在两封以内。

第三节 跨境电商站外营销

一、搜索引擎营销

（一）搜索引擎营销的内涵与特点

搜索引擎营销,是英文 Search Engine Marketing 的翻译,简称为 SEM,就是指利用用户使用搜索引擎检索的机会,使客户能够检索到自己公司的信息,从而将营销信息传递给目标客户。常用的搜索引擎营销方式包括搜索引擎的竞价排名（如百度竞价）、分类目录登录、搜索引擎登录、付费搜索引擎广告、关键词广告、搜索引擎优化（搜索引擎自然排名）等。搜索引擎营销是最有效、最常用的营销方式之一,也是外贸企业常用的网络营销方式之一,不过相对于我国内贸企业更多地使用百度作为营销平台,外贸企业更多地使用 Google、Yahoo、Bing 等国外搜索引擎作为营销网络平台。

搜索引擎营销旨在全面而有效地利用搜索引擎来进行网络营销和推广。搜索引擎营销追求最高的性价比,即以最小的投入获得最大的来自搜索引擎的访问量,并产生商业价值。搜索引擎营销常见的两种方式是关键词广告与搜索引擎优化。

关键词广告是指企业为自己的网页购买关键字排名,搜索引擎按照点击计费的一种营销方式。用户可以通过调整每次点击付费的价格来控制自己在特定关键词搜索结果中的排名。客户可以通过设定不同的关键词捕捉不同类型的目标访问者。比如,www.kbb.com 这个网站为该网页购买了关键字排名,当有人搜索 auto show 时,搜索引擎则展示该广告,如果用户点击进去,则会扣除网站相应的费用。

搜索引擎优化（SEO）是指在了解搜索引擎自然排名的基础上，对网站进行内部及外部的调整优化，改进网站在搜索引擎中的自然排名，获得更多流量，从而达成网站销售及品牌建设的目标。关键词广告是付费的，而 SEO 是免费的。比如，Nordstorm 这一品牌对自己的官网进行了优化设计，当搜索 dress 时，网站在搜索结果中占据靠前的位置，达到网站营销推广的目的。

（二）搜索引擎营销（SEM）的优势和劣势

1.SEM 的优势

SEM 全称搜索引擎营销，为按每次点击扣费形式收费，简称 CPC，它有以下几个优势。

（1）SEM 的优点在于可灵活掌握推广力度，可随时增减关键词等。

（2）SEM 可快速获取较好位置排名。

（3）企业可根据业务需求精准定位潜在客户，如 SEM 基础设置里的"推广地域""推广时段"等进行设置。

2.SEM 的劣势

（1）SEM 的劣势是相对 SEO 来说的，价格高。

（2）SEM 广告有潜在被恶意点击的风险。

（3）后台管理烦琐，企业需进行日常维护、复查排名与控制成本。

（三）搜索引擎营销案例分析——做好关键词广告的技巧

接下来以 Google 为例，来展示 Google 的关键词广告营销技巧，营销的大概过程如下：

1. 明确目标群体

在开展关键词广告之前，先对产品的竞争、市场热度、客户群体进行分析，然后选择市场前景较好的地区锁定潜在客户群体。此外，为了避免不必要的点击支付，企业可以设定自己的广告只出现在某个特定国家的潜在客户群体中。

2. 选择合理的关键词

选择合理的关键词非常重要，一旦选择失误，不仅无法实现营销目的，更会流失客户。企业在选择关键词的时候，应该考虑三点：一是关键词要符合目标用户的搜索习惯；二是要对关键词的历史搜索绩效进行评估；三是分析不同关键词在目标受众中不同购买周期的影响力，并罗列关键词的优先级。

合理的关键词才能带来更多有效的、高转化率的流量，因此，在选择核心关键词的时候要遵循四个原则：一是选择与主营产品或服务相关度高的关键词作为核心关键词；二是选择搜索量大、竞争小的关键词作为核心关键词；三是选择高转化率的关键词作为核心关键词；四是太宽泛的、比较特殊的长尾词不宜作为核心关键词。

3. 在广告中添加目标关键词

在 Google 搜索结果中，广告中与查询匹配的关键词会被加粗突出。当访客浏览查询结果时，他查找的其实是自己键入的关键词，而以粗体突出的查询关键词就能快速吸引访客的注意力。因此，包含目标关键词的广告标题和内容更容易获得点击。

4. 在广告中添加吸引眼球的词

我们可以在广告标题中添加具有号召性的词，如"Free"（免费的）、"New"（新的）等，但是添加的这些词不能违反 Google 的相关规定。例如，如果广告标题中含有"Free"（免费的）字样，那么广告直接链接的页面应该含有相应的免费产品或服务；如果标题中含有"New"（新的）字样，那么该产品或服务的推出年限要在半年之内。如果企业的产品或服务未通过相关商务或第三方的检验，那么在广告中就不能含有"Best"（最好的）、"The cheapest"（最便宜的）、"First"（第一）等之类的主观性词语。

5. 避免无效点击

为了减少不必要的广告开销，你可以将产品或服务的价格添加在广告的最后，避免那些在网上寻找免费服务或产品的用户点击你的广告。虽然这样做可能会对广告的点击率造成一定的影响，但是这样可以提高潜在客户的总体转化率，并降低平均客户取得成本。因为目标客户并不是网上每一个访问者，那些在网络上寻找免费资源的人不可能成为目标客户。

6. 对广告进行测试

通常来说，我们要同时对两个甚至更多的广告进行测试。通过测试比较选出点击率较高的广告，然后将其替换掉其他原有广告。随后重复这个过程，最终找到一个点击率最高的广告内容。

7. 对广告的投资回报（ROI）进行跟踪

Google 会对每个关键词广告的点击率进行跟踪，但是它不会对投资回报率进行跟踪，这就需要企业来完成。企业可以通过为每个广告添加成员跟踪系统链接的方法，对该广告的投资回报率进行跟踪。

8. 为广告设置关联的着陆网页

所谓着陆网页，简单地说就是"点击广告之后客户被带入的网页"，也就是访客光临的第一个网页页面。设置着陆页能够让访客更快、更顺畅地接触到广告信息。

（四）做好 Google SEO 的方法

1.SEO 两大方向

SEO 两大方向为站内优化和站外优化。站内优化的主要工作由两部分构成：一方面是网站结构优化，一方面是页面优化。新做 SEO 的人员一开始做站内优化，一般直接去做页面优化，比如，页面的关键词优化、核心内容做精简优化、页面标签上的优化，这些都是页面 html 本身的优化。其实更需要多关注网站结构优化，网站结构清晰与否对于搜索引擎来说非常重要。站外优化主要工作是外部链接建设，就是常说的友情链接。友链的建设，主要目的是提升网站的 PR 值，增加收录，提升搜索结果的排名。站外优化主要是向外合作，相对于站内优化来说不太可控。

2. 网站 SEO 流程

SEO 并不是简单的几个秘诀或几个建议，而是一项需要足够耐心和细致的脑力劳动。大体上，SEO 包括六个环节：

（1）关键词定位

这是进行 SEO 最重要的一环，是整个 SEO 的指导思想，如果关键词定位失败，整个 SEO 就会宣告失败。关键词定位的方法包括：①关键词关注量分析，可以用百度指数、谷歌指数等来衡量一个词的关注度；②竞争对手分析，在网站优化中，并不是要将 SEO 进行得尽善尽美，而是只要网站相关关键词能够排名靠前即可；③关键词与网站相关性分析，分析所列举出的关键词与网站的相关性，更多征询多人来确定关键词；④关键词布局，关键词的金字塔形布局；⑤关键词排名预测，尽量将关键词排名时间进行量化处理，制定任务，比如，某个关键词要在两个月内排名出来。

（2）网站架构分析

网站架构符合搜索引擎的爬虫喜好则有利于 SEO。网站架构分析包括剔除网站架构不良设计、实现树状目录结构、网站导航与链接优化等。

（3）网站目录和页面优化

SEO 不只是让网站首页在搜索引擎有好的排名，更重要的是让网站的每个页面都带来流量。做好首页到每个分类页面的链接，每个分类页面做好到下一次页面的链接，单个页面做好内容的优化及内容的优质化，让用户进入页面后可以留住，降低退出率。

（4）内容发布和链接布置

搜索引擎喜欢有规律的网站内容更新，所以合理安排网站内容发布日程是 SEO 的重要技巧之一。网站内容最好是原创的，且不要是纯文本的内容，要适当添加图片和视频，以提升用户体验度。

（5）网站或者网页收录情况

与搜索引擎对话，查看自己网站被收录的状况，可以在搜索引擎看 SEO 的效果。

（6）网站流量分析

网站流量分析是从 SEO 结果上指导下一步的 SEO 策略，同时对网站的用户体验优化也有指导意义。网站流量分析包括：

①及时更新网站，丰富页面内容。网站内容的质量和时效性是 Google 排名算法的重要参考因素，因此，保持网站的及时更新是维持和提升网站排名的有效方法。此外，

网站内容最好是原创的，且不要是纯文本的内容，要适当添加图片和视频，以提升用户体验度。

②提升网站打开的速度。网站加载速度也是 Google 排名算法的参考因素。如果网站的加载速度太慢，很容易导致访客跳转到其他网站，且现在越来越多的人使用移动端搜索，网站的加载速度就显得更加重要。因此，最好将网站在移动端的加载速度降低到一秒以下。

③注重链接的质量。做好 Google SEO 要注重链接的质量而非数量，需要做好四个方面的工作：一是对于已经有了良好排名的关键词，无须再过多地设置链接，以免网站因不合理的速度获得大量链接被 Google 监测到而导致网站被禁；二是避免将多数链接全部指向同一篇文章；三是为访问者提供有用的、相关的内容信息；四是将链接建立在网站的各个页面上，以保持链接布局的丰富性和多样性。

④重视出站链接和链向自己网站的内链。可以向所在行业内的权威品牌提供出站链接，这样能保证网站内容的相关性，更容易得到 Google 的认同。要确保链接所指向的网页能够为访问者提供有价值的、相关的信息。所谓内链，就是网站内部页面之间的链接。做好网站内链，能够帮助搜索引擎更好地处理网页内容，此外，还能延长访客驻留时间，因为他们能够在你的网站方便地访问到更多的内容。但是，创建内链同样不宜过多，适量即可。

⑤增加社交媒体曝光度。搜索引擎重视社交媒体平台网站的权重，如 Facebook、Twitter、LindedIn 等网站在 Google 上都有非常好的排名，通过这些社交媒体平台获取链接，能够提升网站的相关性。若网站内容被更多的人分享，在社交媒体上就能获得更多的曝光机会，进而帮助网站获得更好的搜索排名。

二、E-mail 营销

(一)E-mail 营销的内涵

E-mail 营销也被称为 EDM 营销（E-mail-Direct Marketing）、电子邮件营销，即企业通过 E-mail 建立同目标客户的沟通渠道，向其直接传达相关信息，用来促进销售。

E-mail 营销可以分为两种：一种是直接通过自己的邮箱向目标客户邮箱发送邮件，这也是外贸企业常用的网络营销方式之一，故本书在此加以深入阐述。另一种是通过邮件列表（Mailing List）或讨论组（Discussion group）的途径进行营销。早期的邮件列表是一个小组成员通过电子邮件讨论某一个特定话题，一般称为讨论组。讨论组很快就发展演变出另一种形式，即有管理者管制的讨论组，即现在通常所说的邮件列表，或者叫狭义的邮件列表。讨论组和邮件列表都是在一组人之间对某一话题通过电子邮件共享信息，但二者之间有一个根本的区别，讨论组中的每个成员都可以向其他成员同时发送邮件，而对于现在通常的邮件列表来说，是由管理者发送信息，普通用户只能接收信息。因此，也可以理解为邮件列表有两种基本形式：一是公告型（邮件列表），即通常由一个管理者向小组中的所有成员发送信息，如电子杂志、新闻邮件等；二是讨论型（讨论组），即所有的成员都可以向组内的其他成员发送信息，其操作过程简单来说是发一个邮件到小组的公共电子邮件，通过系统处理后，将这封邮件分发给组内所有成员。E-mail 营销的内涵中强调了三个基本因素：基于客户许可、通过电子邮件传递信息、信息对客户是有价值的。三个因素缺少一个，都不能称之为有效的 E-mail 营销。

（二）E-mail 营销的优势和劣势

1.E-mail 营销的优势

（1）E-mail 营销的成本较低

每发一封商业信函的费用为 0.8 ~ 1.0 元；一些 ISP 提供的电子邮件广告的价格为每个邮箱地址发送一次 0.1 ~ 0.2 元，大量发送价格甚至可以低至 1 ~ 3 分钱。至于企业自行发送电子邮件，成本则会更低一些。

（2）反应迅速，缩短营销周期

电子邮件的传递时间是传统直邮广告等方式无法比拟的，根据发送邮件数量的多少，需要几秒钟到几小时就可以完成数以万计的电子邮件发送。同样，无法送达的邮件也可以被立即退回或者在几天之内全部退回，一个营销周期可以在几天内全部完成。

（3）信息丰富、全面

在邮件中，不仅可以使用简单的文本，图片、动画、音频、视频、超级链接都可以得到体现，使传递给客户的信息丰富多样，信息攻势猛烈，能够充分吸引客户的注意力，加深其对企业或产品的认识。

（4）针对性强，减少浪费

E-mail 营销可以有针对性地向潜在客户发送电子邮件，属于"精准营销"。这与其他媒体广告不加定位地投放广告相比，营销费用大大降低。

（5）便于营销效果监测

无论哪一种营销方式，准确、实时地进行效果监测都不是很容易的事情。相对而言，E-mail 营销具有更大的优越性，可以根据需要监测若干评价营销效果的数据，如送达率、点击率、回应率等。

2.E-mail 营销的劣势

（1）应用条件限制

由于接收条件的局限，电子邮件需要一定的上网设备才可以接收和阅读，不像传统信函那样可以随时随地查看。更重要的是掌握客户信息有限，市场环境不成熟，E-mail

营销的受众面还比较小，影响力有限，当企业制订营销计划时，通常不会将 E-mail 营销作为唯一的或者主要的营销手段。另外，在很多情况下，客户在网上登记的资料往往不完整或不真实，通常只有一个邮件地址，当客户电子邮箱变更时，原有的资料可能就已经失效了，除非客户主动更换邮件地址，否则很难跟踪这种变化。

（2）邮件传输限制和信息传递障碍

由于受到网络传输速度、客户电子邮箱空间容量等因素的限制，并不是什么信息都可以通过 E-mail 来传递，这就在一定程度上限制了 E-mail 营销的应用范围。另外，因为出于过滤垃圾邮件等原因，一些邮件会遭到 SP 的屏蔽，客户邮件地址经常更换也会造成信息无法有效送达，退信率上升。信息传递障碍已经成为影响 E-mail 营销发展的主要因素之一。

（3）营销效果的限制

E-mail 营销的效果受到信息可信性、广告内容、风格、邮件格式等多种因素的影响，并非所有的电子邮件都能取得很好的营销效果。例如，垃圾邮件的泛滥会使有价值的信息被大量无用信息淹没。垃圾邮件也影响客户对于电子邮件信息的可信度，使得 E-mail 营销的回应率逐年降低。另外，电子邮件的寿命通常比其他出版物要短很多，除非邮件有足够的价值让客户一直保存下来，尤其对于 Web 方式阅读邮件的客户，邮箱空间的限制不可能保存大量邮件。而对于终端软件接收到本地硬盘的邮件，同样会因为磁盘空间清理、格式化硬盘，或者更换电脑等原因而丢失以前的电子邮件。

（三）E-mail 营销的功能

E-mail 营销的主要功能包括八方面：品牌形象、推广销售、顾客关系、顾客服务、网站推广、资源合作、市场调研、增强市场竞争力。

1. 品牌形象

E-mail 营销对于企业品牌形象的价值，是通过长期与客户联系的过程中逐步积累起来的，规范的、专业的 E-mail 营销对于品牌形象有明显的促进作用。品牌建设不是一朝一夕的事情，不可能通过几封电子邮件就完成这个艰巨的任务，因此开展经常性的 E-mail 营销具有更大的价值。

2. 推广销售

产品或服务推广是 E-mail 营销最主要的目的之一，正是因为 E-mail 营销的出色效果，使得 E-mail 营销成为最主要的产品推广手段之一。一些企业甚至用直接销售指标来评价 E-mail 营销的效果，尽管这样并没有反映出 E-mail 营销的全部价值，但也说明营销人员对 E-mail 营销带来的直接销售有很高的期望。

3. 顾客关系

与搜索引擎等其他网络营销手段相比，E-mail 首先是一种互动的交流工具，然后才是营销功能，这种特殊功能使得 E-mail 营销在顾客关系方面比其他网络营销手段更有价值。与 E-mail 营销对企业品牌的影响一样，顾客关系功能也是通过与客户之间的长期沟通才发挥出来的，内部列表在增强顾客关系方面具有独特的价值。

4. 顾客服务

电子邮件不仅是顾客沟通的工具，在电子商务和其他信息化水平比较高的领域也是一种高效的顾客服务手段。它通过内部会员通信等方式提供顾客服务，可以在节约大量的顾客服务成本的同时提高顾客服务质量。

5. 网站推广

与产品推广功能类似，电子邮件也是网站推广的有效方式之一。与搜索引擎相比，E-mail 营销有自己独特的优点：网站被搜索引擎收录之后，只能被动地等待客户去检索并发现自己的网站，而通过电子邮件则可以主动向客户推广网站，并且推荐方式比较灵活，既可以是简单的广告，也可以通过新闻报道、案例分析等方式出现在邮件的内容中，获得读者的高度关注。

6. 资源合作

经过客户许可获得的 E-mail 地址是企业的宝贵营销资源，可以长期重复利用，并且在一定范围内可以与合作伙伴进行资源合作，如相互推广、互换广告空间。企业的营销预算总是有一定限制的，充分挖掘现有营销资源的潜力，可以进一步扩大 E-mail 营销的价值，让同样的资源投入产生更大的收益。

7. 市场调研

利用电子邮件开展在线调查是网络市场调研中的常用方法之一，具有问卷投放和回收周期短、成本低廉等优点。E-mail 营销中的市场调研功能可以从以下两方面来说明：一方面，可以通过邮件列表发送在线调查问卷。同传统调查中的邮寄调查表的原理一样，将设计好的调查表直接发送到被调查者的邮箱中，或者在电子邮件正文中给出一个网址链接到在线调查表页面。这种方式在一定程度上可以对客户成分加以选择，并节约被访问者的上网时间，如果调查对象选择适当且调查表设计合理，往往可以获得相对较高的问卷回收率。

另一方面，可以利用邮件列表获得第一手调查资料。一些网站为了维持与客户的关系，常常将一些有价值的信息以新闻邮件、电子刊物等形式免费向客户发送，通常只要进行简单登记即可加入邮件列表，如各大电子商务网站初步整理的市场供求信息，以及各种调查报告等，将收到的邮件列表信息定期处理是一种行之有效的资料收集方法。

8. 增强市场竞争力

在所有常用的网络营销手段中，E-mail 营销是信息传递最直接、最完整的方式，它可以在很短的时间内将信息发送给列表中的所有客户，这种独特功能在风云变幻的市场竞争中显得尤为重要。E-mail 营销对于市场竞争力的价值是一种综合体现，也可以说是前述七大功能的必然结果。充分认识 E-mail 营销的真正价值，并用有效的方式开展 E-mail 营销，是企业营销战略实施的重要手段。

（四）开展 E-mail 营销的流程

首先，确定营销目标和目标群体。企业需要根据自己的需求来确定自己计划通过 E-mail 营销达到的目标，比如销售产品、提供服务，或是为自己的网站带来流量等，同时要调研企业的目标群体的总体特征。对于外贸领域而言，通常通过 E-mail 要达到的目的是建立业务关系、推销企业产品以及维护客户关系。

其次，分析开展 E-mail 营销的可行性。可行性分析主要分析具不具备上述所讲的三大基础，比如，有没有相关的硬件、软件，有没有目标群体的邮件地址列表，有没有具备网络营销尤其是 E-mail 营销知识的人员等。

再次，获取目标群体邮件地址列表，对 E-mail 邮件内容进行设计。获取邮件列表一般可以通过自己搜集整理和向专业邮件服务商购买两种，可以根据企业的情况决定如何获得。比如，要对邮件内容进行细致的设计，需要传达什么样的信息、用什么方式传达（纯文本还是 HTML 格式）等，都要根据不同的目标群体有针对性地设计。

最后，根据计划向潜在用户发送电子邮件信息，并且及时对 E-mail 营销活动的效果进行分析总结。总结这次营销是否成功，收集用户的反馈，为以后的许可 E-mail 营销制订更优秀的方案和执行措施。

三、社交媒体营销

现代营销更加注重关系导向，强调的是与消费者的互动，但是无论是传统的电视、广播、报纸等媒体广告，还是搜索引擎营销，都无法与消费者形成互动。而社交媒体营销一般被视为最具互动性的营销方式，有效的社交媒体营销不仅能使企业与消费者之间形成互动，更会对企业的产品销售和发展产生积极影响。

（一）适合跨境电商营销的社交媒体平台

1. Facebook

Facebook 是全球最大的社交网站，目前，兰亭集势、DX 等都在 Facebook 上开通了官方账号，且越来越多的跨境电商企业开始在 Facebook 上开展营销。

2.Twitter

Twitter 作为全球最大的微博网站，拥有超过 5 亿的注册用户。它以发送 140 字内的"推文"为主要形式，具有实时性和时效性。跨境电商企业可以借助 Twitter 上的名人来推广自己的产品。比如，当某位名人发布"推文"后第一时间做出评论，以此吸引名人粉丝对自己的关注，进而慢慢让他们成为自己的粉丝。

3.Youtube

作为全球最大的视频网站，Youtube 上每天都有成千上万的视频被上传、浏览、分享。与其他社交网站相比，Youtube 上的视频更容易产生病毒式的推广效果。在 Youtube 上，我们可以上传一些幽默视频来吸引粉丝关注，或者借助一些富有创意的商品植入产品广告，或者是请名人对产品宣传片进行评论，都是比较不错的引流手段。

4.Tumblr

Tumblr 是全球最大的轻博客网站。所谓轻博客，是一种介于传统博客和微博之间的全新媒体形态，在注重表达的同时又注重社交，且注重个性化设置，是当前最受年轻人欢迎的社交网站之一。在 Tumblr 上，用户可以发表文字、照片、视频、引用、链接、音乐、视频，其服务功能与国内的新浪博客类同。此外，Tumblr 可以绑定域名，使用户可以在自己的域名下发布文章。

5.Pinterest

Pinterest 是全球最大的图片分享网站，它采用瀑布流的形式展现图片，无须用户翻页，新的图片会不断自动加载在页面底端，让用户不断地发现新的图片。Pinterest 堪称图片版的 Twitter，网民可以将感兴趣的图片在 Pinterest 保存，其他网友可以关注，也可以转发图片。图片对于购物网站的重要性不言而喻，卖家注册 Pinterest 账号后即可在上面发布自己产品的图片，吸引粉丝进行分享互动。针对商家，Pinterest 还推出有广告服务。有多家机构称，在移动互联网时代，网民在移动设备上更喜欢观看图片，Pinterest、Snapchat、Instagram 等图片社交平台受到用户热捧，目前市场估值也明显高于其他"文本"社交网站。

6.Vine

Vine 是 Twitter 旗下的一款短视频分享应用，用户可以用它来发布长达 6 秒的短视频，并可以为视频添加一点文字说明，且视频可以无缝地嵌入 Twitter 消息之中。与其他视频分享应用不同，Vine 支持断断续续的视频拍摄，也就是说，Vine 可以把几条连续拍摄的视频片段自动拼接起来。

除了以上几种渠道外，社交媒体营销还包括博客营销、问答社区营销、论坛营销，这三种渠道尤其适合电子类、开源硬件等有一定专业门槛的产品。

（二）社交媒体营销的优势

社交媒体营销的核心是关系营销，建立新客户关系，巩固老客户关系。它具有以下优势：

（1）直接面对消费人群，目标人群集中，宣传比较直接，可信度高，有利于口碑宣传；

（2）氛围制造销售，投入少，见效快，利于资金迅速回笼；

（3）可以作为普遍宣传手段使用，也可以针对特定目标，组织特殊人群进行重点宣传；

（4）直接掌握消费者反馈信息，针对消费者需求即时对宣传战术和宣传方向进行调查调整。

这些都意味着社交媒体营销将为卖家带来更精准的目标群体、更高的转化率和更低的营销成本。越来越多的企业在利用社交媒体做营销，营销目标的确定是非常重要的。

（三）社交媒体营销技巧

下面以 Facebook 为例，从吸粉、内容运营与活动策划三点概括介绍一些做好社交媒体营销的技巧。很多外贸企业已经将 Facebook 作为打进海外市场的必备工具，但是大部分企业并没有真正掌握运营 Facebook 的技巧，一味地模仿其他大品牌，却很难达到理想的效果。如何运用 Facebook 实现推广目标呢？

1.Facebook 营销之吸粉

作为一个全球非常流行的社交网站，在 Facebook 上做推广营销，除了要为访问者、粉丝提供优质的服务之外，还需要与访问者建立紧密、牢固的沟通关系。

首先需要注意的是，吸粉不能一味地去追求数量，粉丝质量才是关键。总的来讲，吸粉渠道包括站内吸粉与站外引流。

（1）创建"可亲"的页面

对于一个 Facebook 页面来说，想要给访问者留下一个好印象，要从以下几方面来完善：优质的商品服务，及时更新的商品信息，内容优质的帖子，与粉丝之前的活跃互动。

（2）参与高人气的 Facebook 页面

借助 Facebook Directory 和 Facebook Search 搜索与商品相关的 Facebook 页面，或搜索一些与自己业务相关的讨论，同时向这些 Facebook 页面提供一些有价值的信息，并与它们的管理员和会员建立一种信任关系，在有一定的了解后，可以让他们去访问自己的 Facebook 页面。

（3）主动向朋友寻求帮助

刚刚建立 Fan page 时可能很少有互动，所以在初级阶段可以主动向自己的朋友发送互动信息，让他们参与一些话题讨论，以调动气氛。不过要保证让他们讨论的话题一定要具有足够的趣味性。

（4）忠诚粉丝要感谢

如果商品品牌在市场已经有了一定程度的良好影响，积累了一定的客户群，并刚刚建立了自己的Facebook页面，此时可以鼓励自己的忠诚客户加入Facebook支持自己。要知道一个满意客户的宣传就是一个最好的宣传，而且能吸引更多的访问者为你打上"like"的标签。对于支持自己的忠诚客户也不要吝啬，可以用一些自设的徽章或标签对他们表示感谢，或者在销售商品时给予他们一定的优惠。

（5）利用现有的社会化网络

除了Facebook，其他站外引流还可借助Pinterest、Youtube、Slideshare、Twitter、Lifehacker等网站，在这些网站上都可以展示自己的产品。这些网站也可以形成一个推广营销网络。如果你在其他网站如Twitter上已经形成一个颇具规模的业务圈子，可以利用它来推广自己的Facebook页面，这样就能同时在两个社交平台上宣传自己的产品，让自己的产品吸引更多的关注。

（6）利用论坛签名与合作网站

如果在论坛中表现活跃，或者有合作的网站，可以在论坛或合作网站的签名档中添加自己Facebook页面的链接。但是，在链接组中一定要经常发表一些具有实用性的文章，只有你的参与获得了认可，才能有更多的机会让别人看到自己以及自己的商品。

2.Facebook营销之互动

下面分享几个Facebook内容运营的技巧，帮助企业提升页面互动性。

首先要注意，只有能为受众创造价值和带来互动的内容才是Facebook想要的内容。企业要制定好内容策略，如果企业在Facebook上只是一味地介绍产品，如产品功能、价格、产品特色等，很容易引起粉丝的反感。所以，内容的选取上不仅局限于出售商品，需定位企业风格与形象，如领域专家等；对每个帖子所针对的特定受众进行定位推广，而非对所有人进行推广；同时，考虑不同媒体平台最佳发布时间，规划内容发布时间。

企业在内容上要想尽办法迎合用户喜好，寻找最有传播价值、最易引起分享的内容。什么样的内容是粉丝所喜欢的呢？粉丝们更喜欢关注富有创意的内容，因此企业在发布信息时最好加入自己的创意，这样才能获得更多的关注。大多数粉丝都不喜欢长篇大论，因此企业在发布内容时最好使用简单的句子，或将复杂的信息简单化，这样的内容会更具传播性。展示的重要性大于叙述，因此不要在上面直接发布产品信息、服务内容这些硬性推销的东西，而是要尝试着讲一下品牌和企业背后的人和故事。带有丰富情感且能引起共鸣的句子或内容更容易拉近企业与粉丝之间的距离，因此企业在发布内容时最好使用情感丰富且具有说服性的文字。

在Facebook上做营销推广，挑选Facebook广告图片对营销效果有着至关重要的影响。下面介绍几种比较受欢迎的Facebook广告图片。

（1）开心／微笑的人。大量尝试证明，开心或者带有笑脸的图片更容易被点击。在设计图片的时候，设计师可以在产品旁边放一个面带微笑的模特做陪衬，或者也可以展示顾客收到货物后，对货物表示满意的笑脸。

（2）色彩辨识度高。Facebook 以蓝白为设计基调，如果在 Newfeed 中发布的图片也以蓝白色为主，将很容易被忽视。如果企业的 Logo、产品图片或其他标志是蓝色的，最好是将其更换为更为鲜明的颜色。要让图片和产品背景有明显的对比度。此外，可以在图片中加上具有参与度的文案标题，这样更容易提高点击率。

（3）创建广告组。如果一张 Logo 图片太容易辨识，即使用了大量的色彩、可爱的动物或者小孩子，还是不能吸引眼球。但是用户长期观看还是能够记住你的品牌，所以从长期看还是需要对 Logo 进行突出。企业可以借助 Facebook 的 power edit 来创建 Facebook campaign，然后去创建和 Logo 相关的广告组。

（4）使用具有号召力的字眼。广告中具有号召性的字眼最容易引起别人的注意，如果再配合上打折、促销的字样，则更容易吸引人的眼球。可以在图片中体现奖品，也可以用电子书作为奖品。

（5）以内涵图片作为广告。可以结合品牌，使用一些搞笑的或者奇特、有内涵的照片作为素材，这类素材一般第一时间就能抓住人的眼球，比较实用。

3.Facebook 营销之活动

活动对于营销来说是必不可少的，一个完整的活动策划包括以下几个过程。

（1）活动策划的目的与目标

活动的第一步需要思考两个至关重要的问题，第一是我们为什么要做这个活动，或者说我们做这个活动要达到什么目的？活动营销会贯穿整个营销过程，可以帮助找到新用户，留住老用户，转化用户，等等。在做活动前，首先要确定活动的目的，这个活动到底是要达到什么营销目标，是为了提升品牌形象还是为了维护老用户关系，还是为了找到更多的新用户、推荐新产品，有了明确的目标，活动才会有灵魂。

第二步就是将目标量化，如果把活动的目标只是定在吸引新用户，那这个活动就已经失败一半了，因为做不做没有任何区别，活动中所有的参与运营人员会迷失在这个目标里。正确的方法是给活动定一个可以量化的目标，比如，要完成的销售量，如何完成，要分配多少资源，要用到多少媒介，每个资源媒介需要达到什么效率，如果没达到既定的效率，如何进行动态调整，等等。

（2）活动策划的过程

明确了活动目的和目标，那我们该如何策划一场活动呢？有以下几个步骤：第一，确定活动主题。活动一定要有一个主题，主题定好，活动在宣传的时候才有着力点，用户也能根据主题在第一时间建立初步印象。第二，确定参加活动的用户群体。有了主题，接下来就要确定活动目标用户群是什么，哪些人会更可能参与活动，只有找到了这部分用户群体，才能针对目标用户进行活动预热宣传。第三，确定活动举办的时间。在做时间选择时最好是契合主题，也能顺应用户在这个时间的心情感受，比如，很多婚恋、情感类的活动可以选择放在情人节等节日，或者蹭社会热点等。第四，确定活动的规则。这个问题是最关键的，总结起来就是怎样和用户互动，或者说用户怎么参与活动，规则最好既简单又有趣。第五，让活动能有指数级增长的可能。这是活动策划过程中非常重要的一个组成部分，大多数营销是需要借助用户来传播和完成的，用户才是撬动市场的杠杆。

四、海外红人营销

直播是各大社交网络上必不可少且广受欢迎的动态分享形式之一。快节奏、高压力的生活、工作环境中，短视频以轻松、愉快、形象的方式向人们展示信息，这是短视频和直播受欢迎的重要原因。据 Video Marketing Insights2017 年 4 月份的数据统计，有 68% 的 Youtube 用户观看了视频后做出了购买决定。在短视频和直播如此火热的形势下，视频、直播成了企业营销的重要方式，数据统计显示即使是 10 秒的动画也可以提高销量。如阿里巴巴、亚马逊、极赛等都在积极迎接短视频营销的浪潮，开放视频展示功能。

短视频、直播可以实现一种有趣、形象、场景化的营销效果，正在爆发洪荒之力，越来越多的企业想要抓住这个机遇，借助短视频、直播将自己的品牌推向消费者的焦点区。然而，如何做好短视频、直播营销，却是跨境电商企业要面对的一个不可小觑的挑战。

短视频可以为企业提供一种创新、直观的品牌营销方式，那么跨境电商企业如何利用好短视频、直播展示品牌形象？

（一）展示品牌形象

通过赋予某种理念、情感、价值观的短视频或直播，利用声音、画面、文字，全方位、立体式向客户诉说品牌故事，让客户更好地理解和认识品牌。

（二）展示生产流程

通过视频或直播的方式，向客户展示产品的生产过程、生产工艺、卫生环境等，让客户如亲眼所见，拉近了品牌与消费者之间的距离，也增加了产品的说服力以及客户对品牌的信任度。

（三）展示开箱体验

对于一些特殊的产品，比如，价值比较高的高科技电子产品，利用视频或直播展示产品从一个密封的盒子中拿出，未被拆开过。

（四）展示产品物流装箱过程

对于一些需要特殊包装或装箱的产品，如易碎的古玩、陶瓷品，客户可能看到产品物流装箱的真实过程才更放心，卖家对买家的承诺才更值得信任。利用视频或直播向客户展示产品精细的包装、放心的物流运输，以及可靠的产品质量。这类视频如果是来自客户的反馈，传播效果会更好。

此外，对于一些容易因为装箱操作失误导致产品损坏的误会，利用物流装箱视频或直播做证，就很容易消除误会。

（五）展示产品性能测试

客户对产品描述中的性能，难免会持有怀疑的态度，怎么办？例如，很多人应该都看过在网上流行的"老外调侃中国防弹板质量"的视频，出口防弹板的卖家如果仅用图片、文字描述产品的防弹效果有多厉害，可能很难让客户信服，但用视频直观演示防弹性能，效果如何一看便知。

（六）展示产品的空间效果

如家居产品，要展示空间如何经过家居产品布置，以及整个布置过程的变化情况等，通过视频或直播就能直观、立体、高效地展示出来。

这样的视频能够引发客户的遐想，以及对置身空间的憧憬，很容易激发客户的购买欲。

（七）展示产品操作流程

产品的操作流程，使用视频或直播的展示形式，比图文形式更具易学、易理解、易模仿的特性，对一些专业机械设备或操作复杂的产品，具有非常好的辅助销售作用。

（八）展示不同产品使用效果的对比情况

产品更新换代是必然的事，新旧产品之间的对比，能够让客户对新产品的理解更透彻。企业推出的新产品一定比旧产品有特别之处，但对于新产品，消费者在不熟悉或未体验过的情况下，通过短视频或直播，能够更直观、形象地了解。

第四节　跨境电商移动营销

一、移动端特点概述

（一）概念

移动端购物，也叫无线端购物，是脱离了传统 PC 端网线束缚之后的一种主流在线购物方式。主要指买家用智能手机、平板电脑等移动终端，通过无线局域网或移动数据网络在线浏览、生成订单并付款的过程。

目前，主流网购人群在上下班途中或者候车、候餐等碎片时间，用智能手机在网上购物已经成为常态。手机配置越来越高，价格越来越便宜，功能越来越多，并且无线端的流量越来越多，进一步促进了手机购物的普及。

（二）特点

近几年，随着智能手机的快速发展，移动电子商务发展迅速，移动购物的规模也在不断上升。相比于 PC 端，移动购物具有以下特点：

1.移动性

移动购物并不受互联网光缆的限制，也不受接入点的限制，用户可以随身携带手机、iPad 等移动通信设备随时随地进行购物。

2.便捷性

移动通信设备的便捷性表现在用户购物可以不受时间地点的限制，同时携带方便。

3.即时性

人们可以充分利用生活、工作中的碎片时间进行购物。

4.精准性

无论是什么样的移动终端，其个性化程度都相当高，可以根据用户的浏览和购买习惯向其推送相关的产品，针对不同的个体提供精准的个性化服务。

二、移动端客户习惯

分析移动端用户的购物习惯有以下几点：

（一）偏重长尾词

与 PC 端的买家相比，使用移动端的买家更喜欢在搜索栏里输入一两个词，然后选择搜索下拉框里推荐的关键词，这样，无线端的长尾关键词的流量更大，也就导致了无线端的关键词长尾化。

（二）收藏加购多

移动端买家喜欢看到中意的商品就收藏或加入购物车，移动端买家在商品页面停留时间越久，就越有可能收藏或者加入购物车，最后通过比较购物车或收藏夹中的商品，选择最中意的。

（三）后期转化大

通常买家喜欢把看中的商品收藏、加购，之后对所有购物车中或收藏夹中的商品进行比较，然后选择要购买的商品，所以移动端买家很多都是先看，看中的保留，然后比较，最后选择成交。

（四）重视个性化

相对于 PC 端，无线端的商品展示更加注重个性化，因为手机的屏幕比 PC 端要小很多，移动端单屏展现的商品数量很有限，所以，让买家更快地找到自己想要的商品就尤为重要。

（五）访问时间长

通常移动端被访问最多的时间段多出现在周末和晚上，因为在这两个时间段中，买家的休闲时间比较多，通过移动端下单的可能性也较大。同时由于移动端具有移动性和便捷性，买家通过移动端浏览商品的时间呈现出多频次、短时间等特点（需要注意不同国家或地区的时差）。

同时，要注意移动端一定要突出产品、活动展示。不需要烦琐的细节描述、不需要让消费者有太多的计算，采用简单、直接、明了的方式，转化率和点击率才会更高。

第六章　跨境物流与关境

第一节　跨境物流概述

一、跨境物流的概念

跨境物流指在两个或两个以上国家（地区）之间进行的物流服务。跨境物流是物流服务发展到高级阶段的一种表现形式。由于跨境电商的交易双方分属不同国家（地区），商品需要从供应方国家（地区）通过跨境物流方式实现空间位置转移，在需求方所在国家（地区）内实现最后的物流与配送。根据商品的空间位移轨迹，跨境物流分为境内物流、国际（地区间）物流与运输、目的国（地区）物流与配送三块。与境内物流相比，跨境物流涉及输出国（地区）关境和输入国（地区）关境，需要进行清关与商检，工作内容较为复杂，且很少有企业依靠自身能力单独办理并完成这部分业务。

二、跨境物流企业类型

跨境电商的发展推动着跨境物流的发展。跨境物流企业包括以下几种：①交通运输业、邮政业发展起来的跨境物流企业，如 UPS、FedEx 等；②传统零售业发展起来的跨境物流企业，如美国的沃尔玛、法国的 Cdiscount 等；③大型制造企业或零售企业组建的跨境物流企业，如海尔物流、苏宁物流等；④电商企业自建物流体系，如京东物流、兰亭集势的兰亭智通等；⑤传统快递企业发展跨境物流业务，如顺丰、申通等；⑥新兴的跨境物流企业，如递四方、出口易等。

三、跨境物流发展现状

与境内物流相比，跨境物流除具备其共性外，还伴随国际（地区）性等特点，涉及范围更广、影响更深远。跨境物流不仅与多个国家（地区）的社会经济活动联系，更受多个国家（地区）间多方面、多因素的影响。物流硬件环境与软件环境存在国家（地区）间差异，标准也不同，境内物流、国际（地区间）物流与目的国（地区）物流在衔接上会存在障碍，导致顺畅的跨境物流系统难以构建。物流环境的差异，导致物流公司在运输与配送过程中，需要面对不同的法律、文化、习俗、观念、语言、技术、设施等，增大了跨境物流的运作难度和系统的复杂性。此外，如关税或非关税壁垒、物流成本、空间距离等，都会直接或间接影响或制约跨境物流。目前，境内企业的跨境物流还停留在传统的商品运输、配送、货代等层面，物流高端服务与增值服务缺失，无法提供物流系统集成、供应链优化解决方案、大数据物流、云计算信息平台、跨境物流金融等，境外即时送能力也不足。此外，境内物流、国际（地区间）物流与目的国（地区）物流在衔接、可视化、信息透明度等方面表现较差，影响并降低了顾客对跨境物流的满意度。

四、传统跨境物流模式

随着海淘或代购模式逐渐向跨境电商模式转变，跨境物流模式也逐渐趋于正规化、合法化、多样化。在跨境电商的发展过程中，国际（地区间）邮政包裹（尤其是国际或地区间邮政小包）与国际（地区间）快递扮演着极其重要的角色，在众多跨境物流模式中这两种的使用比重最大。在跨境电商发展与演进的推动下，市场需求刺激了多种物流模式的出现，跨境物流模式也不再拘泥于国际（地区间）邮政包裹与国际（地区间）快递。以境外仓为首的新型跨境物流模式逐渐受到关注，开始被应用于跨境电商市场。根据跨境物流模式的出现时间及发展过程，我们将国际（地区间）邮政包裹与国际（地区间）快递视为传统跨境物流模式，将境外仓等近两年涌现的跨境物流模式视为新型跨境物流模式。学术界对跨境物流模式的研究较少，现有的成果也多集中在传统跨境物流模式上。虽有个别学者也提出了境外仓、第四方物流等新型跨境物流模式，但是这些模式出现较晚，尚缺乏系统的针对性研究。

（一）国际（地区间）邮政包裹

在介绍邮政具体渠道之前，跨境电商经营者需先了解一个组织，即万国邮政联盟（Universal Postal Union，UPU），简称万国邮联或邮联。它是商定国际邮政事务的国际组织，宗旨是组织和改善国际邮政业务，发展邮政方面的国际合作，以及在力所能及的范围内给予会员所要求的邮政技术援助。万国邮联规定了国际邮件转运自由的原则，统一了国际邮件处理手续和资费标准，简化了国际邮政账务结算办法，确立了各国（地区）邮政部门争讼的仲裁程序。截至2019年，万国邮政联盟有192个成员方，包括中国。正是由于这个组织的存在，我们可以通过万国邮政系统将一个包裹或信件从中国寄送到其他国家及地区。

在跨境电商市场中，国际（地区间）邮政包裹又以国际（地区间）邮政小包居多。国际（地区间）邮政小包在目前跨境电商中使用最多，也是海淘与境外代购最常用的跨境物流模式。以中国为例，据不完全统计，目前跨境电商中有超过60%的商品是通过国际（地区间）邮政小包运输的。在万国邮政联盟中，跨境电商使用较多的有中国邮政、新加坡邮政、中国香港邮政、英皇邮政、比利时邮政、俄罗斯邮政、德国邮政、瑞士邮政等。国际（地区间）邮政小包的优势较明显，其价格便宜，且方便个人操作实现通关；但是劣势也较为显著，主要有递送时间久、包裹丢失率高、非挂号件难以追溯进度。国际（地区间）邮政包裹适合轻、小型商品，在货物体积、重量、形状等方面限制性较高，如含粉末、液体等的特殊商品无法通过正常方式在邮政渠道实现通关。在一些国家通关政策变化的影响下，国际（地区间）邮政小包的优势受到挑战，如俄罗斯宣布2015年1月15日起停收邮政平常小包，美国从2014年11月起逐渐停止扫描国际（地区间）邮政小包。

1. 中国邮政挂号小包

据不完全统计，跨境电商70%的包裹都通过邮政系统投递，其中中国邮政占据50%左右的份额，中国香港邮政、新加坡邮政等邮政小包也是跨境电商卖家常用的物流方式。

（1）优势：线路覆盖广、最具价格优势，清关有优势

中邮小包是我国市面上最有价格优势的小包产品之一，被广泛运用。有卖家举例，发1 kg的邮政小包，到南美洲、非洲120元，到邻国（地区）80～90元，到其他国家（地区）均价100元左右，在这个基础上加上8元挂号费，乘以各地货代折扣，才是最终发货成本。相较之下，其他11小包即使基础收费持平也鲜有折扣，甚至收费高一个档次，成本优势都不如中邮小包。

（2）劣势：时效不太稳定，状况多

总体来说，中邮小包时效尚可，部分地区甚至谈得上很快。不过，无论是价格还是时效，都比较不稳定，状况会多一些。速度最快的1～2个工作日，慢的则好几个工作日。目前北京、上海、广州、深圳、天津是中国邮政挂号小包发货较快的城市，上网速度快，内陆城市上网速度略慢，但折扣比较高。

（3）派送范围

全球200多个国家及地区。

（4）时效

正常情况：16～35天到达目的地。

特殊情况：35～60天到达目的地。特殊情况包括节假日、政策调整、偏远地区等，如巴西等南美洲国家，预计时效可能超过60天。

（5）物流信息查询

物流详情可追踪节点：提供国内段收寄、封发、交航以及目的国（地区）妥投等信息。

物流详情查询平台：中国邮政官网，网址 http://intmail.11185.cn/。

（6）计费

方式：按克计费，1克起计，挂号费8元，并采用分区定价，主要面对跨境电商主流市场，在小包中具有很大的价格优势。

重量及尺寸限制如表6-1所示。

表6-1 重量及尺寸一览表

包裹形状	重量限制	最大体积限制	最小体积限制
方形包裹	小于2 kg（不包含）	长＋宽＋高≤90 cm，单边长度≤60 cm	至少有一面的长度≥14 cm，宽度≥9 cm
圆柱形包裹		2倍直径及长度之和≤104 cm，单边长度≤90 cm	2倍直径及长度之和W17 cm，单边长度≥10 cm

示例：以0.320 kg发英国的包裹为例，货代折扣为9折。

挂号不打折：90.5×0.32×0.9+8=34.064元。

挂号运费都打折：（90.5×0.32+8）×0.9=33.264元。

注：大部分卖家的运费计价公式都为第一种，中小卖家相对较难拿到挂号费的折扣。

公式中的90.5来源于中国邮政挂号小包资费公布价，详见表6-2。

表6-2 中国邮政挂号小包新资费

序号	国家（地区）	资费标准/(元·kg-1)	挂号费
1	日本	62	8
2	新加坡、印度、韩国、泰国、马来西亚、印度尼西亚	71.5	8
3	奥地利、克罗地亚、保加利亚、斯洛伐克、匈牙利、瑞典、挪威、德国、荷兰、捷克、希腊、芬兰、比利时、爱尔兰、意大利、瑞士、波兰、葡萄牙、丹麦、澳大利亚、以色列	81	8
4	新西兰、土耳其	85	8
5	美国、加拿大、英国、西班牙、法国、乌克兰、卢森堡、爱沙尼亚、立陶宛、罗马尼亚、白俄罗斯、斯洛文尼亚、马耳他、拉脱维亚、波黑、越南、菲律宾、巴基斯坦、哈萨克斯坦、塞浦路斯、朝鲜、蒙古、塔吉克斯坦、土库曼斯坦、乌兹别克斯坦、吉尔吉斯斯坦、斯里兰卡、巴勒斯坦、叙利亚、阿塞拜疆、亚美尼亚、阿曼、沙特、卡塔尔	90.5	8
6	俄罗斯	96.3	8
7	南非	105	8
8	阿根廷、巴西、墨西哥	110	8
9	老挝、孟加拉国、柬埔寨、缅甸、尼泊尔、文莱、不丹、马尔代夫、东帝汶、阿联酋、约旦、巴林、阿富汗、伊朗、科威特、也门、伊拉克、黎巴嫩、秘鲁、智利	120	8
10	塞尔维亚、阿尔巴尼亚、冰岛、安道尔、法罗群岛、直布罗陀、列支敦士登、摩纳哥、黑山、马其顿、圣马力诺、梵蒂冈、摩尔多瓦、格鲁吉亚	147.5	8
11	斐济、汤加、图瓦卢、瓦努阿图、萨摩亚、阿森松岛、关岛、帕劳、埃及、苏丹、摩洛哥、吉布提、埃塞俄比亚、肯尼亚、突尼斯、布隆迪、乌干达、卢旺达、乍得、尼日利亚、布基纳法索、贝宁、喀麦隆、阿尔及利亚、加蓬、几内亚、马达加斯加、毛里塔尼亚、津巴布韦、安哥拉、中非、佛得角等	176	8

2. 中国邮政平常小包

中国邮政平常小包，简称平邮，是中国邮政推出的经济小包，与中国挂号邮政小包基本一致，仅没有挂号服务，即一般出国后无法查询网上跟踪信息，更无妥投信息。

（1）优势：价格便宜

平邮不需要挂号费，适合货值低、重量轻的物品，如饰品、手机壳等品类。对于克重低的商品，如重量只有几克的，正常运费仅需几元，甚至更少。如果这类产品选择挂号小包，要增加至少 8 元的挂号费，将使得产品价格失去竞争力。

（2）劣势：安全性差，稳定性差

由于平邮无法追踪信息，买卖双方都无法知晓包裹在运输后半程的信息，丢件率也明显高于挂号小包。各跨境平台由于平邮小包提起的纠纷也明显高于其他小包。倘若包裹丢失，卖家一般要承受所有损失，包括产品、运输费用以及退款。正因为如此，跨境电商平台不推荐卖家使用平邮，以免影响买家购买体验。

例如，速卖通平台只允许卖家选择线上发平邮，不允许卖家线下发货使用平邮，一旦产生纠纷，平台会要求卖家全额退款。即使线上可发平邮，也有限制条件。以下是速卖通规定的几个国家线上发平邮的条件：

俄罗斯：实际支付金额 ≥ 2 美元的订单不可使用平邮。

美国：实际支付金额 ≥ 5 美元的订单不可使用平邮。

乌克兰、白俄罗斯：所有订单不可使用经济类物流服务发货。

3. 中国邮政大包

中国邮政大包服务是中国邮政区别于中国邮政小包的新业务，是中国邮政国际（地区间）普通邮政包裹三种服务中的航空运输服务，可寄达全球 200 多个国家和地区。对时效性要求不高而重量稍重的货物，可选择使用此方式发货。通常分为普通空邮（normal air mail，非挂号）和挂号（registered air mail）两种。前者费率较低，邮政不提供跟踪查询服务；后者费率稍高，可提供网上跟踪查询服务。

（1）优势

价格比 EMS 稍低，且和 EMS 一样不计算体积重量；以首重 1 kg、续重 1 kg 的计费方式结算，没有偏远附加费和燃油费；成本低。相对于其他运输方式（如 EMS、DHL、UPS、FedEx、TNT 等）来说，中国邮政大包服务有绝对的价格优势。采用此种发货方式可最大限度地降低成本，提升价格竞争力。

（2）劣势：时效性不高，退件有费用

由于大包在运输和处理上相对难于小包，所以妥投速度相对较慢。中国邮政大包和中国香港包裹国外退件是有费用的。根据用户选择的退回方式收取对应的运费，邮局都会给发件人对应的收费凭证（中国包裹运单上可以选择经什么渠道退回）。

（3）重量尺寸限制

重量限制: 0.1 kg ≤ 重量 ≤ 30 kg（部分国家不超过 20 kg，每票快件不能超过 1 件）。

体积限制: 寄往各国包裹的最大尺寸限度分为两种，一种为单边 ≤ 1.5 m，长度 + 长度以外的最大横周 ≤ 3 m；另外一种为单边 ≤ 1.05 m，长度 + 长度以外的最大横周 ≤ 2 m。

横周的计算公式: 横周 =2× 高 +2× 宽 + 长。

中国邮政大包最小尺寸限制: 最小边长 ≥ 0.24 m，宽 ≥ 0.16 m。

4.E 邮宝

E 邮宝是中国邮政速递物流为适应跨境电商轻小件物品寄递需要推出的经济型国际速递业务，利用邮政渠道清关，经合作邮政轻小件网络投递。主要路向参考时限为 7 ~ 10 个工作日，价格实惠。

（1）优势: 性价比高，时效快

虽然 E 邮宝价格略高于中邮小包，但其时效性强，以致其性价比高。例如，同样一个普货小包裹经由中邮小包寄往美国，正常时效在 15 ~ 30 个工作日，而 E 邮宝时效是 7 ~ 10 个工作日。另外，寄往美国的 E 邮宝可追踪物流信息，而小包不可。将货发往美国的卖家更多选择 E 邮宝。

（2）劣势: 服务范围小

E 邮宝目前仅开通了面向 32 个国家或地区的服务，所以相对小包少了很多。

（3）时效

参考时效: 主要路向 7 ~ 10 个工作日；墨西哥 20 个工作日；沙特、乌克兰、俄罗斯 7 ~ 15 个工作日。

（4）重量尺寸限制

限重: 2 kg。

单件最大尺寸: 长、宽、高合计不超过 90 cm，最长一边不超过 60 cm；圆卷邮件直径的两倍和长度合计不超过 104 cm，长度不得超过 90 cm。单件最小尺寸: 长度不小于 14 cm，宽度不小于 11 cm；圆卷邮件直径的两倍和长度合计不小于 17 cm，长度不小于 11 cm。

（5）查询

提供收寄、出口封发、进口接收实时跟踪查询信息，不提供签收信息，只提供投递确认信息。客户可以通过 EMS 网站 www.ems.com.cn、寄达国邮政网站或拨打客服专线等查看邮件跟踪信息。

（6）赔偿及退回

暂不提供邮件的丢失、延误、损毁补偿、查验等附加服务。对于无法投递或收件人拒收的邮件，提供集中退回服务（德国 E 邮宝暂不提供集中退回的服务）。

（7）投递范围

美国：本土，本土以外所有属地及其海外军邮地址。

英国：本土及海峡群岛、马恩岛。

法国：仅本土区域，邮编范围为01—95开头的地区及其海外属地无法投递。

德国：少数区域无法覆盖。

其他国家：仅本土。

5. 中国香港邮政小包

中国香港邮政小包又称香港小包，是指通过中国香港邮政发送到境外客户手中的小包。最早被用于跨境电商领域，曾是独立站大佬们的"独门武器"，资历最老。

（1）优势：综合质量较高、各个指标较稳

普货配送方面，是小包中时效、价格、清关方面较为稳定的产品。包裹直接送往香港邮政机场空邮中心，而无须经过多个环节的中转，节约了派送时间，同时降低了丢包率。中国香港邮政小包的离岸处理时间只需要1～3个工作日。它对跨境电商主要市场发货都适用，客户体验更有保障，物流引发的售后问题相对较少。就综合质量而言，它是小包中的又一理想选择。

（2）劣势：价格相对略高，退件需费用

中国香港小包价格总体上相对中国邮政挂号小包略高，不仅单价总体略贵，挂号费一般都是13港元/票。另外，包裹退回后是直接退往香港，然后从香港到内地。香港的小包退件收费是发出多少运费，退回来就收多少运费，退回内地还有进口费用。客户在填单的时候应填写是否要退回，没有填写的，邮局默认弃件。

（3）时效

香港是全世界物流最发达的地区，每天均有直飞航班到达全世界任意一个国家或地区。香港邮政的航空小包，几乎能做到当天投递，当天上飞机开始运送，大部分国家和地区只需要5～12个工作日，有时候3个工作日即可到达英国、爱尔兰、美国、加拿大。

具体投递时间大致如下：亚洲为3～7个工作日；英国、爱尔兰为3～10个工作日；美国、加拿大、澳大利亚为5～12个工作日；西欧为7～21个工作日。

值得注意的是，中国香港小包发货，需要转运到香港，和内地的邮政发货不一样，上网时效是2～4个工作日，稍慢。当然这不影响总体时效，也不排除个别货运代理能做到承诺的次日上网。

（4）分类：普通空邮平邮与挂号

中国香港邮局称邮政小包平邮为大量投寄空邮（bulk air mail service），称香港邮政挂号小包为易网邮服务（iMail service），前者费率较低，邮政不提供跟踪查询服务，后者费率稍高，可提供网上跟踪查询服务。一般eBay卖家所销售的电子产品、饰品、配件、服装、工艺品都采用后者来发货。通常我们说的香港小包是指中国香港邮政挂号小包。

6.新加坡邮政小包

新加坡邮政小包，即新加坡邮政航空小包裹，又叫新加坡挂号小包，是新加坡邮政推出的一项针对重量在 2 kg 以下的货物的邮政小包服务，具有时效好，通关能力强的特点，可寄达全球各个邮政网点。

（1）优势：可寄带电产品（曾是其"王牌"），在东南亚地区有优势

众所周知，大部分小包是不允许寄送带电产品的，而新加坡邮政小包却可以，所以这一度让新加坡邮政小包成为其有别于其他小包的"王牌"。因为，中邮小包和中国香港邮政小包都限制带电产品，新加坡邮政是主要出货渠道，其成本优势也仅次于中邮小包。对于东南亚市场而言，新加坡邮政的配送服务、时效及收费具有优势。2014—2015 年，阿里巴巴两次注资新加坡邮政，双方签署了一份联合战略业务发展框架协议，希望进一步提升电商物流的服务效率及全链覆盖。双方将促进平台资源的共享，充分利用双方的优势，以实现在电商物流全链路的布局。

（2）劣势：价格略高，退货麻烦

新加坡邮政小包价格略高于中国邮政小包，退件麻烦，是中邮小包以外其他小包的通病。

（3）时效

官方宣传到达多数国家或地区的正常运输时间 7 ~ 15 个工作日，大部分跨境电商还是相对认可其时效的。

7.德国、比利时、瑞士、荷兰等小包

（1）优势：时效和稳定性要好很多，发欧洲尤其理想，可寄带电产品

举例说明，德国（DHL）小包寄到英法德只需要 5 ~ 8 个工作日，部分线路可发带电物品。瑞士小包最快时效也能做到 10 个工作日，也支持带电产品配送。此类产品由本土邮政承运，本土清关能力强，一般欧盟境内无须二次清关，稳定性好、配送及时，丢包少。发往比利时、西班牙、荷兰、瑞典、挪威、芬兰、丹麦及其他欧洲小国，这类小包优势明显，几乎 8 ~ 15 天妥投。目前，比利时邮政小包和荷兰小包也都支持带电产品配送。

（2）劣势：价格优势不明显

这些小包较前述小包产品的价格优势不是那么明显，不过卖家若一心想提升客户体验，不失为理想选择。当然，也不是所有货物都适用此类小包。饰品等超轻、超微利的产品，就不适合发这类小包。

8.瑞典邮政、马来西亚邮政小包

（1）优势：官方宣传超平价，可寄带电产品

瑞典小包发美国和加拿大、欧洲的平均时效都在 20 ～ 30 天，不算突出。可接内置电池、有配套电池的货物，无须特殊包装，增加了其赢面。性质类似，马来西亚邮政挂号小包可寄有电池的货物，无须特殊包装，同样也是超平价的小包产品。对于尤其注重成本的卖家，这两大小包产品，为其提供了选择余地。

（2）劣势：揽收范围小，稳定性待考察

由于这些小包较新且比较小众，揽收范围相对小一些，但产品稳定性如何，还需卖家自己少量发货测试。

9. 特殊说明

邮政国际（地区）小包并不能做到所有国家（地区）都妥投，不能妥投的主要原因如下。

①邮政小包全境不能提供妥投信息的国家（地区），指的是 183 网站和对方国家（地区）都跟踪不到妥投信息，只能跟踪到交航、出口封发或交付等信息。主要国家及地区有阿尔及利亚、阿富汗、博茨瓦纳、多哥、佛得角、格鲁吉亚、洪都拉斯、津巴布韦、几内亚、莫桑比克、马尔代夫、马里、摩纳哥、孟加拉国、摩洛哥、萨尔瓦多、斯威士兰、突尼斯、土库曼斯坦、乌兹别克斯坦、乌干达、瓦努阿图、新喀里多尼亚、牙买加、秘鲁、安圭拉（英国）、奥兰群岛（芬兰）、阿森松岛（英国）、巴哈马、巴勒斯坦、朝鲜、赤道几内亚、多米尼加、多米尼克、梵蒂冈、冈比亚、刚果、古巴、圭亚那、海地、基里巴斯、卡塔尔、科摩罗、科威特、科索沃、科特迪瓦、老挝、利比亚、马达加斯加、毛里塔尼亚、蒙古、孟加拉国、缅甸、莫桑比克、尼日尔、帕劳、圣多美和普林西比、塔吉克斯坦、图瓦卢、委内瑞拉、伊拉克、乍得。

②邮政小包有部分（30% 以上）不能提供妥投信息的国家（地区），指的是 183 网站和对方国家（地区）有部分邮件可跟踪到交付或交航信息，但跟踪不到妥投信息。主要有英国、美国（2014 年 12 月开始）、白俄罗斯、哥伦比亚、奥地利、澳大利亚、阿曼、德国、安道尔、巴巴多斯、巴布亚新几内亚、巴拉圭、贝宁、不丹、菲律宾、斐济、卢旺达、毛里求斯、圣卢西亚、乌兹别克斯坦、赞比亚、中非、加拿大（2005 年 8 月 15 日开始）。

以上所指的小包包含目前市场上的所有邮政类小包。造成以上国家（地区）无法妥投的原因：目的地国家（地区）或者派送地邮政不支持小包派送录单上传功能；目的地邮政信息技术网络不支持；目的地政治或者政策因素（如罢工、通邮等）。

须特别说明的是：没有网上妥投信息并不表示邮政小包没有派送，邮件的递送工作一般会正常完成，只是当地邮局派送完成后不会上传妥投信息，所以需要多与收货人沟通收货情况，以免影响到平台收款。

（二）国际（地区间）快递

跨境电商常用的另一种跨境物流模式为国际（地区间）快递。国际（地区间）快递是指货物通过快递公司实现在两个或两个以上国家或地区之间进行配送的活动。全球性国际快递公司主要有 UPS、FedEx、DHL、TNT、ARAMEX 等。中国知名的快递公司也扩展了国际快递业务，包括 EMS、顺丰速递、申通、韵达等。国际（地区间）快递在对货物计费时一般分为重量计算与体积计算，常以两者中费用较大的一项为最终计费方式，并在货物包装方面要求较高。国际（地区间）快递可以根据不同的客户需求，如地域、货物种类、体积大小、货物重量等选择不同的渠道实现货物运输与速递。国际（地区间）快递与国际（地区间）邮政小包具有明显的互补性，国际（地区间）邮政小包的优势是国际（地区间）快递的劣势，国际（地区间）邮政小包的劣势一般是国际快递的优势。国际（地区间）快递具有速递时效性高、丢包率低、可追溯查询等优点，国际（地区间）快递全球网络较完善，能够实现报关、报检、保险等辅助业务，支持货物包装与仓储等服务，可以实现门到门服务以及货物跟踪服务。但是，国际（地区间）快递的价格偏高，尤其在一些偏远国家或地区收取的附加费更是惊人。国际（地区间）快递也会遭遇一些限制，在一些国家或地区某些货物会成为禁运品或限运品。在美国，一些货物被列入国际（地区间）快递的禁运目录，如新鲜、罐装的肉类与肉制品，植物种子，蔬菜，水果，非罐装或腌熏的鱼类及鱼子，等等。

1.DHL

DHL 的三个字母来自三个创始人的名字。DHL 隶属德国邮政，是全球快递、洲际运输和航空货运的领导者，也是全球第一的海运和合同物流提供商。它的业务遍布全球，是全球国际化程度最高的公司。像中国的邮政和 EMS 一样，它也分邮政和速递，不过它们两者都叫 DHL。然而 DHL 速递并不等同于中国 EMS。DHL 速递更像是一个商业化的国际快递公司，除了发出和接收与德国有关的国际快递，还在全球提供紧急文件和物品的输送服务。

（1）资费标准

计算运输货品的体积重和实际重量，二者中取较大者来计费。

体积重计算公式为：体积重 = 长（cm）× 宽（cm）× 高（cm）÷ 5000。

21 kg 内的小货都是按首重续重计费，21 kg 以上的大货按重量来计费。具体资费看货代的价格，或者在 DHL 官网查询。

（2）参考时效

上网时效：从客户交货之后第二天开始计算，1 ~ 2 个工作日会有上网信息。

妥投时效：3 ~ 7 个工作日（不包括清关时间，特殊情况除外）。

（3）跟踪及查询

跟踪查询网址：www.cn.dhl.com。DHL 可全程跟踪包裹信息，并可以查到签收时间和签收人。

（4）重量尺寸限制

限重：不超过 70 kg（大部分国家和地区）。

尺寸：单件包裹最长不超过 1.2 m。

部分国家和地区会有特殊要求，具体以 DHL 官方公布为准，或者咨询货代。

（5）优势

欧美航线有优势；适合走大件，5.5 kg 以上，或者 21 kg 以上 70 kg 以下货物；可送达目的地较多；网站查询信息更新及时，遇到问题解决速度快。

（6）劣势

小件商品价格没有优势；对托运货品的限制比较严格，拒收许多特殊商品；不提供 DHL 服务的国家有秘鲁、巴西、乌拉圭、阿根廷、巴拉圭、叙利亚、沙特、俄罗斯。

当选择"寄件人支付目的地关税、税款"这一可选服务后，DHL 即开始计算由寄件人或第三方在目的地产生的关税和税费，并向寄件人或者第三方收取相关的服务费。

2.UPS

UPS（United Parcel Service），即联合包裹服务公司，是世界上最大的快递承运商与包裹递送公司，同时是运输、物流、资本与电子商务服务的领导性的提供者。

（1）四种快递服务及资费

UPS worldwide express plus——全球特快加急服务；

UPS worldwide express——全球特快服务；

UPS worldwide saver——全球速快服务；

UPS worldwide expedited——全球跨界服务；

UPS worldwide express freight——UPS 全球特快货运；

UPS expedited——UPS 全球快捷服务。

在 UPS 的运单上，前三种快递服务都是用红色标记的，第四种是用蓝色标记的。但是，通常说的红单是第三种，即 UPS worldwide saver，蓝单是第四种，即 UPS worldwide expedited。第一种服务派送速度最快，资费最高；第四种速度最慢，资费最低。具体资费标准咨询 UPS 官方或者货代。

计费方式：以包裹实际重量和体积重量较大者计费，不足或等于 0.5 kg 的以 0.5 kg 计费，超过 0.5 kg 不足 1 kg 的以 1 kg 计费。如果一票货物内含多件包裹，运费则以所有包裹计费重量总和计算。

（2）参考时效

官方公布的参考时效如表 6-3 所示。

表 6-3　UPS 快递服务参考时效

递送承诺		服务
进口和出口（在提供的地方）		
1~3 个工作日	最早可在 8:00 递送	UPS 全球特快加急服务
1~3 个工作日	递送通常在 10:30 或 12:00 之前	UPS 全球特快服务
1~3 个工作日	一天结束前递送	UPS worldwide express freight（UPS 全球特快货运）
1~3 个工作日	日终前递送	UPS 全球速快服务
3~5 个工作日	一天结束前递送	UPS 全球快捷服务

（3）跟踪查询

跟踪信息查询网址：www.ups.com。

（4）重量尺寸限制

限重：70 kg（超过 70 kg 的货物，可以考虑 UPS 全球特快货运）。

尺寸限制：最大长度 ≤ 270 cm。每个包裹最大尺寸：长度 + 周长 ≤ 330 cm，周长 =2 ×（高度 + 宽度）。

一般情况下，UPS 国际快递小型包裹服务不接收超过重量和尺寸标准的包裹。如果接收，须收取一定的超重超长附加费，且每个包裹最多收取一次。

（5）优势

时效高，速度快，服务好；美洲线路优势明显，英国和日本优势也很明显；查询网站物流更新信息及时，遇到问题解决效率高。

（6）劣势

运费较高，要计算产品包装后的体积重；适合发 6 ~ 21 kg 的货物；对托运物品限制比较严格。

3.FedEx

FedEx 全称 Federal Express，即联邦快递，是全球最具规模的快递运输公司，隶属于美国联邦快递集团，是集团快递运输业务的中坚力量。FedEx 分为 FedEx IP（International Priority/IP，联邦快递优先型服务）和 FedEx IE（International Economy/IE，联邦快递经济型服务）。

（1）FedEx IP 和 FedEx IE 的区别

FedEx IP：时效快，递送时效 2 ~ 5 个工作日，清关能力强，可为全球 200 多个国家及地区提供服务。

FedEx IE：价格相对优惠，递送时效一般为 4 ~ 6 个工作日，略慢于 FedEx IP，可为全球 90 多个国家及地区提供快递服务。

虽然两者享受同等的派送网络，但是有少部分国家或地区的运输线路不同。

（2）资费标准

FedEx 资费计抛，计算运输货品的体积重和实际重量，二者相比取较大者来计费。

体积重计算公式为：体积重 = 长（cm）× 宽（cm）× 高（cm）÷5000。

具体资费详见官方公布或者咨询货代。

（3）跟踪查询

查询网址：www.fedex.com.cn。

（4）重量尺寸限制

重量限制：每件 ≤ 68 kg，单件超过须提前预约，一票多件的总重量不要超过 300 kg，超过须提前预约。

尺寸限制：最长边 ≤ 274 cm，最长边 +（高度 + 宽度）× 2 ≤ 330 cm。

4.TNT

TNT 全称是 Thomas National Transport。TNT 是世界四大商业快递公司之一，公司总部设在荷兰的阿姆斯特丹。利用公司遍布全球的航空与陆运网络，TNT 提供全球门到门、桌到桌的文件和包裹的快递服务。特别是在欧洲、亚洲和北美洲等地，TNT 快递可以针对不同顾客的需求，提供 9 点派送、12 点派送、隔天派送、收件人付费快件等服务内容。TNT 快递的电子查询网络也是全球最先进的。

（1）资费标准

运费结构：基本运费 + 燃油附加费（燃油附加费每个月有变动）。

体积重超过实际重量时以体积重计费。

体积重计算公式：体积重 = 长（cm）× 宽（cm）× 高（cm）÷ 5000。

具体以 TNT 官方公布为准，或者咨询货代。

（2）参考时效

一般情况，TNT 参考时效为 3 ~ 7 个工作日。

（3）跟踪查询

跟踪查询网址：www.tnt.com。

（4）重量尺寸限制

重量限制：单件包裹 ≤ 70 kg。尺寸限制：三条边分别不超过 2.4 m、1.5 m、1.2 m。

（5）优势

速度较快，提供报关代理服务；无偏远地区派送的附加费；在欧洲、中东及政治或军事不稳定区域有优势。

（6）劣势

价格相对较高；综合时效相对慢一点。

5.EMS

EMS 国际（地区间）快递是各国家（地区）邮政开办的一项特殊邮政业务。该业务在各国（地区）邮政、海关、航空等部门均享有优先处理权。以高速度、高质量为用户传递国际（地区间）紧急信函、金融票据、商品货样等各类文件资料和物品，同时提供多种形式的邮件跟踪查询服务。EMS 还提供代客包装、代客报关、代办保险等一系列综合延伸服务。

（1）优势

计费简单，价格为中国邮政 EMS 的公布价乘以折扣。当天发货，当天交付邮局，当天上网跟踪，从而节省了快件在境内运输的时间。通关能力强，可发名牌产品、电池、手机等 3C 产品。货物不计体积，适合发体积大重量小的货物。EMS 国际（地区间）快递全世界通邮，可到达全球 200 多个目的地。无燃油附加费及偏远附加费。时效有保障，东南亚、南亚地区 3 个工作日内可以妥投，澳大利亚 4 个工作日可以妥投，欧美国家 5 个工作日能妥投。无法正常妥投时，有免费退回服务。寄往南美洲各国及俄罗斯等地具有绝对优势，因为俄罗斯自 2014 年暂停个人接收商业快递包裹服务，而南美洲国家对商业快递不仅容易征收关税，而且需要提供税号。

（2）劣势

速度相对其他商业快递慢一点。网站跟踪信息相对滞后，出现问题只能做书面查询，查询时间较长。不能一票多件，大货价格偏高。

另外，跨境邮寄包裹中，客户在查询国际（地区间）包裹信息时经常会显示包裹已经互封封发或者直封开拆等提示信息，以下将做一个介绍。

互封开拆：经过查验后合格的总包，要再封上，称为互封。互封开拆就是指从关境出来的总包，继续走投递程序，总包经由邮政人员拆开（二次开封），分拣，过机扫描，进行抽查，看看物品是否和申请一致。

互封封发：根据不同地址分拣后的出口小包裹，再次封装成为总包，发往目的地投递站点，等待配送即可。

直封开拆：总包在出口境外之前已经封好，直接邮寄到当地国家（地区），称为直封。例如，从中国至目的国家（地区）的包裹，没有拆开过邮袋，到了目的国家（地区）才拆开，再由目的国家（地区）按地区分开，之后按地区装袋封发，进行邮寄配送。直封开拆操作在境内办理出关时，关境及进出口检验检疫部门会打开总包的袋子（一次开封），根据清单核对里边的小包裹数量和内容，如有需要，可能会过 X 线机检查物品与登记信息是否相符。

6. 顺丰及其他

随着跨境电商如火如荼地发展，以顺丰为代表的国内快递也渐渐加入跨境电商物流分一杯羹。顺丰国际快递的主要优势在于国内网点分布广，服务意识强，价格具有一定竞争力。劣势在于开通的国际（地区间）线路少，卖家可选择的国家（地区）相对较少，揽收人员对于国际（地区间）快递的专业知识相对不足。

顺丰国际小包系列，如欧洲小包，是顺丰和荷兰邮政联手推出的优质区域小包，清关好，派送快，查询优，平邮也有跟踪轨迹。

除欧洲小包，顺丰开通有美国小包、俄罗斯小包、澳大利亚小包，以及覆盖全球的经济小包，帮助卖家货通全球。若确认货件遗失，顺丰会在 8 个工作日内完成赔付。

顺丰也有和本土邮政合作的小包。本土邮政会开辟绿色通道，既享有邮政发达的网络覆盖系统，又能实现在本土优先清关、配送，整条线路畅通无阻。发往欧洲 5～10 个工作日即可妥投，美国、加拿大 7～12 个工作日妥投，时效较以往的普通小包有不小的提升，收费逼近邮政小包，是广大卖家又一个理想的选择。

五、新型跨境物流模式

（一）境外仓

境外仓俗称境外仓储，是近两年兴起的跨境物流模式。境外仓是指跨境电商企业在卖方所在国（地区）之外，尤其是买方所在国（地区）通过租赁或建设仓库，预先将所售商品运至该仓库，再通过跨境电商平台进行商品展示与销售，在接到消费者下单后，从该仓库进行出货与配送活动的物流模式。跨境电商的发展与需求创新推动了境外仓的出现，境外仓是解决跨境电商物流困境的一个有效方案，也是跨境物流发展道路上的一个突破。境外仓模式自出现后，便备受关注，越来越多从事跨境电商业务的企业纷纷建立境外仓，用于解决所面临的跨境物流难题。亚马逊与 eBay 在全球各地通过不同模式组建境外仓，有与政府合作模式、与企业合作模式、租赁模式、自建模式，在澳大利亚、拉美、中国、西欧快速密布境外仓；大龙网、炽昂科技等投入巨资自建境外仓，顺丰与韵达等快递企业也试水境外仓模式。境外仓能够集中进行大批量商品运输，避免了效率低的困境，利于降低物流成本。境外仓的使用能够有效解决国际（地区间）邮政小包与国际（地区间）快递的劣势与短板，如物流时效性低、物流成本高、通关与商检难、退换货难、本地化偏好等问题。境外仓也存在一定的风险，首先，租赁、建设与运营仓库需要人力、物力与财力；其次，需要提前将商品批量运入境外仓库，对前期的消费预期与商品数量、种类预测要求极高，否则货物送到后因销售不畅会造成库存与积压，再加上市场变化会产生资金积压与货物滞销风险，如果回流到境内，则又成为商品的进口活动，除了国际（地区间）货运成本外，还需要缴纳各类进口费用；境外仓也会面临所在地的政治、法律、社会等风险。

（二）边境仓

边境仓是一个衍生于境外仓的概念与跨境物流模式。边境仓与境外仓的区别在于仓库所处的地理位置不同。境外仓是建设在跨境电商交易主体卖方所在国家（地区）之外的仓库，边境仓则是建设在跨境电商交易主体买方所在国家（地区）或邻国（相邻地区）的仓库。边境仓具体指的是在商品输入国家（地区）的邻国（相邻地区）边境，通过租赁或建设仓库，预先将商品送达该仓库，通过跨境电商平台进行商品的陈列、浏览、下单、处理、支付及客服等一系列活动，通过线下物流直接从该仓库进行跨境物流运输与配送。按照仓库所处地理位置的差异，边境仓可以分为绝对边境仓与相对边境仓两类。绝对边境仓的仓库设在交易主体卖方所在国家（地区）内，该仓库所在地与买方所在国家相邻。如中国在中俄边境的城市（如哈尔滨等）成立仓库对接与俄罗斯的跨境电商业务。相对边境仓指的是跨境电商交易主体所在国家（地区）不接壤，仓库设在交易主体买方所在国家（地区）的邻国（相邻地区）的边境城市，用于应对跨境电商交易所产生的跨境物流业务需求。如中国与巴西的跨境电商交易，在与巴西接壤的阿根廷、哥伦比亚、巴拉圭、秘鲁等国家的临近巴西的边境城市设立仓库。相对边境仓是一个相对的概念，相对于交易主体中买方所在国家（地区）而言属于边境仓范畴，相对于交易主体的卖方所在国家（地区）而言又归属于境外仓范畴。边境仓可以规避境外仓的一些风险，是针对本国（地区）保护主义以及跨境电商业务发展而产生的一种新型跨境物流模式。一些国家（地区）政局不稳定、税收政策苛刻、货币贬值及境内通货膨胀等因素，刺激了边境仓的出现与发展，如乌克兰政治危机，阿富汗国内政局动荡，巴西限制外来企业以及严格的税收政策。边境仓尤其在一些自由贸易区极具优势，如巴西因为本土保护主义及苛刻的税收政策，制约了跨境电商与跨境物流的发展，但是利用南美自由贸易协定的优势，可以通过在巴西的邻国建立边境仓，从而规避风险，推动巴西及南美跨境电商业务发展。边境仓具有境外仓无法实现的优势，可以规避输入国（地区）的政治、税收、货币、法律等风险；可利用区域政策，如南美自由贸易协定、北美自由贸易区等。

（三）国际（地区间）物流专线

国际（地区间）物流专线也是跨境电商发展背景下出现的一种新型跨境物流模式。国际（地区间）物流专线具体指在两个以上国家（地区）形成的跨境物流模式，运输线路、运输时间、物流起点与终点、运输工具都是固定的，固定跨境物流线路尤其如此。国际（地区间）物流专线对跨境电商而言，可以长途跨境运输，具有很高的规模化属性，通过专线物流模式，能够起到规模经济效应，对于降低跨境物流成本意义重大，尤其对固定市场的跨境电商而言，是一种行之有效的跨境物流解决方案。依据线路的不同，国际（地区间）物流专线可分为很多种，以中国为例，可分为中俄专线、中美专线、中欧专线、中澳专线等。依据运输方式的不同，国际（地区间）物流专线分为航空专线、港口专线、铁路专线、大陆桥专线以及多式联运专线。已经开通的专线主要有郑欧班列、日本 OCS、欧洲 GLS、渝新欧专线、中欧（武汉）冠捷班列、国际传统亚欧航线、顺丰深圳—台北全货机航线等。国际（地区间）物流专线的时效性优于国际邮政小包，弱于国际快递；国际（地区间）物流专线的物流成本低于国际（地区间）快递，但要高于国际（地区间）邮政小包。国际（地区间）物流专线具有明显的区域局限性，无法适应跨境电商的无地域限制性物流需求。这将导致跨境物流专线无法成为跨境物流的主要模式之一。国际（地区间）物流专线会成为挖掘固定市场的跨境电商物流解决方案，也可以成为跨境物流的中间环节以及周转环节。在业务量能够支撑的情况下，可以开发多条国际（地区间）物流专线，尤其是可形成国际（地区间）物流专线网络，能够增加国际（地区间）物流专线的使用频率与整体价值。

（四）保税区、自贸区物流

在跨境电商发展背景下，自贸区与保税区价值突显，全球各国（地区）加快了自贸区与保税区建设的步伐，依托保税区或自贸区的物流服务，成为跨境电商市场中一种新兴的跨境物流模式。保税区或自贸区物流是指通过国际（地区间）货运预先将商品运至保税区或自贸区仓库，通过跨境电商平台进行商品陈列、下单、处理、支付等活动，当处理完网络订单后，通过线下的保税区或自贸区仓库实现商品的分拣、包装、发货和终端配送等物流活动。自贸区或保税区物流模式集规模化物流、集货物流、本地化物流优势于一身，有利于缩短物流时间、提高物流时效、降低物流成本，还利于享受保税区或自贸区的资源优势。保税区或自贸区物流可以享受保税区或自贸区的优惠政策与综合优势，主要体现在物流、通关、商检、收付汇、退税等方面，也简化了跨境电商与跨境物流烦琐的流程与手续。如亚马逊在上海自贸区建立了自贸区物流仓库，预先将商品送至自贸区物流仓库。当消费者下单后，商品由自贸区物流仓库发出，能够实现集中化的国际（地区间）货运、通关与商检，既降低了跨境物流成本，也缩短了物流时间，提高了物流与配送时效。天猫国际、苏宁全球购等纷纷推出保税区物流模式，通过与郑州、重庆等跨境电商试点城市合作，在保税区设立物流保税仓库，预先将商品送全保税仓库，当消费者下单购买后，商品直接从保税区仓库发出。

（五）集货物流

跨境电商隶属于电子商务范畴。基于互联网络的跨时空界限特性，跨境电商消费较分散，单笔订单量小，产品种类繁多。在快速发展的跨境电商驱使下，集货物流随之出现。集货物流模式的出现是为了降低高额的跨境物流成本。集货物流具体指先将商品运输到本地或当地的仓储中心或集散中心，当积累到一定数量或达成一定规模后，通过与国际（地区间）物流公司合作，通过国际（地区间）货运模式将商品运至境外的买家手中，或者将各地发来的商品先进行聚集，然后批量配送；或一些商品属性或种类相似的跨境电商企业形成战略联盟，成立共同的跨境物流运营中心，利用规模优化与互补优势等理念，实现降低跨境物流成本的目的。例如，米兰网在广州与成都自建了仓储中心，商品在仓储中心聚集后，通过与国际（地区间）快递公司合作将商品送至境外买家手中。大龙湾在深圳建立了仓储中心，采取集中发货方式满足跨境物流需求，既提高了跨境物流的整体效率，又降低了跨境物流成本。虽然保税区或自贸区物流模式类似于集货物流模式，大致可以归属于集货物流范畴，但是集货物流又不等同于保税区或自贸区物流模式。集货物流不仅可以集中仓储再进行跨境电商活动，还可以先进行跨境电商活动再集中进行物流与配送。

（六）第三方物流

第三方物流指的是由交易主体以外的第三方承担物流功能，由第三方物流企业采取合同委托模式，承担交易产生的商品物流需求。在境内电商交易中，自建物流可视为第一方物流，如中国的京东商城、阿里菜鸟物流、海尔日日顺物流，境外的 Ulmart 自建物流、亚马逊物流、沃尔玛物流等。第二方物流由买家来承担物流功能，第三方物流则由专业的第三方物流公司来承担，如中国的"四通一达"等。在跨境电商中，流程与环境更加复杂，自建物流投入多，要求高，风险大，虽然个别跨境电商也在采取自建物流模式，如京东商城、洋码头等，但是基于资金、跨境物流的复杂性以及诸多风险与障碍等因素，绝大多数跨境电商除了使用国际（地区间）邮政小包与国际（地区间）快递外，逐渐开始转向第三方物流模式，与万国邮政联盟体系、国际快递公司等合作，或者与专业第三方跨境物流公司合作。在跨境物流中，也会存在多种模式或多个第三方物流公司合作的现象。此外，还存在自建物流与第三方物流共存的现象。如兰亭集势不仅自建跨境物流体系，还与国际性（地区间）跨境物流资源合作，将商品销往全球 170 多个国家或地区。大批海运公司、航运公司、陆运公司、多式联运公司、国际货代公司拥有丰富的国际贸易经验、境外运作经验、境外业务网点及国际化实践经验，这都是跨境电商或跨境物流公司合作的潜在对象。顺丰物流与荷兰邮政合作，推出欧洲小包业务，实现了中国境内物流与目的国（地区）物流的衔接，缩短了物流周期，降低了物流成本。在巴西，FedEx 与 UPS 等快递公司业务量无法满足其国内市场的需求，它们集中在城市区域，偏远地区则依托于巴西邮政以及其旗下的 Sedex。

（七）第四方物流

在跨境电商发展的刺激下，跨境物流需求也驱动第四方物流应用于跨境电商市场。第四方物流是独立于交易主体双方以及专业第三方物流商之外的主体，承担商品物流与配送业务。它具体指为商品交易的买卖双方、第三方提供物流咨询、物流规划、商品运输、物流信息系统、供应链管理等综合性活动的一个供应链集成商，通过管理自身资源以及外部可协调资料、能力与技术，提供综合性的、全面的供应链解决方案。第四方物流强调供应链资源整合能力，通过其在整个供应链的影响力与话语权，以解决物流需求为基础，整合各类内部及外部资源，实现物流信息共享及社会物流资源充分利用。伴随着跨境电商的发展与成熟，跨境物流更加复杂，服务已不再局限于商品跨境空间位移需求，会产生许多增值服务需求，随之涌现出一批第四方物流公司，为跨境电商市场提供更丰富的跨境物流服务。如兰亭集势在 2015 年 1 月 26 日宣布正式启动"兰亭智通"全球跨境物流开放平台，通过整合全球各地配送服务资源，提供开放比价竞价、全球智能物流路径优化、多种物流协同配送、自动打单跟单、大数据智能分析等综合性服务内容。Axado 与全球 150 多个物流公司通力合作，通过整合碎片化跨境物流市场，为需求方提供一揽子物流解决方案。递四方和出口易也属于第四方跨境物流公司范畴，整合全球物流服务资源，不仅能够提供专线物流服务，还可以提供购物车建站、货源分销、在线推广、渠道管理软件服务、在线收付、全球物流与仓储等一站式综合服务项目，并逐渐涉足大数据、信息技术及金融增值服务等。

六、新型跨境物流模式与传统跨境物流模式对比分析

通过分析各跨境物流模式在速度、成本、适用性以及目前的使用率等方面的表征，能够对各类跨境物流模式有较为清晰的了解，如表6-4所示。在主要的跨境物流模式中，国际（地区间）邮政小包与国际（地区间）快递使用较早，且是主要的跨境物流使用模式。国际（地区间）邮政小包得益于万国邮政联盟的物流网络体系，在全球范围内网络最密集，能够辐射全球近200个国家或地区。在跨境物流模式中，国际（地区间）邮政小包的成本是最低的，相应的时效性也是最差的，跨境物流周期基本在一个月以上，有时甚至几个月，还容易出现丢包、商品丢失等问题。国际快递基于成熟的全球性国际快递公司，如UPS、DHL、FedEx、EMS等，在跨境电商市场中使用率也很高，主要得益于物流速度快。境外仓近几年出现后，发展极快，已成为诸多跨境电商极佳的物流解决方案。境外仓还可以有效解决本地化及退换货问题，其使用率正处于快速上升趋势。第三方物流与第四方物流得益于专业性优势，在同一国家（地区）内应用范围较广，所以也具有较好的发展前景。其物流时效性与成本视不同情况、企业与商品需求而不同。规模性优势显著的保税区或自贸区物流、国际（地区间）物流专线、集货物流等模式，在物流时效性与成本方面具有一定的优势，但是在适用性上具有显著的局限性。局限性不仅体现在地理局限性、时间局限性等方面，还存在于企业与商品方面。保税区或自贸区物流与其他物流模式相比，具有一个显著的特征，因其设在自贸区或保税区内，所以能够充分利用自贸区或保税区的政策促进其发展。并不存在占绝对优势或劣势的跨境物流模式，需要根据不同需求来确定。不同跨境物流模式也有其最佳的适用范围。

表6-4　跨境物流模式对比

模式	速度	成本	适用性	目前使用率
国际（地区间）邮政小包	慢	低	广	高
国际（地区间）快递	快	高	广	高
境外仓	较快	较低	广	较高
边境仓	较快	较低	局限性显著	低
国际（地区间）物流专线	较快	较低	局限性显著	低
保税区、自贸区物流	较快	较低	局限性显著	较高
集货物流	一般	较低	局限性显著	低
第三方物流	不确定	不确定	广	较高
第四方物流	不确定	不确定	广	较高

七、跨境物流运作流程

跨境电商物流的发运有别于境内物流的发运，而且有着本质上的区别。跨境电商物流与境内一般电商物流最大的区别在于跨境，成交商品需要通过关境进出境，货品进出境的方式决定了跨境物流的运作方式和复杂程度。跨境电商物流所要经历的程序远远复杂于境内一般物流。以跨境电商出口物流为例，其主要运作流程如图6-1所示。

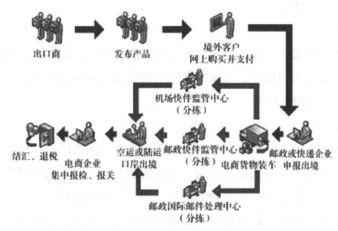

图 6-1 跨境电商出口物流流程

（一）品检

在跨境电商物流发运阶段，特别将品检提出来的原因在于，跨境电商卖家还有一大部分自己没有工厂，需要向厂家采购商品。所以，这里的品检更多是第二次商品质量检查。如果没有品检，倘若发错商品，或者发了残次品，这个订单很可能导致卖家财货两空。

跨境电商发运过程中品检的作用如下。

1. 把关作用

把关是品检最基本的作用。工厂的生产是一个复杂的过程，人、机、料、环境等诸要素，都可能对生产过程产生影响。各个工序不可能处于绝对稳定状态，质量特性的波动是客观存在的，要求每道工序都100%生产合格产品，是不太可能的。因此，通过质量检验把关，挑出不合格品以保证产品质量，是完全必要的。

2. 预防作用

预防不合格产品被运送到买家手里，引起纠纷等不必要的麻烦。一个产品经历了漂洋过海、长途跋涉好不容易到达消费者手中，倘若是不合格产品，这将极大影响买家的购物体验。卖家不仅要面临全额退款的风险，还会丢失信誉、损失客户。

（二）包装

商品一旦到了物流供应商的手中，便不再受卖方的控制。卖家不能指望物流人员对商品特别小心，卖家能做的就是做好之前的包装，避免运输过程中的意外情况发生。在跨境电商中，绝大多数包裹都是按克或者 0.5 kg 为单位来计费的。所以，产品的包装不仅要保证产品在远渡重洋的长途运输中不受损坏，还要兼顾控制包装成本。使用合理的包装可以有效保证消费者接收到完整的商品。

跨境电商物流常见的包装材料主要有气泡信封、气泡膜、瓦楞纸箱、胶纸、包装袋、快递袋、气泡袋、珍珠棉、气柱袋、泡沫箱、木架等。其中气泡信封和胶纸最常用，且是必不可少的包装材料。

1. 包装材料

在实际包装产品之前，卖方必须按平台和物流公司的要求设置不同类型的包装。

外包装不需要太大的尺寸，卖家需要看看包装的成本和它的重量。包装所需的材料类型取决于所出售的产品。

（1）气泡信封

气泡信封（图 6-2）是两层结构，具有体积轻又环保的优点。外层为牛皮纸，内衬有气泡。袋子美观大方，表面易书写，其独特的韧性可防止袋子破裂；内层透明气泡具备良好的缓冲作用，防止所装物品因压、碰、跌落而损坏等，尤其适合一些小商品例如饰品的寄送。同时，信封外层材质可按客户要求定做，如铝箔、各种颜色的镀铝膜，可印刷各种图案如 logo、二维码或者网址，可添加易撕条等。气泡信封尺寸有不同大小，价格因规格不同而异。

图 6-2 气泡信封

（2）气泡膜

气泡膜（图 6-3）是一种质地轻、透明性好、无毒、无味的新型塑料包装材料，可对产品起防湿、缓冲、保温等作用，也叫气泡垫，在物流中是必不可少的一个包装材料。由于气泡膜中间层充满空气，所以体轻、透明、富有弹性，具有隔音、防震、防磨损的性能，广泛用于电子产品、仪表、陶瓷、工艺品、家用电器、自行车、厨房用品、家具和漆品制品、玻璃制品及精密仪器等抗震性缓冲包装。目前市场上气泡膜可按重量、尺寸或者按卷来购买。

图 6-3 气泡膜

（3）瓦楞纸箱

瓦楞纸箱是一种应用最广的包装制品，用量在境内物流行业一直是各种包装制品之首。在跨境电商中由于纸箱重量大，运费成本高，所以气泡信封相对用得更多。半个多世纪以来，瓦楞纸箱以其优越的使用性能和良好的加工性能逐渐取代了木箱等运输包装容器，成为运输包装的主力军。瓦楞纸箱属于绿色环保产品，它利于环保，利于装卸运输。按隔层数量一般可分为三层、五层和七层瓦楞纸箱，常见的为三层和五层。

跨境电商中使用的瓦楞纸箱一般没有固定大小的规格，不同公司会结合自己产品特点定制合适的纸箱，如邮政会定制不同系列的纸箱。定制纸箱的优势在于形状大小合适，可以在最大程度上减少体积重，不仅方便打包还可以减少运费成本。对于中小卖家，各种规格的纸箱也无法完美地包装每个产品，因而在实际打包过程中需要自行切割，以便适配不同商品的包装。

（4）胶纸

胶纸又叫胶带、透明胶，是日常打包中使用最多的一种打包材料。普通的封箱包装胶带（BOPP 双向拉伸聚丙烯）是任何企业、公司、个人生活中不可缺少的日常用品。但是目前的一个状况是，胶纸厂家虽多，技术却参差不齐。

那么要怎么选择胶带呢？其实，胶带的胶水好坏在使用中有两个标准，一个是初黏力，另一个是保持力，两者是成反比的。一般情况下初黏力低于 10 号的胶带胶水覆涂较少，只有 20 微米左右，如文具胶带、普通促销捆绑用的胶带。正常的封箱胶带的初黏力在 15 ~ 20 号，这种胶带胶水的厚度一般有 22 ~ 28 微米，符合标准的厚度。但市场上的胶带大部分掺了杂质，所以厚度增加，为了遮蔽杂质，胶水中还掺有色粉，所以透明胶带就出现了淡黄色、淡绿色，这种胶带一般都是劣质的。

目前市场上有各种各样的胶带，也有可印刷品牌 logo 等文字的胶带。但从跨境电商需要通关的特殊性考虑，一般推荐使用透明胶带或者黄色胶带。

透明胶带在跨境电商中除了打包，还可以使用在以下这些方面：用透明胶带在气泡袋信封袋封口处粘一层，这样方便买家收货时辨别是否被拆封过；用透明胶带覆盖在手工贴的面单上（如邮政小包面单），起到防水、防损坏的作用。覆盖挂号条码一定要保证平整，避免胶带下面产生气泡影响扫描枪扫描条码。

黄色胶带一般用于以下几方面：覆盖普通纸箱外包装，用于防水；用于覆盖重复利用的纸箱上的文字或者 logo。需要注意的是，黄色胶带具有遮挡作用，所以用其打包时，要避免覆盖如地址、条码等重要信息，否则将影响包裹顺利寄送。

（5）包装袋

跨境电商中使用的包装袋跟日常收寄包裹的包装袋一样，外面是灰白色，里面是黑色，封口自带封口胶。在跨境电商物流中主要用于包装服装之类，不用担心被压、被挤、被摔的产品，当然也可以用于再次包裹纸箱、气泡袋、气柱袋，作为外包装，可防水防刮伤。包装袋的规格较多，根据商品需要，卖家可以自选适合的规格。需要注意的是，在包装袋外侧贴面单时要注意贴平整，避免面单在运输过程中因扯动包装袋而被撕毁。

我们通常用的包装袋一般没有任何文字、图案或者 logo，除了快递公司提供的快递专用袋。其正面印制了快递公司 logo，背面通常会有一个不封口的小塑料袋，用于装发票。快递包装袋规格较少，通常只有大、小两种。需要注意的是，一般快递公司都不允许折叠快递袋。

（6）珍珠棉

珍珠棉（图6-4）是较新的一种包装材料，作用类似于气泡膜，但不会像气泡膜因气泡破裂而失去保护作用。另外，珍珠棉还具有轻、易切割的优点。但是相对于气泡膜，珍珠棉更容易被撕破。

图6-4　珍珠棉

（7）泡沫箱

跨境电商中泡沫箱（图6-5）在普货中使用较少，但在手机等3C电子产品中使用很广。泡沫箱主要用于保护产品不受外力碰撞，以免产品被损坏，如手机、货值高的手表等。所以，这类泡沫箱尺寸相对较小，质地很轻，但非常坚固，保证商品不被损坏的同时控制运费成本。产品在放入泡沫箱前，一般须用气泡膜或者珍珠棉包裹，以防产品在泡沫箱内晃动；接着用胶带对泡沫箱进行封箱，然后用一层包装袋包裹在泡沫箱外侧，用于防水，并贴运输单据。

图 6-5 泡沫箱

（8）气柱袋

气柱袋（图 6-6）又称缓冲气柱袋，是 21 世纪使用自然空气填充的新式包装，需要配合充气机或者打气筒使用。在跨境电商中主要用于寄送带大屏幕的电子产品，如平板、手机、全球定位系统（GPS）导航仪、行车记录仪、精密仪器或工艺品等。

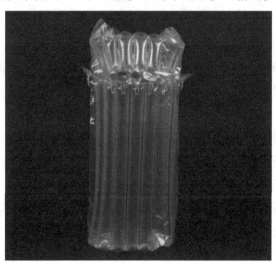

图 6-6 气柱袋

气柱袋运用物理原则，一次充气，全排充满，自动锁气，形成潜水舱。遇到破损，只有破损的气柱部分失效，其余气柱，完全不受影响，仍然维持保护效果，提供长时间储运不漏气的抗震保护。气柱式全面性包覆的缓冲保护，将损坏率降至最低。使用注意事项：①不要过量充气，以免充爆或者让气柱处于破裂的临界点；②不用于尖锐物品的包装，否则容易引起气柱破裂；③气柱包装好后，外面要加一层包装袋或者纸箱。

2. 相关物料及设备

跨境电商中相关的物料主要有胶带切割器、美工刀、记号笔、剪刀、卷尺、电子秤、打印机、扫描枪和相机等。这里主要介绍经常使用的几个设备。

（1）打印机

跨境电商运营初期，一般用普通激光打印机打印面单及出口相关单据，如形式发票、装箱单、订单信息等。这里建议不要用喷墨打印机，到后期订单数量增加时喷墨打印机适应不了巨大的打印量。

除了激光打印机，热敏打印机在跨境电商中被广泛使用，主要用于打印各类物流面单。它的优点是速度快，故障率低。

另外，针式打印机也有使用，主要用于打印一式多联的单据，如快递单。使用时要注意调好模板，避免打印位置偏离。

（2）扫描枪

扫描枪是一种输入设备，用于扫描货品或者包裹上的条形码。它每扫一个条形码后就等于在电脑里输入了条码对应的字符，可以非常方便地输入产品的 SKU（库存量单位）条码、包裹跟踪号码等信息。使用时注意不要对着人眼，因为激光会轻微伤害眼睛。

（3）电子秤

电子秤是一种带数字显示，可以把重量信息直接输入电脑的秤，一般配合内部出货系统和扫描枪使用。具体过程是：首先，把包裹放到电子秤上，电子秤会显示重量信息；接着，用扫描枪扫描跟踪条码，内部出货系统就会自动记录这个包裹的跟踪条码并将其重量对应记录下来。

（4）相机

跨境电商出货时，收件人信息、跟踪号码、重量等内容在以后可能发生的纠纷当中显得尤其重要，所以有必要记录这些信息。目前，一些跨境电商大公司已采用视频实录出货称重过程，但这对于一般公司来说成本相对较高。而用相机拍摄待出货的包裹，照片能看清包裹收件人信息和跟踪号即可，这样能在一定程度上保留出货证据，在今后可能发生的纠纷或投诉中多一分胜算。

（三）发货

跨境电商发货按选择渠道不同，可分为线上发货和线下发货；按效率分类可分为人工发货和智能发货。以下将具体介绍这两种归类。

1. 线上发货和线下发货

（1）线上发货

线上发货一般是指跨境电商卖家选择通过跨境电商平台后台直接发货。这些物流商是平台的合作方，价格相对优惠，且有一些保护政策。例如，速卖通平台对线上发货的订单给予不少保护政策，平台网规认可，规避物流低分，来提高账号表现。中小卖家在运营初期订单量不多时，线下发货很难拿到折扣，且市场上大小货代鱼龙混杂，所以线上发货是一个不错的选择。

（2）线下发货

线下发货是相对于线上发货而言的。除了各大跨境电商平台线上的物流渠道，卖家用任何其他物流方式发运统称为线下发货。线下发货通常通过邮政渠道或快递等物流渠道进行，但商家一般会通过选择货代进行合作，这样可以拿到一个相对优惠的价格。那些规模庞大的公司，也有直接跟邮局和快递合作的，也许比与货代合作的成本更低。

货代即货运代理公司，往往和邮局或者快递公司有着较好的合作关系，能拿到中小卖家拿不到的折扣。几乎每家货代公司都有着自己的优势渠道，或者优势专线物流服务，所以每家货代公司给出的折扣会略有差别。卖家需要参考周边货代报价及服务，选择适合自己的货代。这里特别要注意的是，选择货代的标准不只是价格，还要看其服务、资质和责任心。下图6-7为速卖通线上和线下发货的区别。

图6-7 速卖通线上和线下发货的区别

2. 人工发货和智能发货

（1）人工发货

一般来说，传统的跨境电商卖家在没有使用第三方工具的情况下，一般是登录各个电商平台（如亚马逊、eBay、速卖通等平台），进入订单管理模块，导出未发货订单表格，把订单按照产品进行归类，拿着这个归好类的表格到仓库中去拣货，拣货之后再批量打印地址标签（打印地址标签的时候，如果不借助第三方订单软件，还需要手动拷贝粘贴地址打印），然后按照订单打包货物，打包之后拿着地址标签和打包好的货物一个一个按照订单信息进行地址标签的粘贴，最后是到电商平台的后台将发货状态标注为已发货，同时输入物流跟踪号。只有这样才能把货物发走。

（2）智能发货

假如使用第三方工具，例如市面上一些ERP（企业资源计划）系统，发货时不需要登录每个平台甚至每个账号去获取订单信息并导出，也不需要手工合并订单。利用ERP系统的订单自动下载合并功能，就能把当天的订单从各个平台上下载并合并好。

结合订单中的产品在各个仓库不同的库存情况（针对多仓库而言），系统将订单中产品自动分发到对应符合条件的仓库，并提醒仓库发货人员发货。发货人员可以在系统中打印配货单，拣货之后，直接扫产品上的二维码自动打印对应的订单收货地址标签，然后贴上去，即可完成发货，不需要校对订单。而且发完后，ERP 系统会自动将对应的已发货的订单标记为已发货的状态，同时不用手工录入跟踪号。ERP 通过与第三方物流信息的对接，可以直接将物流跟踪号自动录入平台的跟踪号里，免去了很多重复、烦琐的操作。

通过对比，我们可以看出，传统的发货采用的是人工发货模式，而 ERP 采用扫单发货的方式，大大提高了发货速度，降低了发货的出错率。使用 ERP 发货，流程变得智能和便捷，省去了很多重复的操作；而采用传统发货流程则操作重复、冗余，而且流程节点多，耗时耗力，容易出错，大大降低了工作效率。

第二节　跨境电商关境

关境作为跨境电商中一个必不可少的关键环节，涉及大量通关知识。跨境电商卖家需要了解关境货物监管的基本制度及注意事项。货物监管是关境代表国家（地区）在口岸，根据其进出口法律、法规和政策，监督合法进出境货物和运输工具的重要管理职责，也是完成征收关税、制止走私违法、编制海关统计等各项任务的基础。对进出境的运输工具及其所载货物，进行审单（申报）、查验、征税、放行，是货物监管的基本作用。

关境对进出境个人邮递物品的管理原则是：既方便正常往来，照顾个人合理需要，又要限制走私违法活动。据此原则，关境规定了个人每次邮寄物品的限值、免税额和禁止、限制邮寄的物品。对邮寄进出境的物品，关境依法进行查验，并按章征税或免税放行。如果买家所购买的商品价值超过其所在国（地区）的免税金额，则买家有可能需要为商品交纳关税。

跨境电商涉及的关境至少有两个：一个是出口方出口关境，另一个是消费者所在地的进口关境。

一、跨境电商出口关境

在我国跨境电商出口中，只要卖家遵守法律法规，不运输明令禁止的违禁品，办理进出口海关手续时，经查验货主申报的进出口货物的单证与实际进出口货物相一致，即做到单货相符，一般都没有什么问题。以下大概介绍我国跨境电商出口报关方面的信息。

（一）出口报关

部分港口的跨境电商企业已经可以借助跨境电商通关服务平台实现通关一次申报。关境、税务、外汇、市场监管等部门则可通过这个平台同步获取跨境电商产品信息，实现对产品的全流程监管。

1. 跨境电商出口通关流程

（1）在跨境电商服务平台上备案；

（2）货物售出后，电商、物流、支付企业向跨境电商服务平台提交订单、支付、物流三单信息；

（3）跨境电商服务平台完成三单比对，自动生成货物清单，并向电子口岸发送清单数据；

（4）货物运往跨境电商监管仓库；

（5）关境通过跨境电商服务平台审核，确定单货相符后，货物放行出口；

（6）电商公司凭报关单向国税局申请退税。

2. 报关单据

一般情况下，传统外贸出口通关单据包含发票、装箱单、报关单。在跨境电商中，由于订单零散碎片化，所以大多数情况下不会使用到这些正式的单据。例如，邮政类小包的报关信息就直接显示在面单上。

只有在寄送商业快递时，快递公司会才让卖家提供货物的发票。发票又分为形式发票（proforma invoice）和商业发票（commercial invoice）。在理论上，用于报关的发票必须是商业发票，但实际操作中，用形式发票也可以。两者涵盖的内容基本一致，主要区别在于，一方面名称不同，另一方面，形式发票更像是一种估价单据，没有商业发票那么正式。

发票一般包含以下内容：①发票字样及寄件人的公司抬头（英文）；②寄件人的公司名称、地址（英文）及电话；③收件人的公司名称、地址（英文）及电话；④分运单号码和发票号码；⑤贸易术语[如FOB（离岸价格）、CFR（成本＋运费）、CIF（成本＋保险费＋运费）等]；⑥货物重量；⑦货物尺寸或体积；⑧物品名称的详细描述（中英文）；⑨货物数量；⑩单价及申报总价（注明货币单位：美元）；⑪原产地；⑫关境编码（部分快递公司要求）；⑬寄件人的公司章（部分国家有要求）。

注意事项：发票必须是打印原件（不可手写），复印件、传真件无效；不得有修改痕迹（修改后须盖章）。

（二）出口退（免）税

近几年谈得比较多的是跨境电商出口退税问题。2014年之前，跨境电商出口商品特点是多品种、小批量、多频次，大多从事跨境电商的企业选择通过行邮物品渠道将产品寄到境外。由于缺乏正规出口报关单，电商企业的出口产品既不能合法结汇，又不能享受退税优惠。不少跨境电商企业被迫处于"灰色"生存状态，无法做强做大。

为促进跨境贸易电子商务零售进出口业务发展，方便企业通关，规范海关管理，实现贸易统计，我国海关总署增列海关监管方式代码9610，全称跨境贸易电子商务，简称电子商务，适用于个人或电子商务企业通过电子商务交易平台实现交易，并采用清单核放、汇总申报模式办理通关手续的电子商务零售进出口商品（通过海关特殊监管区域或保税监管场所一线的电子商务零售进出口商品除外）。公告内容详见海关总署公告2014年第12号。

2014年6月，我国首单全程在海关9610监管代码下操作的跨境电商出口订单退税2.9万元，退税数值虽然不大，但意义不凡。

通关方面，我国部分港口采取分送集报、合并同类项、产品提前备案等通关监管措施。比如在通关流程上，针对电商企业的需求设计了入区暂存模式。根据规定，部分港口海关将电商货物进入保税港区设置成暂存入库状态，货物实际离境出口，电商企业才向海关报关；如果货物没有销售出去，则可以直接退回境内，从而大幅降低电商的通关成本。

那么在我国，什么条件下电子商务出口享受退免税？

1. 享受退税的四个条件

电子商务出口企业出口货物必须同时符合以下四个条件，才能享受增值税、消费税退免税政策（财政部、国家税务总局明确不予出口退税或免税的货物除外）。

一是电子商务出口企业属于增值税一般纳税人并已向主管税务机关办理出口退（免）税资格认定；

二是出口货物取得海关出口货物报关单（出口退税专用），且与海关出口货物报关单电子信息一致；

三是出口货物在退（免）税申报期截止之日内收汇；

四是电子商务出口企业属于外贸企业的，购进出口货物取得相应的增值税专用发票、消费税专用缴款书（分割单）或海关进口增值税、消费税专用缴款书，且上述凭证有关内容与出口货物报关单（出口退税专用）有关内容相匹配。

注意，对上述规定可归纳为：生产企业实行增值税免抵退税办法，外贸企业实行增值税免退税办法；出口货物属于消费税应税消费品的，向出口企业退还前一环节已征的消费税。

2. 享受免税的三个条件

如果电子商务出口企业出口货物，不符合上述退（免）税条件，但同时符合下列三个条件，可享受增值税、消费税免税政策。一是电子商务出口企业已办理税务登记；二是出口货物取得（海关）签发的出口货物报关单；三是购进出口货物取得合法有效的进货凭证。

如出口企业只有税务登记证，但未取得增值税一般纳税人资格或未办理出口退（免）税资格认定，以及出口货物报关单并非出口退税专用联次，购进货物出口时未取得合法凭证等，应当享受免税政策。

注意，在上述规定中，如果出口企业为小规模纳税人，均实行增值税和消费税免税政策。

如何操作电子商务出口退免税申报？电子商务出口货物适用退（免）税、免税政策的，由电子商务出口企业按现行规定办理退（免）税、免税申报。

3.退（免）税申报要求

出口退（免）税预申报：出口企业在当月出现销售收入后，应收齐单证（凭证）及收汇的货物于次月增值税纳税的申报期之内，向主管税务机关提出预申报。若在主管税务机关审核当中发现申报的退（免）税的单证（凭证）无对应电子信息或者信息不符，应进行调整之后再次进行预申报。

出口退（免）税正式申报：企业在主管税务机关确认申报单证（凭证）的内容与所对应的管理部门电子信息准确无误之后，应提供规定的申报退（免）税的凭证和资料以及正式申报电子数据，向主管税务机关进行正式申报。

（三）免税申报要求

《国家税务总局关于出口货物劳务增值税和消费税有关问题的公告》规定，自2014年1月1日起，出口企业出口适用增值税、消费税免税政策的货物，在向主管税务机关办理免税申报时，采用备案制不再实行申报制，出口货物报关单、合法有效的进货凭证等资料，按出口日期装订成册留存企业备查。

二、跨境电商进口关境

全球跨境贸易蓬勃发展，"一带一路"打开"筑梦空间"，加强了世界经济共同体进程。在经济全球化进程中，世界各国海关对进口贸易政策也有所不同。

（一）关境扣关

在目的国（地区）遇到的最多问题当属扣关。遇到货物被扣关了这类问题时不要太紧张，首先要了解货物被扣关的原因，因为每个国家、地区的关境条例都有所不同。当出现扣货、扣关，相关关境部门会给出一份说明，里面肯定有扣货的原因，发件人或收件人必须配合关境部门提供相关的文件。

1.货物被扣关或者不允许清关原因

（1）商品货物品填写不详细、不清楚，须重新提供证明函，具体说明货物的品名及其用途；

（2）货物申报价值过低（关境部门有理由怀疑逃税）；

（3）国际（地区间）快递货物单、证不齐全，需要提供必需的单、证，如发票、装箱单、进口许可证、3C认证；

（4）敏感货物，属于进出口国家（地区）禁止或者限制进口、出口的物品；

（5）收货人条件不允许（没有进口权等）；

（6）超过目的国（地区）进口最低免税金额；

（7）其他当地国家（地区）规定的相关政策。

一般情况下，我国B2C遇到的大多数扣关问题的原因是当地国家（地区）的相关政策。货物一旦扣关，发件人或收件人应尽量配合关境部门，提供相关的文件。一般情况下，关境部门会对货物进行评估，只要与发件人或收件人陈述相符，办理完清关手续，即可放行。

2. 处理方法

（1）申报货值太低扣关：与客户协商交关税后从关境部门拿货出来，如果关税不高可以考虑和买家分摊。

（2）手续不全的货物扣关：比如个人进口，关境部门要求有进口权，可以找有进口权的公司代理清关。

（3）如果需要相关认证手续，将手续提供给关境部门。

（4）可以向关境部门申请货物退运，按国际惯例，清关不了的货物可以申请退运回发货地或是第三方贸易港口。

3. 如何尽量避免海关扣货

（1）为了避免扣货，针对一般的包裹，尽量勾选gift，但不要直接在申报品名里填写gift。相对而言，私人包裹被查的概率低一些。为了避免扣货后产生高额的清关费，申报价值可以写得相对少一点，不要低于实际价值太多，因为贵重物品的扣货率高。但低报的前提是需要和买家协商好，如若没有协商好，因卖家低报申报价值导致扣关，到时便百口莫辩。另外，关境部门扣货后，清关费是根据申报价值计算的，申报价值越高，清关费越高。同样如果需要客户寄回产品时，也注意让客户把申报价值写低一点。

（2）了解各国（地区）政策。如澳大利亚虽然通关容易，但是电池类产品是海关不允许的，因此电池或者带电池的产品，尽量不要发往澳大利亚。如果一定要卖带电池的产品，可以给客户说清楚不发电池，只发产品。

（3）选择安全的递送方式。DHL的扣货率是很高的，其次是FedEx和UPS；相对安全的递送方式是航空挂号小包和EMS，另外EMS就算是被关境部门扣货，还能免费退回到发货地点。尤其是针对俄罗斯、巴西等海关极为严格的国家，航空挂号小包和EMS在通关上有绝对的优势。

（4）越重的包裹被关境部门扣货的可能性越大。

（5）不同产品被关境部门扣货的概率不同，如电子产品被扣的概率比服装类高。

（6）寄往不同的国家（地区），采用的申报策略也有所不同。英美海关相对不那么严格，申报价值可以适当放低；德国海关比较严，就不宜把申报价值放太低。

需要注意的是这些都只能降低被扣货的概率，不可能完全杜绝被扣货。

（二）部分国家关税起征点及免税金额

最低免税申报金额是指符合条件的货件其申报金额小于规定金额，即可免于正式报关也无须缴纳关税或税款。

1. 美国

2016 年年初，美国对入境货件的最低免税申报金额标准已从每票货件 200 美元提高至 800 美元。这意味着大多数运入美国货值低于 800 美元的货件可免于正式报关以及缴纳进口关税。此项调整将有效促进贸易发展、降低成本和加快商品的流通。特别是亚洲的出口商可因此获益，减少了书面工作，加快了货件的清关速度以及缩短了货件到达美国的运输时间。

起征点：800 美元。

综合关税的组成：DUTY（关税）+ADV（清关杂税）；

DUTY= 货值 × 税率。

2. 欧盟

欧盟对货值大于 22 欧元的包裹就开始收税，因为免税申报金额较低，所以在欧盟区，包裹时常会因低申报而被查。从以往资料看，有少量包裹被查到，航空挂号小包及 EMS 的安全系数相对高一些。德国是欧盟区相对特别的一个国家，海关的检验力度比其他欧盟区国家要大些，EMS 时常因海关原因被退回。

综合关税的组成：VAT=[货值（向海关申报）+ 运费 +DUTY]×19%；

DUTY =（货值 +70% 运费）× 产品税率。

3. 英国

英国：在申报价值大于 18 英镑时会收关税。

起征点：15 英镑；

综合关税的组成：VAT（增值税）+DUTY（关税）+ADV（清关杂税）；

VAT=[货值（向海关申报）+ 运费 +DUTY]×20%；

DUTY= 货值 × 产品税率。

4. 澳大利亚

对于进口的包裹类货量查验相对宽松，对低于 1000 澳元的包裹免征关税，除一些违禁和原木制品外，很好清关。

起征点：1000 澳元；

综合关税的组成：DUTY+GST+ADV（清关杂费）；

GST = [货值（向海关申报）+ 运费 +DUTY] × 10%；

DUTY= 货值 × 税率。

5. 俄罗斯

据俄罗斯媒体《消息报》报道，2016 年 10 月，俄海关总署向俄经济发展部提出降低网购进口商品免税额度、分阶段对网购进口国际邮包征税的建议。当前，俄罗斯联邦海关对于进境包裹中一个月之内购买的，价值不超过 1000 欧元、重量不超过 21 kg 的商品实行免税。此外，俄罗斯是个很特别的国家，快递只能走 EMS，邮政通路很正常。

6. 乌克兰

乌克兰的海关也较为严格，除邮政 EMS 和小包裹外，都很难清关。

7. 巴西

巴西曾是速卖通平台订单主要来源国之一，但是物流成本居高不下及其严格的海关政策以致近来逐渐失去优势。主要表现在：一方面，速卖通削减了对巴西的宣传；另一方面，平台很多卖家设置巴西须补运费，甚至设置成巴西不发货。

目前发往巴西的主要渠道还是邮政，例如各国邮政小包，通关相对简单。商业快递寄送包裹至巴西一直是跨境电商卖家最头痛的问题之一。如果用商业快递寄送包裹到巴西，会有以下条件限制：

（1）须提供收件人的税号。税号有两种类型：CNPJ（公司税号—××.××××.×××/×××-××）和 CPF（私人税号—×××.×××.×××/××）。一般收件人为个人，则提供 CPF，收件人为公司一般需要正式报关。

（2）巴西海关对申报金额在 3000 美元以内，无再次销售目的，且未正式清关的进口货物（如从互联网购买的进口货物或礼物，通过邮件、国际快递运输至巴西）实行简易税制。关税起征点为 50 美元左右，进口关税在简易税制的基础上征收，均按照货物申报金额的 60% 征收，另外当地还会征收 18% 左右的目的国税金。

（3）若包裹申报货值不准确，巴西海关可能会强制扣关、强制退运或者处高昂的罚金。

（4）当收件人为个人时，可能出现巴西海关认定货物为商业用途，禁止安排进口，要求强制退运的情况。通常这一情况在超过合理数量的物品寄往同一个人时发生，以上判断甚至可能取决于巴西海关的主观看法。例如，10 件相同商品寄给同一收件人，则可能被认定为用于转售的商业用途货物，巴西海关会禁止进口且做强制退运。故出口至巴西的个人货件，建议合理调配同一个包裹内的相同商品数量及发货时间。

8. 印度尼西亚

自 2017 年 1 月 28 日起，印度尼西亚对进口货件的最低免税申报金额标准将从每票货件 50 美元（696550 印尼盾）提高至 100 美元（1393100 印尼盾）。

9. 菲律宾

2016 年对入境货件的最低免税申报金额标准已从每票货件 10 菲律宾比索（0.21 美元）提高至 10000 菲律宾比索（210 美元）。

10. 新加坡

对于申报金额大于 400 新加坡币（约 320 美元）的包裹征收关税。从数据上看，到新加坡的包裹很少出现问题。

总之，由于各国（地区）关境政策的差异，卖家在发货前须大概了解相关信息，以便让货物顺利通关。相关信息可以咨询其他卖家、货代等。

综上所述，跨境物流为顺应跨境电商业务需求，除了传统的跨境物流模式，如国际（地区间）邮政包裹与国际（地区间）快递外，还衍生出一些新型的跨境物流模式。这些新型跨境物流模式有境外仓、边境仓、国际（地区间）物流专线、保税区及自贸区物流、集货物流、第三方物流、第四方物流。不同跨境物流模式具有不同特征与适用范围。虽然这些新型的跨境物流模式使用比重目前仍偏小，但是已经呈现出增长趋势，也起到了有效补充传统跨境物流模式的作用。跨境电商涉及的关境至少有两个，一个是出口方出口关境，另一个是消费者所在的进口关境。

第七章 跨境电商金融创新

第一节 理论前沿

一、供应链金融

对供应链金融的理解主要在于两个关键词，供应链和金融。从不同的角度出发，对供应链金融有不同的理解，aberdeen 从第三方信息平台服务商角度分析，供应链企业要想解决供应链融资问题，就必须建立完善有效的信息查询机制，将金融机构与供应链企业之间的数据信息录入有关电子信息系统，保证信息的准确性和及时性。Lamoureux 从供应链核心企业角度分析，供应链金融就是以核心企业为主导的供应链企业各个资金流和物流环节相互配合，共同发展的过程。深圳发展银行提出，供应链金融就是银行将供应链中的上下游企业，包括生产商、供应商、分销商、零售商、消费者等有机地联系在一起，通过注入资金来增加供应链的流动性，让核心企业发展带动中小企业发展，以解决中小企业融资难的问题。

跨境贸易供应链金融是供应链金融在国际贸易领域的延伸，是针对整条供应链的资金融通服务，具体来说，就是供应链中的上下游进出口企业利用与核心企业之间真实的交易背景获得的以融资为主的金融服务，最终使供应链的各参与方获益。传统的国际贸易融资方式无法解决国内中小企业因信誉低及资产规模小等原因带来的融资难问题，然而，供应链金融弥补了这项不足。银行等金融机构可以凭借供应链中核心企业的信用担保为上下游进出口企业提供融资服务，保证链条中上下游进出口企业顺利发展，从而扩大我国的进出口规模，提升供应链的整体竞争力。

（一）自偿性贸易融资理论

自偿性贸易融资主要是指银行通过评估供应链金融上下游企业的资信实力和企业的真实贸易背景，以确定采取单笔或额度授信的方式，为企业提供资产融资，企业以现在确定的销售收入或未来将实现的现金流作为融资还款的直接来源。2013 年开始实施的《巴塞尔协议Ⅲ》首次正式提出了贸易融资的自偿性，此后，自偿性贸易融资理论不仅在现实中广为人知，其理论意义也得到升华和广泛认同。该理论强调贸易融资具有自偿性，只要贸易背景是真实的、贸易活动是连续的、信用记录良好的，企业就可以以未来的收入作为还款来源从而获得融资。但是，并不是所有的贸易融资都具有自偿性。如客户从银行开具的保函，无论是融资还是非融资性质的，都不具有自偿性。

供应链金融将中小企业捆绑式的运营方式提高了中小企业的信用等级，而自偿性贸易融资为供应链金融中的中小企业融资提供了一种新型的融资模式，这就使供应链中小企业融资难的问题得以解决。同时，自偿性贸易融资由于具有很强的自偿性，降低了银行风险控制的成本。因此，供应链金融是一种典型的自偿性贸易融资方式。企业间的应收账款、预付账款，以及存货质押，都必须保证企业间真实的交易背景，连续的贸易活动，以及资金雄厚的交易对手，有了这些保证，便可以对该供应链企业提供自偿性贸易融资，而企业也能够实现还款计划。

（二）结构性贸易融资理论

起源于欧美发达国家的结构性贸易融资，主要是指商品出口商为了融资，以其现在持有的商品作抵押担保或将来持有的商品作质押担保向银行贷款的融资方式。结构性贸易融资的关注点是商品及货物的保值或未来商品权利的兑现，不仅包含现货市场的商品融资，还包含期货市场的商品融资，因此，结构性贸易融资都是针对大宗商品的贸易融资。结构性贸易融资理论是在多元化的贸易融资需求基础上发展起来的，它将贸易的各个环节连接起来，结合企业贸易背景和国际贸易要求，为贸易进出口企业组合搭配了一套完整全面的集融合结算、信贷、担保、保险等为一体的融资方案，为企业进行贸易融资提供了理论支持。我国对外贸易产业正处于平稳发展时期，要想使得我国对外贸易达到一个新的发展阶段，就必须突破传统的单一的贸易发展模式，这就要求我们充分利用"贸易融资组合理论"寻找贸易融资与发展的突破口，充分整合不同贸易融资的优势以最大限度地为进出口企业提供融资渠道，创造发展空间，而这些正是结构性贸易融资理论发展起来的贸易背景。

结构性贸易融资主要分为应收款融资、存货融资以及仓单融资，都是出口商为保证企业的正常运转以应收账款、仓库存货、仓单等作为融资的担保，向银行等金融机构贷款。而供应链金融的发展为中小型出口商融资提供了一种新型的有保障的融资渠道，中小型出口商凭借供应链核心企业的良好信誉和实资力量为其提供融资担保，并且通过商品出口收入作为融资的直接还款来源，促进了中小型出口商的发展。因此，供应链金融是在结构性贸易融资理论上发展起来的，而结构性贸易融资理论也因供应链金融得到了完善与升华。结构性贸易融资着眼于商品及货物的保值或未来权利的兑现，强调出口商的实有价值，将结构性贸易融资与供应链金融结合，能够有效地评估供应链金融企业的信用风险，达到银行等金融机构的风险最小化和供应链金融企业的利益最大化。因此，结构性贸易融资理论是供应链金融发展的重要基础。

（三）供应链金融的优势和风险

相比于传统的国际贸易融资方式，供应链融资表现出一些不同的特点，这也正是供应链金融的优势所在。银行不再只是关注单个企业的经营状况、财务状况等，而是关注其与上下游企业构成的供应链整体，因而审批过程简化，并减少了银企之间的信息不对称性。此外，在贷款规模和难易程度上，供应链金融与传统的国际贸易融资模式相比也表现出一定的优势，供应链上下游企业利用本身连续真实的贸易背景和核心企业的良好信誉，可以更容易地获得银行的资金支持，促进中小企业的快速发展。

Klapper 认为供应链金融优于传统的融资模式的重要一点就是，供应链金融这种融资模式不单单是给融资企业带来了资金融通，而且减少了核心企业的交易成本。Lamoureux 认为供应链金融对整条供应链的资金管理进行了优化，具体的措施有信息征集和利用、库存管理及融资选择等。Kerle 和 Phillip 认为，供应链金融在帮助企业降低交易成本方面发挥了很大的作用，但是也要注意防范供应链金融存在的风险，包括信用风险、操作风险、市场风险等。冯静生认为，由于供应链金融涉及的参与方众多，因而在实际操作中存在各种潜在的风险，并将其划分为四类，即供应链自身风险、运营风险、企业信用风险和汇率风险。

（四）供应链金融的模式

He 和 Tang 根据风险承担将供应链金融分为核心企业承担风险和核心企业不承担风险两种模式，根据资金缺口将供应链金融分为应收账款方式、预付账款方式、存货质押方式。Klapper 则具体阐述了存货融资模式的机理，认为这是最基础的供应链金融模式。闫俊宏将供应链金融的融资模式分为三类，分别是应收账款模式、保兑仓模式和融通仓模式，介绍了每一种模式的具体操作流程，并指出了三种模式之间的异同之处。何宜庆和郭婷婷利用博弈模型计算在信用担保、应收账款质押和存货质押三种融资模式中企业违约和银行贷款的概率，进而进行优劣比较。

（五）供应链金融在对外贸易中的应用

Demica 指出，大部分国家主要贸易融资方式仍然是以信用证为主的传统贸易融资，进口商希望延长账期，而出口商却希望尽快收款。供应链金融很好地解决了这个矛盾，是一种双赢的融资方式。Bing 和 Seidmann 通过建立模型得出，不管是生产商还是批发商，供应链金融国际贸易融资的方法比当地银行贷款更有效。David 和 Geoffrey 揭示了当今核心企业积极寻求外包方式发展其核心竞争力的趋势，这有利于供应链的管理，同时给全球供应链金融的发展带来了契机。杨海从外贸企业所处的经济环境出发，指出现有的国际贸易融资方式存在的弊端，并用简单的博弈模型得出供应链金融可以提高资金使用效率，给各方带来额外收益。姚益指出，相对于国内供应链金融，国际贸易供应链金融所处的环境更加复杂，因而面临的风险更多，不仅面临企业信用风险、银行内部操作风险，同时面临各国的汇率变动和外汇管理等风险。因此，银行要完善审批流程、充实融资担保等，以确保资金安全。

二、信息经济

（一）信息不对称

信息不对称理论由阿克尔洛夫、斯宾塞和斯蒂格利茨创立。在市场经济活动中，各类参与方之间由于获取信息的方法和多寡的不一致造成了私人信息的存在，即一些参与者拥有另一些参与者所不知道的信息，这种行为人之间在信息占用上的不同被称为信息不对称。

委托－代理问题就产生于信息不对称之中，拥有信息优势的一方被称为代理人，处于信息劣势的一方被称为委托人。由于委托人与代理人之间存在利益冲突，代理人为履行合同所付出的努力有利于保障委托人的利益，却是代理人的成本。因此，当参与合约的其中一方具有信息优势时，由于利益冲突的存在，拥有信息优势的一方会利用这种信息不对称追求自身利益最大化，这就导致了逆向选择及道德风险的产生。

逆向选择问题产生于委托－代理关系建立前。代理人在签订契约前已经掌握了私人信息，而委托人则不具备这些信息，因此代理人可以利用这些信息签订符合自身利益最大化的合同，代理人的这种行为被称为逆向选择。乔治·阿克洛夫的旧车市场模型开创了逆向选择理论研究的先河，当旧车质量是卖方的私人信息时，卖方只能以市场上出售的旧车的平均质量为依据进行出价，而拥有较高质量的旧车的卖方很可能由于买方的出价低于预期而退出市场，这种行为导致了市场上二手车平均质量的下降，买方对二手车平均质量的预期也会随之下降，接着就会调低预期价格，这就又使得一批拥有较高质量的二手车卖方离开市场。这样长此以往的结果自然是整个旧车市场的失灵。

与逆向选择不同，道德风险产生的原因在于代理人行为的不可观察性，即委托人在签订契约后无法直接观察到代理人的行为，换言之，道德风险来源于签订契约后委托人与代理人之间的信息不对称。事后的信息不对称导致代理人可能会出于自身利益的最大化采取不利于委托人的行为，而委托人却由于难以观察到代理人的行为而遭受损失。假定代理人的行为是可观察的，如果委托人在签订契约后选择不去花费成本观察代理人的行为，但是为了在信息不对称的情况下激励代理人，委托人就需要付出代理成本。如果委托人选择观察代理人的行动，避免信息不对称的出现，虽然能省去代理成本，但随之而来的代价是需要付出监督成本。因此，委托人在激励代理人行为的过程中，面临着代理成本和监督成本的权衡。值得一提的是，代理成本和监督成本在逆向选择问题中表现为委托人需要向代理人支付的额外的信息租金和委托人使代理人的信息得以公开所付出的成本。

本章将运用信息不对称理论解释线上应收账款融资中风险产生的原因以及代理成本和监督成本在出口商与出口综合服务商的契约关系中的具体体现，并根据其业务特点详细阐述出口商的逆向选择和道德风险行为给银行带来的不利影响。

（二）信号发送与甄别

委托—代理关系建立之前的不对称信息导致了逆向选择行为，使得市场无法达到帕累托最优状态，但是如果拥有私人信息的代理人有办法将其私人信号传递给出于信息劣势的委托人，或者委托人能够诱使代理人揭示其私人信息，交易的帕累托改进就可以出现。仍以旧车市场为例，如果卖方向买方提供由独立的质量检测中心提供的认证，因为车的质量越高，车主越有动力提供认证，因此买方会将卖方的认证行为作为高质量的信号，从而愿意支付较高的价格，这就是信号发送的过程。与信号发送不同，信息甄别是委托人即信息劣势一方可以主动采取的行动，例如，在劳动力市场上，企业事前安排好固定的工资方案，规定最高学历与工资之间的对应关系，这种由委托人主动设计多种不同类型的契约对代理人进行筛选的行为被称为信息甄别。

本章将在对出口商逆向选择风险的应对策略中，运用了信号发送与甄别理论总结出了若干条出口综合服务商在线上应收账款融资业务中可以采取的风险管理策略，例如，鼓励出口商提供证明贸易背景真实性的单据、通过贷前实地调查判定客户风险等级给予不同的贷款额度和利率等。

（三）激励机制

为减少道德风险的不利影响，委托人可以在合同签订时增加规避道德风险的条款，防止代理人利用信息不对称采取有损于委托人利益的行为，但是委托人对代理人的监督很难实现，并且监督成本越大，道德风险出现的可能性就越大，因此委托人可以采取另一种策略，即通过激励机制鼓励代理人主动选择对委托人有利的行为。

建立有效的激励机制是委托－代理理论的核心，这种激励的目的是使得代理人从自身利益最大化出发，能够自愿选择与委托人的目标相一致的行为。设计有效的激励机制需遵循两个原则：首先是参与约束，即代理人接受契约的效用大于不接受契约时的效用；其次是激励相容约束，即代理人给自己带来利益最大化的行为恰好可以使得委托人的效用最大化。

本章将通过对激励机制的分析，指出出口综合服务商可以通过设计反转让条款实现对出口商不积极履约的负向激励，同时运用了参与约束理论构建了一个简单的模型以说明出口商的逆向选择行为。

三、网络借贷

从理论上来讲，金融是跨时间和跨空间的资源配置，因为时间和空间的存在产生了风险，管理风险成为金融核心。而借助互联网以实现人类金融资源配置和风险管理的目标就是互联网金融，归根到底都是互联网和金融的适配。一个是有着开放、平等、协作、分享精神的互联网，一个是代表着精英、神秘、制造信息不对称的金融业，两者的融合产生了新的金融形态。

（一）互联网金融的分类

Economides、Mishkin 和 Strahan、Sato 和 Hawkins 的研究表明，一方面由于互联网技术打破了地理因素的限制，金融部门开展业务更加广泛，增强了美国银行业的规模经济；另一方面，互联网技术的广泛使用降低了信息成本，使得信用评级等基于标准化信息的金融功能得到实现。互联网金融的发展将会对金融市场、传统金融机构与中介以及货币政策与金融稳定形成一系列冲击。Claessens、Glaessner 和 Klingebiel 认为互联网金融有助于改善在发展中国家金融服务的门槛高、质量低的现象。

芮晓武、刘烈宏认为互联网金融是一种以大数据和云计算为基础的新型金融模式。陶娅娜认为互联网金融还仅处于金融改革的起点，未来将发生的创新将带来众多的商机和巨大的社会价值，中短期来看，一揽子金融服务的移动化和随身化、个性化和综合化，后台金融的算法服务，新兴资产管理的风险和挑战，都具有巨大的市场容量和广阔的发展空间。谢平等按照互联网金融形态在支付、信息处理、资源配置三大方面的差异，将它们分为六种主要类型：

第一类是第三方支付。第三方支付体现了互联网对金融支付的影响，在美国以PayPal 为代表，中国则是以支付宝、微信支付等为代表。第二类是互联网货币。互联网货币体现了互联网对货币形态的影响，以比特币为代表。

第三类是众筹融资。众筹融资通过互联网为投资项目募集股本金，替代传统证券业务。

第四类是P2P网络借贷。P2P网络借贷是互联网上个人之间的借贷。在美国以LendingClub 为代表，在中国以陆金所、人人贷等为代表。

第五类是基于大数据征信的网络贷款。信用评估是贷款的核心问题，征信是网络贷款的基础和保障。与传统征信不同的是，大数据征信是以人们在网络的交易、社交等的活动会产生大量的数据为基础，对这些数据的分析来评估客户的贷款能力和还款意愿。

第六类是金融互联网化。金融互联网化体现了互联网对传统金融服务物理网点、人工服务的代替。例如，网络银行、手机银行、金融产品的网络销售。

（二）网络信贷的特征

网络借贷是互联网金融的形态之一。在本章中，将 P2P 网络借贷和基于大数据征信的网络贷款统称为网络借贷。P2P 网络借贷表示互联网点对点信息交互的方式和关系所发生的特征。P2P 网络借贷指的是通过互联网联系的个体之间实现的直接借贷。P2P 网络借贷脱离了传统借贷活动的中介机构，体现在个体相互间的信息获取和资金流向。P2P 网络借贷首先是基于互联网思想，以网络技术为基础。基于大数据征信的网络贷款，和 P2P 网络借贷在运营流程上差别不大，最大的特点就是在其征信方面加入了用海量数据来分析借款人信用资质。

网络借贷特殊之处主要体现其中的网络因素。目前网络技术的趋势是信息数字化、计算能力的提升和网络通信的发展。这些技术促进了网络借贷的兴起发展。其主要体现在大数据、云计算、信息搜索和社交网络方面，能降低交易成本，解决信息不对称、大幅提高风险管理的能力，缩短交易的时空间隔（使资金供求双方可以直接交易），以此影响金融交易和组织形式，产生不同于传统金融的优势：即时、透明、低成本、高效。贷款的核心问题是信用风险管理。而大数据征信是指利用大数据处理技术设计新的征信评价模型和算法，通过多层角度的信用信息考核，不仅包括现金流等财务数据，还包括地址信息、行为数据、社会关系等半结构化、非结构化数据，形成对个人、企业、社会团体的信用评价。目前，在 eBay、亚马逊、淘宝、京东等电商平台上聚集了数量庞大的中小型电商，它们在日积月累的网络交易活动中积累了庞大的数据，同时它们的资金需求具有周期短、金额小等特点。但是由于这些电商信用水平较低，又不愿意承担抵押个人资产的风险，所以很难从银行获得贷款。这部分群体在大数据征信方面是先行者，在美国和中国都有专门为这些商户提供运营资金的网络贷款。当然，互联网技术的应用会产生信息技术上的风险，是传统金融里没有出现的。例如，计算机病毒、黑客攻击、网络欺诈、信息大范围泄露等。

网络借贷蕴含着互联网精神（开放、平等、协作、分享等），金融分工和专业淡化，金融简单化，金融脱媒化，金融普惠、民主化等。网络借贷产品的创新的基础也和传统金融不同，它更多地聚焦民众的日常生活，借助信息数据的传递，连接传统金融产品或自创产品，实现实用性。互联网技术和精神使得网络借贷的创新理论和路径皆不同于传统金融。

（三）网络借贷模型

对于 P2P 网络借贷平台来说，影响借贷成功的因素涉及很多。国外的很多学者以实证分析，证明了借款利率、社会资本、财务因素、信用评级、性别、婚姻、肤色、年龄都有一定的影响，甚至包含体重、外貌吸引力，及是否张贴头像，等等。

中国对网络借贷的影响因素方面研究得相对较少。吴小英和鞠颖采用最小二乘法对美国网络借贷平台 Prosper 的数据进行实证研究，分析网络借贷中借款用途对借款成功率的影响，通过模型分析得到借款金额、借款利率、信用评分等对借款成功率的影响，结果与已有文献的结论一致。陈冬宇等将逻辑回归算法应用于网络借贷满标率的研究，构建了一个借款人的决策辅助工具，且模型的综合预测率达到 9.6%。温小霓和武小娟以中国 P2P 网络借贷平台拍拍贷为例，采用二元 Lopgistic 回归模型建立网络借贷模型，研究影响借贷成功率的因素，并进行蒙特卡洛模拟。认为 P2P 网络借贷借助互联网的理念和技术来提升和改变传统金融为征信体系和借贷平台发展做出突出贡献。

（四）网络借贷的风险监管

在监管方面，Economides 认为互联网金融的出现将加速金融交易的去媒介化，并对现行的法律（如物权法和合同法）与监管框架提出挑战。Carlson、Furst、Lang 和 Nolle 认为网络银行的出现改变了现有的金融机构的结构和功能，传统方法的监管必须适应不断变化的性质和范围的新型风险。Nieto 讨论了尽管互联网技术的引入使金融结构的变化得好（消除信息不对称、透明度更高等），但是监管金融市场仍然是必要的。并且提出了一些更适合这个新兴环境的监管方法，以利于消费者和投资者保护和促进自由竞争。陈志武认为互联网金融发展增加了金融的系统性风险，监管机构应尽早建立风险监测预警机制。

四、移动支付

欧洲中央银行认为，移动支付是指移动支付数据和支付指令发送或通过移动通信和数据传输技术通过移动设备确认，可分为接近支付和远程支付。Gartner 将移动支付定义为在移动终端上通过使用银行账户、银行卡和预付费账号等支付工具完成交易的一种支付方式。但认为基于 IVR 支付、话费账户的手机支付以及通过智能手机外接插件实现 POS 功能的三种模式不应包括在移动支付里面。与之相比，Forrester 则给出了一个更加广泛的定义，即移动支付是一种在移动终端上进行资金划转以完成交易的支付方式，不包括使用移动终端语音功能完成的交易。基于对移动支付的理解，综合主要研究机构和移动支付参与方的观点，本文认为德勤在其《2012—2015 我国移动支付产业趋势与展望》中给出的定义更为合适，即移动支付是指用户使用移动终端设备，通过接入通信网络或使用近距离通信技术进行信息交互，以实现资金划转从而完成支付的一种支付方式。与其他各方的定义相比，该定义的外延更广，囊括了目前市场上的主要移动支付形式。

（一）移动支付的分类

按照不同的维度可以给出不同的分类。按通信方式可以将移动支付分为远程支付和近场支付两类。此外，按交易对象，移动支付还可以分为"个人对个人"的支付以及"个人对企业"的支付。远程支付，又称为线上支付，是指通过通信网络将移动终端与移动支付后台系统相连，完成支付行为的支付方式。可以将远程支付根据交易双方是个人对个人还是个人对企业，分为远程转账和远程在线支付。通过移动终端，消费者在网上商城购买商品后，按照商家提供的付款界面，跳转至手机银行或第三方移动支付页面来完成支付，这种支付方式就属于远程支付。此外，远程支付还包括通过SMS、IVR 等方式进行的移动支付。

近场支付是指利用移动终端，通过近距离通信技术进行信息交互以完成支付的非接触式支付方式。常见的近距离通信技术包括蓝牙、红外线等，而 NFC 技术则是移动支付领域的主流技术，包括美国、欧洲以及我国在内的众多国家都纷纷推广此项技术。此外，美国的 Square 公司推出的支付模式被称为"类 Square 模式"，即通过外接读卡器使智能手机变相成为刷卡终端的创新支付模式。"类 Square 模式"属于近场支付的范畴。美国的 PayPal 以及我国的钱方支付、盒子支付等第三方支付公司也推出了类似的产品。

（二）移动支付实践

刘春芳分析美国的移动支付现状认为，美国在移动技术领域尤其具有竞争力，市场参与者正是凭借创新技术抢占市场份额。方胜和徐尖认为美国移动支付监管十分关注支付系统的安全和效率、消费者权益保护、数据安全和隐私，并在这些方面有着较为明确的法律条文进行约束。通过构建移动支付市场合作框架，Hedman 和 Henningsson 以丹麦为例，通过微观、中观和宏观三个层面分析该国的移动支付市场生态系统。Watanabe 通过监管、规范和认知三个视角来分析日本的移动支付行业，认为移动支付之所以能顺利地在日本得到广泛的应用，离不开日本的移动支付市场主体：日本移动运营商、东日本铁路公司等公司的共同推动。市场主要参与者都围绕 FeliCa 技术形成统一的行业技术标准。

在对我国移动支付的现状分析中，鲁小兰基于中国移动支付业务规模高速发展、参与主体不断扩大、移动支付产品多样化的现状，认为现在移动支付商业模式模糊、监管机制不完善、金融风险及支付风险成为越来越突出的问题。陶凯认为移动支付相比于传统的支付方式有基础网络隐患、移动设备安全漏洞、重营销轻安全、行业规范不完善等风险。朱林婷认为移动支付市场仍是一个新兴市场，消费者对其还未形成路径依赖，移动支付市场也存在着竞争集中化、安全威胁、权益保障不完善等挑战，提出保障消费者权益、丰富应用场景、实行安全策略多元化发展等建议。

（三）移动支付的竞争与合作

通过应用战略资源观，Gaur 和 Ondrus 分析哪些战略资源使银行和金融机构得以在移动支付生态系统存在，以及哪些资产会为银行提供竞争优势。通过构建框架的方式来研究支付系统，Kazan 和 Damsgaard 发现网络效应、引导和转换成本等因素对建立一个可行的支付平台十分必要，并融入了平台、技术和商业设计等方面因素。StayKova 和 Damsgaard 的研究是关于支付平台如何确定其在支付市场的进入战略和扩张战略，指出要根据支付平台自身的能力来决定最佳的进入和扩张时间，移动支付平台出现问题的原因可能是对多个利益相关者之间的合作不足，很难找到双赢的商业模型以及移动支付平台缺乏规范性。Hedman 和 Henningsson 通过研究移动支付技术创新如何影响支付的生态系统，认为在移动支付生态体系中，移动支付技术已成为市场参与者们进行竞争和合作的重要手段之一。

随着新的市场参与者，尤其是谷歌、PayPal、苹果和阿里巴巴等公司纷纷布局移动支付市场，研究人员也开始关注它们对移动支付技术生态体系的影响。Ozcan 和 Santos 对新兴的移动支付市场参与者的研究显示，来自不同行业的企业努力通过合作等方式在移动支付市场上形成协同效应。但他们也发现这一行为也可能导致资源配置缺乏效率。卫川认为现在我国的移动支付市场已经趋向"三足鼎立"局面，但目前产业仍处于发展的初期阶段，尚无成熟的商业模式，而合作共赢将成为市场的主旋律。

（四）移动支付生态系统的动态性和多层次研究

Ondrus 使用一个动态模型以涵盖移动支付发展的不同阶段，其中融入了时间和序列的概念。Dahlberg 认为相比于单一的理论模型，跨学科和多层次的分析将会为研究移动支付生态系统提供更多的视角。因此，他们的研究框架就包含了关键的市场主体、经济、商业和技术等因素综合分析移动支付市场。Hedman 和 Henningsson 提出了一个多层次的框架，从微观、中观和宏观层面分析移动支付生态系统中的竞争与合作战略。他们认为，移动支付生态系统中的合作策略可以理解为防御战略与进攻战略之间的平衡。Ondrus 通过多层次的分析研究开放战略对市场潜力的影响，文中通过分析不同国家移动支付市场的多起事件来寻找答案。

国内外学者对移动支付的研究，较多是从商业模式或产业链的分析视角来进行分析。但这些分析更多地集中于模式本身的构建与分析，而没有对这些模式的形成做到追根溯源，而我国移动支付市场现在处于"跑马圈地"的不稳定状态，形成某一主体为主导的产业链或者商业模式对实践的指导意义并不大。我国移动支付的快速发展状态，需要更为广阔的视角来分析和研究。本章将利用商业生态系统理论，构建移动支付商业生态系统。以商业生态系统为研究视角，利用市场竞争与合作理论分析移动支付商业生态系统，结合我国移动支付发展现状，获得有助于我国移动支付发展的启示。

五、商业生态系统

商业生态系统是由美国管理学者 Moore 在 1993 年首次提出。随后，其在《竞争的消亡》一书中系统地阐述了商业生态系统理论，认为商业生态系统是由相互支持的组织构成的延伸系统，是消费者、供应商、生产者、风险共担者、金融机构、贸易团体、政府等的集合。Mirva 认为商业生态系统同时具备自然生态系统和经济系统的特性，从而将商业生态系统定义为互相支撑的组织要素（企业、公共服务机构等组织）构成的动态系统。

在 19 世纪 90 年代，商业生态系统这一概念被广泛接受并被用于分析商业战略。这一生动的术语和相关的方法提供了一个比价值链更广阔的观点和视角，从而有助于理解现代商业网络，而非专注于产品和服务。这个概念使我们可以从一个新的视角来看组织间的结构及相互间影响。它将分析由产品的层面上升到体系层面。同时更有助于理解整个蓝图。商业生态系统是由众多利益相关者共同组成的商业有机体，随着时间的推移，系统中的成员相互作用、协同进化，并倾向于形成一个或多个核心企业。

Moore 认为商业生态系统的两大基本特征是动态性和共生性。而随着对移动支付相关研究的深入，Mirva 对商业生态系统基本特征的描述更加全面，认为商业生态系统是一种具有整体性、协同进化、适应性等基本特征的新型复杂企业网络。在对商业生态系统与传统商业网络的对比研究中，我国学者白静发现商业系统具有网络特性、进化特性、适应性、角色定位等特性，并指出了解和掌握这些特性对企业制定发展战略及抢占市场先机具有至关重要的意义。

由于商业生态系统中的每个成员其自身特点和所具备的资源的不同，因而在系统中所处的生态位也不同。李想认为商业生态系统内部成员各方面越相似，生态位的重叠度就会越高。企业若想在商业生态系统中健康发展，就必须明确自身的生态位定位和企业角色，并且不断调整与其他成员之间的角色关系。

商业生态系统中的成员众多，因而系统成员在制定自己的战略与决策时就必须充分考虑其所处的环境。Marco 基于商业生态系统，将创新动态程度（产业变革与创新水平）和网络关系复杂程度（企业所需资源的广泛性）作为分析维度，提出了一个分析框架，通过借鉴生物学概念将生态系统企业角色定义为以下五种：

（一）骨干型企业

骨干型企业不仅控制着商业生态系内的关键资源还占据了系统的中枢位置。其通过向其他系统成员提供共享的资源和平台提高整个商业生态系统的运作效率，这样一方面能够有效提升商业生态系统的健康度，另一方面也使得其自身取得良好的绩效。

（二）资源主宰型企业

资源主宰型企业利用纵向或横向一体化，掌握着商业生态系统中的关键资源，为商业生态系统创造价值的同时积极地攫取价值。该类型企业虽然能在提升商业生态系统平衡性和稳定性上起到一定的作用，但也会对系统的生产效率和创新性方面产生不利影响，这有可能造成整个商业生态系统失去原有的竞争力。

（三）缝隙型企业

缝隙型企业主要通过细分市场等方式获得区别于其他系统内成员的专业能力，它的存在有助于保持商业生态系统物种多样性。虽然这类企业必须依附于系统而存在，但却是实现商业生态系统繁荣发展不可或缺的重要组成部分。

（四）地主型企业

地主型企业控制着商业生态系统的关键节点，其为整个商业生态系统产生的价值财富有限，但却尽可能多地从商业生态系统获取价值。适合地主型企业的商业生态系统并不常见，这类企业如果在企业战略选择时考虑不周，不仅会给自身招致危机，整个系统也有可能会因为它过度抽取价值而失去平衡与稳定，进而阻碍商业生态系统的良性发展。

（五）商品型企业

商品型企业提供的商品已经日用品化，所以，这类企业专注于降低成本，主要实施成本领先战略。

综上所述，商业生态系统中各企业因具有不同的生态位，使得企业在商业生态系统中担当不同的角色。企业如果希望自己在竞争中取得优势，就必须根据外部环境因素确定自己在商业生态系统中扮演的角色，并基于各自的角色特点选择与其能力相匹配的竞争策略。

基于企业的角色，本章认为商业生态系统由核心企业（骨干型企业、资源主宰型企业、地主型企业）、缝隙型企业、竞争企业、用户子系统（直接的顾客与顾客的顾客）和环境子系统（政策与环境因素）组成。鉴于不同角色类型企业在商业生态系统中发挥的作用不同，骨干型企业、资源主宰型企业以及地主型企业较为可能成为核心型企业。

骨干型企业会与系统内的其他成员企业分享其所拥有的系统中的关键资源，在提高商业生态系统的生产效率和创新性方面比其他角色企业更具竞争力，所以，由骨干型企业为核心企业来主导的商业生态系统更有可能成功。资源主宰型和地主型企业更关注其自身的利益，通常会以牺牲其他成员的利益为代价最大限度地从商业生态系统中获取价值。因此，由资源主宰型或地主型企业主导的商业生态系统一般很难走得长远。竞争企业之间的竞争主要指核心企业之间、缝隙型企业之间、核心企业与缝隙型企业之间的竞争。商业生态系统中成员之间的竞争不仅保证了整个商业生态系统物种多样性还为系统成员的协同进化提供源源动力。缝隙型企业也是商业生态系统中的重要组成，其与其他几种类型的企业之间存在着竞争与合作，为整个商业生态系统提供了活力。由于顾客是企业的价值来源，所以存在于商业生态系统中的用户子系统也十分重要。监管体系的主要职责是为整个商业生态系统的稳固发展保驾护航。因此，一个商业生态系统健康发展需要能给整个系统带来积极影响的核心企业做主导，竞争企业和缝隙型企业提供活跃力量，用户子系统和环境子系统在系统内发挥自身作用，才能形成一个完整的商业生态系统。

第二节　跨境电商供应链金融模式

　　跨境电商间的竞争方式不再是单个企业之间的竞争，而是企业所处的整条供应链之间的竞争。一个完整的供应链包括上游供应商、生产商、加工商、经销商等，最终到达消费者手中。企业在正常的运转过程中，一般都会经过购买原材料、生产、库存、销售等阶段。在上述的环节和阶段中，资金支持是供应链和企业正常运转的生命源泉。但是资金的收入和支出存在一定的时间差，这时便会产生资金缺口，如果不能及时填补缺口，将会影响企业的正常运转。这个问题在全世界来说都普遍存在。以我国为例，根据《2013年中国企业信用风险状况调查报告》显示，企业间以赊销方式进行销售的比例已经达到90%，在对外贸易中，赊销比例达到70%，这使得资金不能及时收回的风险大幅度提高。在跨境电商行业，货款和物流费用等账期问题也普遍存在。

　　为了缓解自身的资金缺口，企业通常会采取延长账期和支付折扣的方式。延长账期虽然能缓解下游企业资金紧张状况，却会增加上游企业的资金困难。而且，会使得上游企业不把工作重点放在产品质量的提升上，反而过多地注重如何降低成本，结果反而影响了产品质量。支付折扣的方式是为了鼓励下游企业尽早支付账款，根据支付的早晚给予一定的折扣优惠，可以在一定程度上缓解上游企业的资金缺口，但是上游企业往往会将折扣计入产品价格，其结果反而提高了下游企业的交易价格。正是由于这些问题的存在，使得供应链的稳定性得到挑战。要解决这些问题，就需要将供应链中所有环节联系在一起，为整体注入资金，提升供应链的稳定性和竞争力，供应链金融由此产生。

　　在我国的跨境电商中，90%以上为中小企业，他们大多面临着资金不足的问题。我国多数企业属于劳动密集型的企业，利润水平不高，而且中小进出口企业大多成立较晚，自有资金积累不足，内源性融资很难起到扩大再生产，弥补资金不足的作用。在外源性融资方面，由于国内股票市场准入门槛较高，这些企业根本无法进入，所以只能寻求银行贷款。但是在传统的融资方式下，这些企业由于经济规模小或者财务信息不健全等诸多原因，很难从银行等金融机构获得资金融通。因此，中小跨境电商急需一种新的融资方式。在供应链管理全球化的今天，供应链金融正是针对链条中跨境电商的资金缺口而开展的金融服务。

　　国内商业银行的利润来源非常单一。加之现在存在的"金融脱媒"现象，使得银行业的竞争环境在不断恶化。所以，银行不应该仍然把目光停留在传统的大型企业身上，而是把众多的中小企业纳入服务范围中，推出新的业务模式，以适应灵活多变的市场环境。也就是说，供应链金融应用于跨境电商是在市场需求的情况下由银行主导产生的，但是其在国内外产生的动因却是不同的。在国外，主要是为了稳固银行与核心企业之间的联系，采用1引导N的供应链金融发展模式，而在我国，则是为了扩大银行的业务群，在抢占国内市场的同时展开的国际市场的抢夺，采用从N包围1的供应链金融发展模式。利用供应链这个整体的概念，在占据进出口企业市场后，再打开供应链上下游市场，包括国内和国外。在扩展银行业务的同时，创新了传统的贸易融资方式，其带来的有利影响是多方面的。

传统的供应链金融是由商业银行主导的基于银行信用的融资方式，根据融资阶段（资金缺口）的不同，分为出口销售阶段的融资、进口采购或承包阶段的融资和经营阶段的融资，分别对应应收账款模式、预付款模式和存货质押模式。在此基础上，又发展出两种新兴的供应链金融形态——物流企业授信和战略关系融资，它们的信用基础是商业信用，前者是指物流企业取代银行直接向融资企业融资，后者是指核心企业基于长期的战略合作关系向融资企业提供融资。

一、银行主导的供应链金融模式

（一）应收账款模式

在跨境B2B出口贸易中，处于供应链上游的出口跨境电商向下游进口企业提供原材料时，形成对进口企业的应收账款债权。应收账款都有一定的期限，进口企业一般会在期末对应收账款进行偿付。由于我国廉价的劳动力，国外许多企业都把业务外包给我国的进出口企业，然而却要求较长的账期。在这段时间里，出口企业很可能会面临资金周转困难的问题，影响企业的正常运作。因此，也就产生了应收账款融资模式，虽然出口企业不能立即收回应收账款，但是通过利用应收账款进行融资的方式，获得资金融通。

应收账款融资模式主要有质押和保理两种，二者都是将对进口企业的应收账款出质给银行从而提前获得贷款，但是质押是有追索权的，保理是无追索权的。严格来说，后者应该叫出售。在应收账款模式下，参与者主要有三个，即银行和进出口双方。在我国目前的研究中，核心企业主要是指国外的进口企业。首先，进出口双方签订买卖合同，进口企业一般不会立刻支付现金，而是向出口企业签发应收账款凭证。出口企业在资金紧张的情况下，可以将此凭证抵押或是卖给银行进行不超过应收账款账龄的短期融资，但必须保证在无法还清贷款的时候，进口企业作为核心企业会偿付剩余款项。出口企业获得融资后，可以凭此资金采购货物，进行下一轮生产。核心企业将进口的货物销售取得销售收入后，直接将资金打到银行指定账户中。在收回资金后，银行应将当初的应收账款凭证注销，此笔供应链融资业务便告完成。

由于进出口企业的贸易对象分布在各个国家，而且有的应收账款金额较小，如果单独进行应收账款融资的话，势必增加了成本，而且银行也不愿意受理。这种情况下，就可以考虑"池融资"，把这些应收账款聚集起来，作为一个整体向银行申请贷款，既节约了成本，又简化了银行操作，只是，风险也会相应增加。

虽然传统的国际贸易融资也有应收账款融资，但是其与供应链金融下的应收账款融资是有差异的。在传统的融资模式下，银行根据企业的应收账款对企业提供融资，主要是考虑该企业的信用以及应收账款的真实性，对核心企业的考察较少。而在供应链金融中，银行主要考察的不是融资企业的信用，而是核心企业的信用，在贸易背景真实的情况下，依据核心企业的信用状况决定是否提供融资。此时，主要的风险来源于进口企业的信用状况，如果最后进口企业拒付甚至破产，那么这笔应收账款将成为一笔坏账。所以，在提供应收账款融资前，银行应加大对核心企业的信用调查。

（二）预付账款模式

在跨境 B2B 进口贸易中，进口跨境电商在向国外企业采购原材料时往往需要预付部分货款，这一环节往往会成为进口企业资金流动的瓶颈，进而影响整个供应链的正常运营。进口企业可以利用预付账款购买到的商品或权利向银行进行抵押担保，从而获得短期融资。预付款融资实际上是一种未来存货质押融资。保兑仓融资模式是最常用的预付款融资模式，参与者一般由进口跨境电商（融资方）、出口企业（核心企业）、商业银行、第三方物流监管机构四方构成。

预付账款融资模式允许进口企业在没有任何现货商品抵押或保证的前提下，利用未来存货作为质押进行融资，极大程度上缓解了资金压力。进口企业可以利用银行的信贷支持进行大批量采购，从而享受折扣价格；或者可以提前锁定优惠的采购价格，防止涨价风险。这样就使得采购成本大大降低，一定程度上可以减少对资金的占用。进口企业还享有分批付款、分批提货的特权，企业不会再为需要筹集大量资金而发愁，很好地实现了杠杆采购。

与传统的贸易融资不同的是，在供应链金融这种模式里，银行在核心企业提供回购承诺后对融资企业进行融资，由于有国外核心企业做出的承诺回购作为担保，所以对于银行来说，其授信风险可以大大降低。这种融资模式的风险主要来自物流企业的资信情况以及货物监管情况，其信用状况是否良好、监管是否得当，都是融资风险的决定因素。

（三）存货质押模式

存货质押模式适用于供应链各个环节中，只要是企业有存货，便可以利用存货向金融机构申请融资。在传统的贸易融资方式下，由于固定资产不能多次抵押，因此进出口企业常常因为缺少抵押物而融不到资金；而在存货质押融资模式下，跨境电商可以把存货抵押给银行进行融资。

　　在存货质押融资模式下,参与方主要有四个: 银行、物流机构、跨境电商和核心企业。首先,融资企业应该把要抵押的存货移送至物流企业,通常是银行事先指定的机构,物流机构给融资企业签发一张收据,融资企业可以凭此向银行申请融资。银行与核心企业签订协议,以确保在融资企业不能偿付贷款的情况下,核心企业回购融资企业质押给银行的存货,以替融资企业偿付贷款。当融资企业需要提取货物时,需要向银行缴纳一定数额的保证金或者等价物,之后银行才会指示物流机构放货。

　　存货质押模式有两种融资模式,一种是静态的,一种是动态的,二者的区别在于一个只能用保证金的方式提取货物,而另一个可以以货易货。在静态存货质押融资模式下,企业要想提货,必须向银行缴纳一定数额的保证金,所以在企业资金紧张的情况下,无疑又新增了缺货的风险。而动态存货质押模式则相对灵活,如果企业质押的存货价值超过银行规定的数额,企业就可以随时提货;如果没有达到这一限额,企业则需要交纳一定的保证金或者等价物。因此,即使企业资金紧张,也可以提取到货物。而且,用其他的存货来代替质押存货,还可以节省企业的库存空间,降低库存成本。

　　传统的融资模式只能用固定资产作抵押,且不能多次抵押,而存货质押模式下,企业可以用存货作为抵押物向银行申请融资,并且,核心企业作出回购承诺,使得银行的风险大大降低。该模式的风险主要来自两方面:第一,融资企业的质押存货是否具有足够的价值,存货是否具有流动性风险;第二,物流企业的信用问题,是否存在物流企业和融资企业相互串通,如开具假的仓单或者提供虚假的质押存货的价值。此外,即便存货价值可靠、仓单真实,在后续的存货监管问题上,也是对物流企业的一个考验。

二、企业主导的供应链金融模式

(一)物流企业融资模式

　　在物流企业融资模式中,物流企业将完全取代银行,不仅提供仓储和监管功能,还对跨境电商(融资企业)提供融资支持,甚至提供一体化的供应链金融服务。以保兑仓模式为例,如果没有银行的参与,由物流企业完全替代银行的作用。当融资企业无法全额支付核心企业的货款时,基于核心企业的信誉,物流企业可以先行垫付货款,然后将货物定期或分批发放给融资企业。

　　传统的融资方式多是由银行主导的,融资支持来自银行,而在这种模式下,融资支持与物流监管的功能全部由物流企业承担,也就是不需要银行的参与。银行在货物仓储和监管方面并不擅长,而这正是物流企业的长项。而且,物流企业由于对融资企业和所监管的货物比较了解,融资风险比较小,也不会发生物流企业和融资企业联合向银行骗贷的情况。

（二）战略关系融资模式

战略关系融资是指核心企业基于与跨境电商（融资企业）长期稳定的合作关系而向融资企业提供的融资服务。随着供应链竞争的加剧，如何推动供应链上下游企业的发展、提升供应商和经销商的质量成为核心企业普遍关注的问题。现在提出的战略关系融资就是核心企业对跨境电商进行的融资活动，旨在达到互惠互赢的目的。

战略关系融资主要有两种方式，发放贷款和贸易信贷。发放贷款是比较直接的融资方式，主要针对上游供应商。供应商在资金紧张的情况下，可以向下游核心企业申请贷款，核心企业甚至会主动了解供应链的资金情况，发放一定的贷款，满足供应商的资金要求，提升供应商的质量，从而提升整条供应链的质量，增强整体的竞争力。

贸易信贷的主要方式是延期付款，主要针对下游经销商。贸易信贷在缓解经销商资金紧张方面起到了很大的作用，对于核心企业来说，贸易信贷可以使其购买商加大订单量，甚至吸引更多的购买商。因此，贸易信贷对于供应商来说，可以说是一种有效的竞争手段。此外，贸易信贷还可以带来积极的外部效应。一般情况下，经销商经销不同的产品，当一个供应商向其提供贸易信贷时，该经销商的资金状况得以缓解，可以继续向其他的供应商正常下单甚至增加订单量。传统的贸易融资下，融资主要是上游企业对下游企业提供的延期付款方式，是一种被动的融资支持。而供应链金融下的融资服务，主要是核心企业主动地对上下游企业提供的融资支持，其出发点是供应链的整体效益。可以说，供应链金融是一种更广义的融资。

三、供应链金融操作模式之间的比较

（一）不同融资阶段的供应链金融模式比较

供应链金融的三种主要融资模式之间既有相同之处，又有差异之处。三种融资模式分处于供应链不同的节点上，分别适用于不同的融资环境，因此在选择融资模式时要因地制宜，根据实际情况选择适当的融资方案，三种融资方案也可以结合使用。如动态存货质押融资结合应收账款融资，在赎回货物阶段用对其他核心企业的应收账款赎回，这样不仅获得了融资，而且收回了货物，解决了企业的应收账款。

举个简单的例子来说明一下。众公司对外贸易模式主要是跨境B2B贸易，出口到不同的国家，进口商多采用赊销方式，导致公司有大量的应收账款，这时，众公司适合采用应收账款模式进行融资。B公司为进口跨境电商，国外企业要求公司预付部分货款，这时，B公司可以采用预付账款融资模式进行融资。C公司在生产加工过程中有大量的存货，在不影响生产的情况下，可以用部分存货进行融资。

（二）银行主导和企业主导的供应链金融模式比较

银行主导和企业主导的供应链金融模式比较。传统的供应链金融是由商业银行主导的，基于银行信用对融资企业提供的融资活动；而企业主导的供应链金融则是由供应链中的物流企业或核心企业主导的，基于商业信用对供应链上下游企业提供的资金支持。其区别主要在于以下几方面。

第一，参与方不同。在传统的融资模式下，预付账款模式和库存质押模式有四个参与方，分别是银行、核心企业、融资企业和物流企业，应收账款模式不需要物流企业的参与。在物流企业融资模式下，没有银行的参与。战略关系融资参与方更少，只有核心企业和融资企业。

第二，主导方不同。传统的供应链金融模式是由银行主导的，物流企业融资模式是由物流企业主导的，战略关系融资是由核心企业主导的。

第三，信用类型不同。前者是银行信用，后者是商业信用。

第四，资金来源不同。前者来源于供应链外部，后者来源于供应链内部。

第五，质押物不同。传统的供应链金融模式下，需要融资企业提供债权或物权形式的质押物，物流企业融资模式主要是物权，而战略关系融资模式不需要质押物。

可见，企业主导的供应链金融模式是传统的供应链金融模式的进化模式，参与方越来越少，资金来源也由供应链外部的支持转变为供应链内部企业的关系融资，基于长期的信任，质押物从有到无，更方便了中小上下游企业融资，也提升了我国进出口企业的信誉。

四、供应链金融线上化

线上供应链金融，也叫作电子供应链金融，它把供应链金融从线下搬到了线上，由纸质化变成电子化，是供应链金融的未来发展趋势。线上供应链金融主要实现了三个电子平台的对接，包括企业电子商务平台、物流供应链管理平台以及银行资金支付平台。

通过与电子商务平台对接，节点企业可与核心企业在线进行下单签约、融资出账、支付结算以及还款等商务活动。而为企业（存货型融资模式）提供抵押或质押、入库、赎货等服务的在线办理则需要通过与物流供应链管理平台的对接。同时物流监管方（一般是物流企业）则可以通过该系统实现对抵押物或质押物的统一管理，加强与银行之间的协作关系，保障了银行与物流监管方的信息对称性。另外，由于与银行在线支付平台紧密衔接，银行就可以随时监控资金流的动向及安全，以便进行融资风险的控制与监管。这样的话，线上供应链金融就可以起一个纽带作用，将商务交易与金融活动的各方参与者牢牢联系起来，实现商务流、资金流、物流、信息流的数据统一与实时共享。银行据此就可以为供应链上的核心企业或者节点企业提供全方位、全流程和多层次的线上金融服务。

（一）订单交易电子平台

订单可视化平台展示了整个供应链的操作流程，包括订单订立前、订单订立及后续的装运、收货、融资，给银行提供了授信依据，银行可以此可视化的交易信息为依据进行融资评估。具体操作流程如下：下游的核心企业通过 ERP 系统下订单后，订单信息将会通过网关自动传输到可视化平台上。上游企业接受订单并安排运输，下游企业收货。然后，上游企业开具发票，下游企业付款。所有的环节都体现在了平台上，银行可以通过平台看到订单在每个环节的执行情况，有效地解决了银企之间的信息不对称性。

（二）物流管理电子平台

物流可视化平台能够实时地跟踪货物，监督物流的执行情况，涵盖采购、生产、销售等所有环节。银行可以通过此平台掌握货物的去向，并以此控制货权、跟踪订单、防控风险。

（三）存货可视化平台

存货可视化平台实现了供应链各个阶段的存货的可视化，从而监控上下游企业的存货、加强对存货所有权及价值的控制力。存货包含的信息主要包括：生产制造企业（核心企业）的原材料、在产品、半成品和产成品以及下游企业的销售库存。所有的信息都可以在平台上获得，可以有效地防止欺诈行为。尤其是这些存货用于融资时，第三方机构可以实施实时监管存货周转率、最大库存量和存货现金流。

第三节　跨境电商供应链金融风险防范

一、供应链金融在对外贸易中应用的风险

在跨境贸易中，供应链金融的应用给各参与方都带来了一定的利益，但也正是由于参与方众多，不仅包括国内企业，而且包括国外企业，因此会涉及各个地区、各个行业参与其中，必然会面临一定的潜在风险。

（一）供应链自身风险

供应链融资最主要的风险就是复杂性与不确定性。供应链上下游企业是众多而管理机制不健全的中小型企业，随着供应链的发展和完善，会有越来越多的企业加入，

如果供应链管理机制不完善，整条供应链企业都会受到损失，而核心企业作为供应链最大的受益者，必然会遭受最大的连带损失。供应链融资的另一个风险便是由一个企业风险引发的供应链风险。供应链金融发展得越完善健全，各个企业间的联系与约束就会更加紧密，如果其中一家企业出现信用风险，便会连带上下游企业遭殃，风险迅速蔓延整个供应链条，导致供应链崩溃，损坏核心企业的利益。

（二）企业信用风险

信用风险主要来自处于供应链上下游的中小企业，在跨境网络贸易中则主要表现为我国的中小跨境电商。中小跨境电商为了顺利实现融资，在企业进行原材料采购、商品生产及销售环节可能会采取提供虚假报表、欺诈、恶意串通等违法行为，加大了银行对企业调查分析的难度，使得银行无法获取真实有效的企业数据，无法分析企业的真实贸易背景，因此无法采取合理有效的管理监督措施，更无法预测此行业的发展前景，最重要的是加大了银行的融资风险，提高了银行的不良贷款率。

（三）运营风险

供应链金融的运营风险主要体现在两方面：一方面，供应链金融业务的顺利开展，需要银行的层层把关，银行从客户的需求出发，经历产品设计、原材料采购、商品生产及销售等各个环节，每个环节银行都需要进行风险评估，严格把控，保证供应链条的安全性与真实性；另一方面，供应链的物流运输需要进行专业考评，必须选择管理制度健全的物流企业，才能保证供应链金融正常高效地发展，物流的专业水平不仅关系着供应链业务的顺利开展，也决定了供应链金融的运营风险。随着电子平台的发展，运营风险将成为供应链金融面临的主要风险。

（四）法律风险和汇率风险

在跨境贸易供应链金融运作中，由于涉及不同的国家，首先面临的便是法律风险，不同时期、不同国家，对同一个贸易项可能会有不同的规定，即便是在同一个时期，不同国家对同一件法律行为也有不同的法律解释，因此，必须充分了解供应链企业所在国的法律及相关法规条文，以免造成不必要的法律风险。其次便是汇率风险，供应链中包括不同国家的企业，会时刻面临着汇率风险，因此一定要处理好汇率变动和保险等问题，以免给供应链金融各参与方带来不必要的损失。

二、跨境电商的供应链金融风险案例

SD 公司成立于 2008 年，是某市的一家出口综合服务商，与其他 B2B 平台不同，SD 公司设立的 B2B 平台 SD 网可以为出口跨境电商提供综合性专业化的服务，出口跨境电商不仅可以在网站上开设店铺、上传产品、联系进口商，还可以享受从发货到代理结算退税的一站式服务。

目前，SD 网的基础服务是为进出口跨境电商提供信息和交易平台，其注册会员有两种运作模式，一种是由 SD 公司负责产品发布、店铺维护以及询盘跟踪，另一种是由出口跨境电商自主运营店铺、发布产品、直接与采购商联络，前一种方式主要适合于没有跨境电商经验的供应商，后一种则适合有专业跨境电商团队的出口跨境电商。除基础服务外，SD 网也为其注册会员提供包括仓储、运输、报关报检、结算退税在内的各种增值服务。

经过近十年的发展，SD 公司不仅拥有了十几万的注册会员，也收获了许多的荣誉。2013 年，SD 公司被评选为中国可信 B2B 行业网站，并成为众 PEC 电子商务工商联盟战略合作伙伴。

（一）线上应收账款融资业务流程

SD 公司的线上应收账款融资业务流程。

（二）虚假贸易风险

G 公司是一家纺织产品出口跨境电商，是 SD 网开立初期的注册会员，在平台开设有自营店铺，主要从事地毯、床单、被罩等家用纺织品的生产和出口，在美国有几家合作多年的进口商，结算方式为"O／aat90days"。

G 公司于 2013 年年初根据其在 SD 网上形成的应收账款申请办理应收账款融资业务。考虑到 G 公司跟美国进口商已经有很长时间的合作，并且其本身也从事纺织品的生产，相比于从其他工厂拿货而言，产品质量更容易把控，这样进口商因为产品质量瑕疵提出争议的可能性较小，所以 SD 网给予了 G 公司最高的融资比例即应收账款总额的 80%，总额度为 20 万美元。

2014 年年初，G 公司联系到 SD 网，表示希望利用一笔未通过 SD 平台完成交易的应收账款申请融资。一方面，SD 公司的应收账款融资一般只适用于在平台上完成订单且使用 SD 公司的出运通进行发货的情况，像 G 公司的这种情况，SD 公司由于没有可行有效的办法确认贸易的真实性所以一般不予办理；另一方面，G 公司是 SD 公司的老客户，并且一直保持良好的信誉，就这么拒绝掉的话可能会影响之后的合作。反复考虑之后，SD 公司还是同意了 G 公司的要求。但 SD 公司还是隐隐觉得这笔账款有可能会出问题，毕竟 G 公司提供的证明材料只有线上提交的扫描版合同和发票，SD 公司并不能像正常的应收账款融资客户一样可以掌握进出口双方的交易信息和发货详情，因此也很难确认贸易的真实性。

到了 4 月份，进口综合服务商开始向进口商催收 G 公司的这笔账款时，进口商拒不付款并宣称其已经向 G 公司的美国代理商 Z 公司支付了全部款项，进口综合服务商也因此以进口商已提出争议为由拒绝向 SD 公司付款。

SD 公司在得知情况后，赶紧联系了 G 公司，然而 G 公司的负责人表示在美国根本就没有代理商，也不认识什么 Z 公司。在迟迟未收到应收账款的回款后，SD 公司开始向 G 公司追讨融资的本息，然而 G 公司却非常不满，表示自己根本没有收到进口商付款，为什么要先付款给 SD 公司。持续几天追讨无果。

事实是 G 公司跟当地的另外一家纺织品生产企业 H 公司负责人是友好单位，H 公司目前的资金周转出了些问题，但是由于 H 公司规模小，申请不了那么多融资，并且就算申请的话也需要一段时间才能拿到，因此希望能以 G 公司的名义向 SD 公司申请线上应收账款融资。原本 H 公司已经与进口商签订过进出口协议了，但是为了拿到融资，就又与进口商串通，以 G 公司为抬头做了一套单据，以 G 公司的名义用这套单据申请了融资，但是这笔货进口商仍然是 Z 公司，也就是 H 公司在美国的代理商，H 公司为了提前拿到更多的资金，就给予了进口商 5% 的提前付款折扣，导致进口商纷纷向其付款，进口综合服务商自然也就拿不到这笔应收账款的回款。

（三）信用风险

SG 公司成立于 2010 年年底，是一家电动牙刷的生产商，其在 2012 年年初成为 SD 公司的注册会员，在平台上的年成交量为 5 万美元左右。2014 年 5 月，SG 公司的负责人找到了 SD 公司的业务经理咨询融资通业务，了解到这个业务只针对通过 SD 公司完成发货即使用出运通的客户。

过了一个月之后，SG 公司的负责人表示自己已经与进口商在 SD 网站上达成了交易意向，希望使用出运通服务然后申请应收账款融资。SD 公司马上确认了 SG 公司的订单信息并安排 SG 公司的发货事宜。

2014 年 7 月，SG 公司通过 SD 平台确认了一笔 3 万美元的订单，付款方式为"O/aat90days"，并通过 SD 公司完成了发货，获得了 2 万美元的融资款。

2014 年 9 月，当进口综合服务商开始向 SG 公司的进口商进行催收时，进口商提出 SD 公司的产品质量存在严重问题并拒付货款。因此，进口综合服务商向 SD 公司发来了争议通知。

收到通知后，SD 公司开始反思，公司一直采用的是线上融资的模式，由于出口跨境电商已经通过 SD 公司进行发货，因此贸易真实性一般都能得到证实，但是出口跨境电商自身的还款能力、生产能力等却只能通过其自行上传的资料进行核实，并且像进口商提出的产品质量问题，SD 公司很难能够通过线上的审核和发货环节察觉到，面临争议也是难免的。SD 公司查出了 SG 公司当时提交的近三年财务报表的扫描件及系统计算的评分表，发现 SG 公司的利润率对于它这种规模的日用品厂商而言有些高，这就说明 SG 公司的财务报表本身很值得怀疑。

当 SD 公司开始向 SG 公司进行催收时，发现 SG 公司连融资本金都已经无力偿付了。

三、风险来源分析

在线上应收账款融资业务中，出口跨境电商与出口综合服务商间的信息不对称导致了交易前后逆向选择和道德风险的产生，使得出口综合服务商很难对有融资需求的出口跨境电商进行有效的筛选和监督，导致了风险的产生。在融资协议签订前，由于出口跨境电商保有私人信息，不愿意与出口综合服务商共享，造成出口综合服务商无法准确全面地了解出口跨境电商实际的还款能力、经营状况以及进出口双方的合作记录，难以甄别出哪些是有真实交易背景和还款能力的出口跨境电商，导致部分出口跨境电商伪造虚假贸易背景进行应收账款融资；在融资协议签订后，出口跨境电商可能会出现由于企业自身或者外部环境的变化影响履约能力的情况，却不愿如实告知出口综合服务商，给出口综合服务商带来了潜在的风险，例如，案例中提到的出口跨境电商 SG，就在办理业务前向 M 出口综合服务商隐瞒了货物质量可能会存在瑕疵以及自身还款能力不够的事实，并且未能在签订应收账款融资协议后积极地履行协议约定，给出口综合服务商带来了一定的损失。因此，出口综合服务商在应收账款融资业务中面临风险的主要来源于信息不对称。

信息不对称产生的原因主要有两点：第一，获取信息的成本影响了出口综合服务商收集信息的积极性。信息成本是一种特殊的交易成本，出口综合服务商要获取借款人某一方面的信息时，必须要投入一定的人力、物力和财力，这就使得出口综合服务商在收集信息前会进行成本收益的比较，在收益小于投入的成本或者无力支付信息成本时就会放弃收集该项信息。第二，存在难以获取和传递的软信息。软信息区别于财务信息等易于标准化和可传递的信息，主要指出口综合服务商通过与企业的长期接触所获得的关于企业的声誉、经营者的品格等难以量化、验证和传递的信息。一般软信息只能依靠出口跨境电商与出口综合服务商之间的长期合作获取，也很难通过简单的线上提交的资料来呈现。在本案例中，SG 公司是否能够谨慎负责地完成进出口合同就属于出口综合服务商无法通过出口跨境电商提交的标准化的资料来获取的软信息。由上述几种原因所带来的信息不对称造成了进出口跨境电商与进口综合服务商的逆向选择和道德风险行为，最终导致出口综合服务商承受种种风险。

（一）逆向选择带来的风险

逆向选择出现在代理人在合约关系开始之前就保有私人信息的情况下，即代理人在签订合约之前就拥有影响合约价值的重要信息，而设定合约条件的委托人则不具备这种信息。在应收账款融资业务中，逆向选择问题主要表现在越难按时拿到进口商货款的出口跨境电商越有动力积极寻求预付款融资。

因此，在应收账款融资市场上，逆向选择的情况在应收账款融资协议订立前就产生了，应收账款质量越差的出口跨境电商越倾向于办理应收账款融资，并且这种情况会随着应收账款融资利率和费率的上升变得更加严重。这些较低质量的应收账款持有者会为了拿到应收账款融资，采取各种方式隐藏应收账款的不良信息，给出口综合服务商顺利收回应收账款回款带来了很大的风险。例如，在本案例中，G 公司为了帮助 H 公司获得融资款，就通过代理出口的方式使得自己成为出口方，向出口综合服务商 SD 公司隐瞒了自己没有货权的事实；此外，SD 公司在 G 公司申请办理应收账款融资前并不知道 G 公司申请融资的真正原因是否是资金周转问题，还存在一种情况是 G 公司在办理前已经了解到了进口商的信用风险有增大的趋势，并且出于自身利益最大化的考虑向 SD 公司及进口综合服务商隐瞒了该信息，谎称是因为自身的资金周转问题才需要申请办理应收账款融资业务，这样就转移了进口商的信用风险，如果是这种情况的话，那么案例中 G 公司的这种行为就是一种典型的逆向选择。

综上所述，逆向选择行为使得出口综合服务商在应收账款融资业务中面临着来自出口跨境电商的权利瑕疵风险、欺诈风险等，因此出口综合服务商需要采取一定的措施对进出口跨境电商的真实状况及应收账款的质量进行有效的甄别。

（二）道德风险在应收账款融资业务中的表现

假设在签订协议后，代理人的行为无法被委托人观察到，或者即使可以被委托人观察到，代理人履行合同的努力也没有被包含在协议的条款中，由于这种原因造成的信息不对称被称为道德风险。

在应收账款融资业务中，考虑进口商提出争议的情况，此时进口综合服务商有可能将应收账款反转让给出口综合服务商，因此出口综合服务商面临着向出口跨境电商追讨预付款的任务。以本案例中的 SD 公司为例，其在《无追索权应收账款融资服务合同》中规定在进口综合服务商已向 SD 公司转发进口商的争议通知后，SD 公司有权向出口跨境电商发出反转让通知书并追回已支付的应收账款承购款、承购费及应收账款融资费。因此，出口跨境电商如果在拿到预付款融资后产生道德风险，没有按照协议约定用于正常的经营活动，而是用于投资高风险项目时，出口综合服务商必然会因为无法从出口跨境电商处追回资金而承受更大的风险。下面通过一个简单的模型说明出口跨境电商在办理应收账款融资业务后的道德风险问题。

综上所述，道德风险是出口综合服务商在应收账款融资业务中面临的信用风险、履约瑕疵风险等的主要原因，因此出口综合服务商可以通过制定激励合同、建立动态激励机制等进行积极的防范。

（三）信息不对称风险在线上应收账款融资业务中的具体表现

对于出口综合服务商而言，与出口跨境电商之间的信息不对称所带来的风险主要表现在出口跨境电商对自身状况的隐瞒及其对贸易背景或应收账款的不利信息的隐瞒上。

1. 信用风险

本案例中，SG公司就是想通过隐瞒自身较差的还款能力来获取应收账款融资的，也因此使得出口综合服务商无法及时收回应收账款回款，面临更大的风险。

由于应收账款融资业务有应收账款的回款作为融资款的还款来源，所以被认为是风险较小的业务品种，很多出口综合服务商也因此放松了对出口跨境电商信用状况和资质的审核。但是，如果出口综合服务商因此忽略了对出口跨境电商的贷前调查，导致其在办理应收账款融资业务前通过伪造财务报表的方式隐瞒自身不良的还款能力，并以此通过出口综合服务商对应收账款融资企业的贷前资料审核时，正如案例中的SG公司一样，一旦进口商提出争议并拒付货款，出口综合服务商作为出口综合服务商需要向出口跨境电商追索预付款时，就会发现出口跨境电商根本没有能力偿还，出口综合服务商就会因此遭受资金损失。尤其是对于线上应收账款融资业务而言，由于出口综合服务商往往缺少了实地调研的环节，对于资料的真实性无法进行有效的核查，这就给了部分资质较差的出口跨境电商可乘之机。

2. 履约瑕疵风险

出口跨境电商的履约瑕疵风险主要表现为其不能遵守进出口合同约定，无法按时交付合格货物导致进口商提出争议的风险，案例中的SG公司出现的产品质量问题就属于履约瑕疵，也因此使得SD公司无法按时拿到应收账款回款，增加了融资本息无法得到按时偿付的风险。履约风险主要出现在以下两种情况下：

第一种是出口跨境电商在签订应收账款融资协议前隐瞒自己不具备履约能力的事实，像SG公司就在SD公司的贷前资料审核中隐藏自身产品质量有可能会出现问题的事实。在这种情况下，由于出口跨境电商无法严格按照与进口方签订的国际贸易合同按期交付合格货物，使得进口商会据此提出争议，进口综合服务商的担保付款责任也会因此被暂时解除。在争议长时间无法得到解决的情况下，出口综合服务商由于无法按时拿到应收账款的回款，其为出口跨境电商提供的预付款就无法得到还款保障。因此，出口跨境电商是否能正常履约、按时交付质量合格的货物对于出口综合服务商而言非常重要。

第二种是即使出口跨境电商具备履约能力，由于其在转让应收账款后可以很快拿到出口综合服务商预付款并且将不能及时足额拿到进口商回款的风险转移给了第三方，因此出口跨境电商可能会出现道德风险，不积极履行进出口合同导致产品的质量、数量或者交货期与合同规定不一致，导致进口商据此提出争议。就像案例中的SG公司一样在拿到应收账款融资之后放松了对产品质量的把控。

对于线上应收账款融资而言，出口综合服务商很难通过出口跨境电商线上提交的格式化的资料准确地了解到产品的质量水平，也由于缺乏事前的实地调研而准确地掌握出口跨境电商的产品质量水平。

3. 欺诈风险

应收账款融资业务中的欺诈风险指出口跨境电商（常与进口商串通）通过出具虚假发票、高开发票金额或者故意违反国际贸易合同使得进口商拒付等方式骗取出口综合服务商融资款的行为。像案例中 H 公司串通 G 公司基于 G 公司和进口商之间根本不存在的贸易背景开具发票申请应收账款融资的行为就属于欺诈风险。由于应收账款融资业务针对的是跨境贸易中产生的应收账款，具有跨国性的特征，涉及管辖权、取证、法律适用等一系列的问题，这给出口综合服务商打击欺诈行为设置了重重障碍，也为一些不法分子提供了可乘之机。在应收账款融资实务中，出口跨境电商的欺诈风险主要表现为以下两种形式——欺骗性履行贸易合同和伪造虚假发票融资。

欺骗性履行贸易合同指出口跨境电商与进口商串通，故意违背国际贸易合同，实施贸易欺诈，骗取应收账款融资的行为。在应收账款融资业务实践中，存在一些经营状况非常差的出口跨境电商，与进口商串通，向出口综合服务商申请应收账款融资业务，通过粉饰财务报表、隐瞒自身经营状况等方式躲过出口综合服务商对出口方的资信审查，在提交发票等文件后向出口综合服务商申请应收账款融资项下的预付款，之后按照合同规定的装运期，发运劣质货物给进口商。在这种情况下，出口跨境电商看似已经履行了贸易合同约定的交货义务，但等到应收账款即将到期，进口综合服务商催收时，进口商就会以货物质量不符合合同规定为由提出争议并拒付货款，由于难以对货物进行实地调查取证再加上对相关产品的质量标准不熟悉，出口综合服务商很难判断争议发生的真正原因，只能督促进出口双方尽快解决争议，等到进口综合服务商反转让应收账款时，出口跨境电商可能早已无力偿付，而出口综合服务商为其提供的预付款也很难追回。

伪造虚假发票融资指出口跨境电商利用伪造的商业发票向出口综合服务商申请应收账款融资业务。由于出口跨境电商的虚假发票是基于捏造的贸易背景的，因此势必得不到进口商的付款，这就直接造成了出口综合服务商的损失。对于线上应收账款融资业务而言，如果出口跨境电商未通过出口综合服务商办理物流或者结算退税等业务，仅依靠电子版的进出口合同和发票，出口综合服务商是很难对贸易的真实性进行判断的。

4. 应收账款权利瑕疵风险

在应收账款的转让中，出口综合服务商最基本的要求是能够取得完整的、排他的所有权，但是当出口跨境电商转让的应收账款存在权利瑕疵时，就会出现出口综合服务商与其他第三方之间的权利冲突，此时出口综合服务商可能会由于第三方的权利主张无法全额收回应收账款，也因此面临着预付款无法收回的风险。权利瑕疵主要出现在以下几种情况：

第一种是当出口跨境电商作为中间商时，若出口跨境电商的前手卖方对供应商出售的货物仍保留所有权的情况。在这种情况下，一旦出口跨境电商破产时，前手卖方和出口综合服务商之间就存在着直接的权利冲突。案例中的G公司就类似于这种情况，虽然出口综合服务商已经受让了应收账款，H公司却仍旧保留有货物所有权，因此H公司与出口综合服务商之间就存在着直接的权利冲突。目前，大多数国家的法律都承认保留所有权的制度，我国的《合同法》也明确规定了当事人在合同中约定保留买卖标的物所有权的权利。在所有权保留条款是否可以对抗第三方的问题上，很多学者认为，这取决于出口综合服务商是否知道出口跨境电商与前手卖方间的权利保留条款，若出口跨境电商没有披露所有权保留事项，出口综合服务商也不知道所有权保留，并善意履行了应收账款融资合同，则应保护出口综合服务商的权利；若出口综合服务商知道或者应当知道该项约定，但仍接受出口方的应收账款转让时，出口跨境电商前手卖方享有所有权。因此，对于案例中的情况，由于出口综合服务商对所有权保留并不知情，因此应当优先保护出口综合服务商的利益。此外，为防范此类风险，出口综合服务商可以在应收账款融资服务协议中增加出口跨境电商的保证条款，要求其对应收账款权利的完整性和合法性作出承诺，以保护自身的权益。

第二种是出口跨境电商将已办理应收账款融资业务的应收账款又转让给第三方的情况。在这种情况下，对于哪个受让人权利优先的问题，大多数国家一般采用的是通知优先的规则，即谁先通知了债务人谁就享有优先权，也有国家采用登记在先的原则，即登记在前的债权受让人享有优先权，但我国的《合同法》并未对权利冲突时的次序作出规定。对于这种情况，出口综合服务商可以在应收账款融资服务协议中做出明确的禁止性规定，避免以后出现权利冲突。

四、针对逆向选择的风险管理

根据前文的分析，逆向选择问题出现的主要原因是事前的信息不对称，因此，最直接的解决办法自然是通过可行的方式来降低合约双方信息不对称的程度。信号发送和信息甄别就属于代理人和委托人可以各自主动采取的能够有效缓解事前信息不对称的解决机制。对于应收账款融资业务而言，拥有较高质量的应收账款和较低风险的出口跨境电商希望出口综合服务商能够了解到这一信息，而出口综合服务商也希望能够甄别出低风险的优质客户。因此，从出口综合服务商的角度来看，它一方面可以鼓励拥有较高质量的应收账款和较低风险的出口跨境电商主动采取一些行动向出口综合服务商证明自己良好的履约能力，另一方面可以通过机制设计来自行识别出优质的出口跨境电商。

综上所述，利用信号发送和信息甄别理论，结合案例情节，可以整理出以下几个防范出口跨境电商的逆向选择风险的可行措施。

（一）增加对出口跨境电商的实地授信调查

对出口跨境电商自身进行实地授信调查可以在很大程度上降低出口跨境电商的信用风险和履约瑕疵风险。在 SG 公司的案例中，如果 SD 公司能够在提供融资前对 SG 公司进行实地调研，就可以对其还款能力和信用状况有更全面的了解。

经过详尽的贷前调查，出口综合服务商可以更好地判断出口跨境电商的风险等级，并且可以根据出口跨境电商风险等级的不同给予其相应的应收账款融资额度和利率，通过制定与出口跨境电商的风险大小相匹配的应收账款融资方案降低出口跨境电商的逆向选择风险。

在应收账款融资业务中，出口综合服务商应当在实地贷前调查重点考察以下几项：首先，应当通过观察或询问判断出口跨境电商目前的经营状况，了解出口跨境电商实际的还款能力；其次，根据出口跨境电商所在行业的产品质量标准，对照出口跨境电商近期生产的产品，了解出口跨境电商的生产质量标准，避免履约瑕疵风险。通过实地的贷前调查，结合出口跨境电商线上提交的资料，出口综合服务商可以基本掌握申请企业的真实状况，甄别出不符合要求的出口跨境电商，从源头上杜绝了信用状况较差的出口跨境电商通过伪造信息、掩盖自身的不良状况以获取应收账款融资等情况的发生。

（二）考察进出口跨境电商贸易背景

针对本案例中发生的 H 公司假借 G 公司之名，基于不真实的贸易背景申请融资的情况，出口综合服务商有必要设计出相应的机制以在给予应收账款融资前识别出那些伪造贸易背景的出口跨境电商，拒绝为贸易背景存在问题的出口跨境电商办理应收账款融资业务。

在对贸易背景的审核中，出口综合服务商可以鼓励出口跨境电商提供尽可能多的能够证明进出口双方长期良好合作关系的单据，如合作初期的贸易合同、报关单、货物提单等。在对贸易背景的考察中需要注意以下几方面：一是根据进出口贸易合同了解双方的合作时间、结算方式及付款期限，判断其是否符合出口跨境电商所在行业的交易习惯；二是通过观察出口跨境电商提供的针对同一笔业务的报关单、结汇水单、退税单等单据上的信息是否一致来判断贸易的真实性；三是通过与出口跨境电商公司负责人的交谈了解进口方是否存在未能按时付款的情况、是否产生过产品质量或货款纠纷。除此之外，还需要注意以下几点：一是进出口双方是否存在关联关系，这是为了避免进出口双方恶意串通以虚假贸易进行融资；二是进口方和出口方是否存在双向贸易，在这种情况下，容易出现货款互抵的现象；三是进出口双方在以往的交易中是否还有争议为解决，若存在尚未解决的争议，则进口方容易以此为由拒绝付款。此外，对于出口综合服务商而言，由于其提供的是全链条的服务，因此可以通过参与到出口跨境电商的发货、结算、退税等贸易环节中来彻底规避虚假贸易背景融资的风险。

（三）对应收账款质量进行评估

针对案例正文中 G 公司出现的利用虚假发票进行融资的情况，出口综合服务商需要仔细检查应收账款是否符合应收账款融资业务的要求，及时拒绝不合格的应收账款，降低由出口跨境电商的逆向选择带来的风险。根据案例中给出的 M 出口综合服务商应收账款融资业务的操作流程，可以看出其对应收账款的审核是在放款前的授信额度审批环节，由应收账款融资业务的产品经理审核应收账款的合格性和有效性。

在对应收账款真实性的审核中，出口综合服务商应注意应收账款的账期、金额是否符合双方的交易习惯，进出口双方交易的产品是否为以往交易记录中经常出现的商品，贸易合同中对产品质量的要求、对产品数量的规定以及交易结算方式是否与出口跨境电商所在的行业特点相匹配。

（四）通过大数据分析掌握企业信息

对于案例中的 SD 公司，由于其有自建的 B2B 网站，本身积累有一定的客户信息，因此它可以利用自身积累的企业信息，加上通过爬虫软件在互联网上抓取的出口跨境电商的其他信息，以减少与出口跨境电商之间的信息不对称程度，避免出口跨境电商的逆向选择行为。此外，SD 公司还可以通过对获取的海量信息的分析，实现对线上申请应收账款融资的出口跨境电商的智能筛选，避免内部人员的操作风险。

五、防范道德风险的激励机制设计

根据上文的分析，在签订应收账款融资服务协议后，出口综合服务商作为委托人希望代理人即出口跨境电商能够努力履行协议，然而出口跨境电商却从自身利益最大化角度出发，选择隐瞒自己了解到的关于进口商的不利信息并且继续与其进行交易或者将融资款用于高风险投资，在这种情况下，出口综合服务商势必会承受更大的风险。

为了避免出口综合服务商因为出口跨境电商的道德风险而蒙受损失，应用信息经济学的相关理论，结合应收账款融资业务的特点，可得出以下三种可行的策略：一是根据激励相容理论，制定风险共担合同，使得积极履行应收账款融资合同成为出口跨境电商的最优选择；二是与出口跨境电商建立长期合作关系，形成动态激励机制。

（一）制定风险共担合同

根据激励相容理论，若委托人无法观察到代理人的行动，则在任何激励合同下，出口跨境电商总是会选择使自己期望效用最大化的行动，因此优化委托代理契约是解决委托代理效率低下问题的关键。将此理论应用到应收账款融资业务中，可以得出如下结论：出口综合服务商若想要在信息不对称的情况下保证出口跨境电商能认真履行应收账款融资合同约定，可以通过设计合理的风险共担合同，使得积极履约成为理性的出口跨境电商利益最大化的选择。

在应收账款融资市场上，出口综合服务商一般通过设定融资比例来实现与出口跨境电商之间的风险共担。像案例中的 SD 公司，其给予出口跨境电商的最高融资额度为应收账款金额的 80%，若出口跨境电商不积极履约，则其难以及时拿到剩余 20% 的应收账款，因此理性的出口跨境电商会选择积极遵守合同约定。

此外，针对案例中 SG 公司出现的履约瑕疵问题，出口综合服务商也可以设计相关反转让条款以实现对出口跨境电商不积极履行应收账款融资合同约定的负向激励，以减少出口跨境电商履约瑕疵发生的可能性。根据应收账款融资业务的特点，一旦出口综合服务商进行了反转让，其承担的担保付款责任将立刻解除，同时有权向出口跨境电商索回之前为其提供的预付款融资的本金及利息，因此，出口综合服务商的反转让行为相当于对出口跨境电商不认真履约的惩罚。

（二）建立动态激励机制

动态激励机制相当于建立了一种弹性的贷款制度，它的作用机制是一个长期的重复博弈的过程。在动态激励机制下，企业的历史还款记录被纳入合同框架中，作为以后给予该企业融资额度时需要参考的一项指标，出口综合服务商通过长期的观察来发现企业的真实信用水平。在这种长期重复博弈中，企业拖欠贷款的代价可能是永远得不到贷款，因此动态激励机制可以有效地降低企业的道德风险。动态激励机制的具体做法包括以下三种：第一种是黑名单制度，如果借款人发生拖欠行为或者无法偿付贷款，即违反了合同约定，那么该借款人将失去未来的贷款机会；第二种是贷款额度的累进制，即拥有良好还款记录的企业将在后续的贷款中得到更高的额度；第三种是弹性制，主要是根据企业面临的客观环境的变化，在原有贷款合同的基础上对一些条款进行修改，比如，在企业销售淡季时适当延长贷款期限，减少还款频率等，相当于为企业在违约之外提供了另外一种选择，可以有效降低企业的违约风险。

在本案例中，对于 G 公司出现的间接付款的情况 SD 公司可以直接降低 G 公司的融资额度以示惩罚，或者采取更严厉的应对措施，将其拉入贷款黑名单中，要求其立即偿还所有融资，并且之后也不再为其办理任何贷款业务，以此来惩罚 G 公司的违约行为，并起到警示和约束其他贷款企业的作用。

第四节　跨境电商网络借贷模型

随着跨境电商平台的规模壮大，以及有关进出口跨境电商数据的不断沉积，网络借贷必然会取得快速发展。比如，一达通就已经正式运营一达通流水贷，面向使用阿里巴巴一达通出口基础服务的客户，以出口额度积累授信额度提供无抵押、免担保、纯信用贷款服务。基于一达通外贸综合服务平台的客户出口数据作为授信依据，简化了传统线下的复杂授信调查，提供客户快速获得授信的体验。基于客户在一达通真实贸易背景，一达通客户外汇结算可成为还款来源，持续贸易可作为贷后监控的重要依据，有效降低了信用融资的风险，可为客户提供低于市场同类产品的融资利率。研究网络借贷关键是设计网络借贷模型，即符合什么标准才发放信贷。考虑到跨境电商网络借贷的相关数据难以获取，以及企业网络借贷和个人网络借贷的相通性，本节将选用个人网络借贷数据进行网络借贷模型研究。

一、数据来源

数据来自国内某 P2P 平台网站，包括每一笔贷款的详细数据，包括年利率、标的总额、用户信息、借贷状态等。将每一笔贷款的数据记录下来就成了本次分析的一个样本。考虑到人工搜集成本较大，尝试用计算机软件来完成数据搜集。经过仔细研究发现，平台每一笔贷款的网页地址的格式都是固定的，变化的是网址最后的变量数字。可以利用软件在网页的源文件里将特定的信息（年利率、标的总额等）标记出来，然后批量生成结构性数据库。

根据这种方法，搜集了 17000 笔贷款数据。其中要删除掉不完整的数据以及无关数据。所谓不完整的数据，是指有些借款人在发布借款申请时候，没有完整地填入自己的年龄或学历等项目的信息。因为本节分析的是款成功率影响因素，缺少自变量信息会不利于实证分析，因此这个借款项目就被删去。所谓无关数据，例如，因变量"借款是否成功"在模型里只考虑"1"（借款成功）和"0"（借款失败），那么就应该把状态为"正在申请"的借款项目对应的数据完全删掉。经过处理之后，剩 11769 条有效交易数据。

二、数据统计分析

在 11769 个借款列表中，2123 个借款获得了足够的投标来获得所需的全部借款金额。明显可以看到，信用分数在借款成功的列表里面是稳定在 180 分的，标准差很小，说明在借款成功的列表里普遍有着信用分数较高的特征。另外，在成功借款列表里，还款期限平均在 34~86 个月，而且波动较小，说明还款期限在借款成功列表里普遍较长。

第五节　移动支付商业生态系统

随着移动电话的普及，移动电商占比不断提高，而移动支付在其中功不可没。跨境电商业务遍及全球，不可避免要研究全世界不同的移动支付生态系统。同时，随着移动支付的国际化进程不断加快，健康有竞争力的国内移动支付系统必将成为我国跨境电商快速发展的坚强后盾。因此，本节将透视具有代表性的国家移动支付生态系统，并为我国移动支付的未来发展提出政策建议。移动支付产业各参与方处在错综复杂的商业生态系统之中。本节首先利用商业生态系统构建移动支付商业生态系统的结构，再对移动支付商业生态系统的特征进行了阐述。

一、移动支付商业生态系统的结构与特征

根据商业生态系统的相关理论，构建移动支付商业生态系统结构。

移动支付商业生态系统中的核心成员包括卡组织、银行等金融机构、移动支付服务提供商、移动运营商和移动支付设备提供商。他们共同搭建移动支付平台。移动支付平台和移动支付设备将消费者用户与商家用户连接起来，从而实现移动支付。监管机构对整个移动支付市场进行监督和管理，以保障移动支付行业健康有序，用户权益得到保障和维护。

虽然对"移动支付商业生态系统"在理论上还没有一个明确精准的定义，但可以根据"商业生态系统"的三个特征，概括得出"移动支付商业生态系统"的主要特征：①系统内部具有复杂性；②参与者之间相互竞争与合作；③系统呈现动态协同进化。

（一）系统内部具有复杂性

移动支付商业生态系统成员众多且相互之间的关系较为复杂。这主要是由于移动支付产业不仅涉及金融、电信领域的诸多参与者，还有移动支付服务提供商以及移动支付设备提供商等相关行业的其他成员。移动支付的实现是需要多个行业跨业共同完成的，这也是移动支付商业生态系统区别于其他行业的商业生态系统的一个地方。另外，外国的移动支付服务提供商也纷纷涌入本土移动支付市场，在加剧竞争的同时，让原本的移动支付成员之间的关系更加复杂。

（二）参与者之间相互竞争与合作

在原有的支付行业的基础上，随着新技术的发展和运用，用户新的需求的产生和满足，新的市场参与者在纷纷涌入移动支付市场，而原有支付市场的市场主体也在进行自身战略的调整以维护自身市场地位。在进攻与防御战略的推拉中，市场利益相关者之间的竞争从未停止过，但竞争不是全部，合作也成为市场主体们自身战略的重要一部分。技术是移动支付成长和发展的重要动力，也是移动支付市场竞争者们的利器，更是形成良好移动支付商业生态体系不可或缺的一部分。移动支付是技术也是服务，因此任何技术的成功运用和推广，消费者都是不能忽视的重要影响力。移动支付生态系统中消费者也是重要的组成部分。当然除了行业内部的因素，外部的影响也不可小觑，如社会文化、法律和法规等。

（三）移动支付商业生态系统呈现动态协同进化

移动支付被普遍视为支付领域的下一场革命，其中蕴含的巨大潜力不言而喻。移动支付商业生态系统中的众多成员之间的竞争与合作，促进了移动支付技术的创新、推广和广泛应用。与此同时，移动支付相关行业标准的日渐明确，相关监管规范的不断完善，推动了移动支付商业生态系统的动态发展，并使其朝着稳定健康的方向发展。而利益相关者也在这个过程中不断完善自身，提高技术水平，明确自己的市场地位和职责。这正是移动支付商业生态系统中的成员和其自身的动态演化。

二、市场主要参与者

美国移动支付商业生态系统中，市场的参与者主要有卡组织、银行、第三方移动支付服务商、苹果和谷歌等科技公司以及推出自己支付 app 的商家。卡组织和银行作为传统支付的主体，为移动支付的发展提供了完善的金融基础，而 Square、applePay 则不断丰富移动支付，新的技术和支付方式为美国消费者提供了更多的支付选择。这些都是美国移动支付商业生态系统不断发展的重要动力。众多商家和银行陆续推出的移动支付产品让美国的移动支付市场竞争激烈，也推动着商业生态系统更加全面地发展。

丹麦移动支付商业生态系统中，市场的占有者主要是银行等传统支付的金融机构和第三方支付服务提供商。其中，传统支付的金融机构为丹麦移动支付构建了稳固的支付基础和相对完善的金融环境。第三方支付服务提供商则为丹麦移动支付生态系统的动态发展提供了充足的动力。

日本移动支付商业生态系统中，市场的占有者主要是移动运营商、手机制造商、服务提供商、经销商。其中，日本移动运营商以主导的地位，整合整条产业链，围绕核心技术建立行业标准，而其他各主体很好地做到了各司其职。我国移动支付商业生态系统的成员主要有第三方支付平台、移动终端设备提供商以及银联、银行等传统的金融机构。银联在我国移动支付生态系统的形成中起到了基础的作用。但第三方支付平台才是真正意义上推动我国移动支付快速发展，并培养起我国消费者的移动支付消费习惯的系统成员。移动手机制造商也在自身的设备开发中，不断提高自身的技术，为移动支付的发展提供了技术和设备支持。

通过以上的对比，不难看出一个国家的移动支付商业生态系统的形成和发展都是基于本国特点，但也都离不开商业生态系统内的参与者们的共同努力。如果商业生态系统中有能担当骨干型企业角色的市场主体存在，则移动支付的商业生态系统就能更快地建立，更好地发展。

三、技术创新与行业标准

移动支付的市场主体实施的竞争与合作战略都是基于技术展开的。原有市场主体加大对技术的投资或建立联盟形成技术壁垒，以保持竞争优势。新的市场进入者会选择基于现有的技术谋求新的发展与突破。共同的技术基础也是市场主体间合作战略实现的关键。统一的技术标准对移动支付商业生态系统的稳定和长远发展至关重要。所以，对比分析各国的技术发展现状，也能一定程度上为我国移动支付市场参与者制定和实施企业战略提供借鉴。

美国是技术创新的大国，在移动支付领域也不例外。美国的移动支付技术无疑走在世界的前列。Square、PayPal 这些移动支付服务提供商推广了新的支付方式，苹果、谷歌这样的科技公司更是发挥自身优势，在移动支付技术上有很多新的突破和创新，进一步深挖消费者的支付需求。正是凭借着科技上的创新优势，美国移动支付商们有了向其他国家进军的利器。

在丹麦的移动支付商业生态体系中，技术创新无疑成了市场竞争者们战略中的重点，也极大地推动了丹麦移动支付的发展。如 iZettle 和 PayPal 都利用新的技术与原有的市场主体争夺市场份额，技术成为其战略实现的重要手段。而面对新的技术，原有的金融部门也投入资本来建设支付的基础设施，以保持其竞争优势，达到留住客户、吸引客户的目的。

日本的移动支付技术上主要是围绕 FeliCa 技术，形成了以 FeliCa 技术为核心的移动支付技术生态系统。在移动运营商的大力推动和整合下，使这一技术成为了日本国内不可动摇移动支付技术标准。在日本移动支付生态体系的形成过程中，一直都没有行业技术标准之争。围绕 FeliCa 技术形成了一个牢不可破的技术壁垒，也成了双刃剑。一方面，国外的移动支付服务商要进入日本就不得不"入乡随俗"，这对外来的移动支付服务商而言，很难利用技术形成自身的优势地位。但是，这种商业生态系统的弊端也很明显。日本的移动支付提供商很难进入美国或者欧洲的市场，因为各自技术标准上的差异，很难实现融合。但在日本范围内，正是得益于这一技术的确认和普及，没有过多的标准之争，让其移动支付生态系统更加稳固。

我国的移动支付行业虽然开始得相对较晚，但市场参与者在移动支付的技术研发上展现了不俗的实力。阿里巴巴的创始人马云在 2015 年的汉诺威 CeBIT 展会上用一张自拍向观众演示了支付宝的人脸识别技术，识别度超过 99%，相信在不久的未来，手机的人脸识别应用也能到达支付阶段。而在 2014 年还是亮点的指纹识别，我国的手机制造商也已经将这项技术变为了千元智能机的标配，为指纹识别运用于支付提供技术支持。我国移动支付的市场参与者不缺乏技术创新的实力，但还需要将技术与实际应用完美地结合，为消费者提供先进、安全、便捷的支付方案。同时，市场参与者还应共同努力早日建立我国的移动支付相关技术的行业标准。

四、用户

美国的消费者养成了信用卡支付的消费习惯，要使消费者的支付习惯由信用卡转变为移动支付显然不可能是一朝一夕的事。但是，随着移动支付体验更加便捷、支付安全得到更多的保障和消费者认可，消费场景被尽可能多地囊括在移动支付之中，移动支付在未来打破现有的信用卡地位，甚至信用卡支付最终被取代也是有可能的。

丹麦的消费者信用卡支付在传统的支付中已经很普遍，相比于使用现金，电子货币的形式已经深入日常生活。随着移动技术的发展和智能手机的普及，便利的移动支付受到了丹麦消费者的青睐。完善、可靠的金融体系，打消了丹麦国民对移动支付安全方面的疑虑，使移动支付得到广泛的运用和普及。

由于日本国民基本都有乘坐交通工具的生活习惯，移动支付以交通网络为切入口，随后应用到众多的便利店中，使得移动支付的普及水到渠成。另外，大额面值的日元，日本消费者都有找零带来的烦恼。移动支付正是触及了消费者痛点，满足了日本国民对生活便捷的需求。

我国的消费者的移动支付习惯，则是近几年第三方支付，如支付宝、微信等通过线上的、线下的支付场景设置培养出来的。而现在消费者在移动支付的使用方面，特别是线下的移动支付使用率还不够高。主要有两方面原因：一方面是支付场景的不充分；另一方面，消费者对移动支付的安全问题仍存有疑虑。而就这两点的完善就需要花费相当的时间，这一方面说明我国移动支付本身还有很长的路要走，另一方也意味着我国移动支付市场存有巨大潜力。

五、监管政策

美国虽然没有针对移动支付出台相应的立法，但依据现有的相关法律，整体而言还是对移动支付行业起到了规范作用，同时维护了消费者的权益。在世界范围内，美国移动支付市场的监管还是相对健全和严格的。美国的移动支付行业标准也是处于没有确定的阶段。但我们更应该看到的是美国移动支付市场的参与者们没有把树立本国的移动支付标准作为目前的目标，而是选择在全球范围内推行自己的支付方式，希望能在世界市场上获得有利的市场地位，成为全球移动支付市场的行业标准。等到成为全球移动支付市场的主导者，美国的移动支付服务提供商也必定能主导本土市场。

丹麦移动支付受到了丹麦国家银行和欧洲中央银行的共同监管。支付过程中涉及的金融部门不仅受到严格的把控，同时监管机构为了防止垄断的形成，银行与移动运营商的合作也受到了监管和限制。这样严格把控，不仅使得丹麦的移动支付安全性提高、市场竞争有序，为维持欧盟成员国之间实现统一的移动支付产生了积极的影响。监管也一定程度上成了新的市场进入者通过不同的战略，绕开管制实现新发展的促进因素。

日本对移动支付行业形成了以中央银行为主导，各监管部门相协调的合作监管机制。特别对移动支付的安全问题尤为重视，这为移动支付行业的稳定发展奠定了坚实的基础。而日本对非银行也可以进入银行的开放政策，也成为日本移动运营商主导移动支付产业的重要政策前提。

相比于美国、丹麦和日本，我国移动支付行业正处于相关行业标准未定，市场主体的各自定位不清晰的阶段。市场主体展开激烈竞争，就是希望自己能成为标准的受益方、市场的主导者。我国移动支付相关的监管机制还处于完善中，所以市场存在混乱在所难免。但为了建立健全我国的移动支付商业生态系统，我国移动支付行业标准的建立就更加迫切。整个移动支付商业生态系统的稳定和长远发展需要市场参与者的共同努力。

六、基本规律

（一）支付场景之争事关移动支付市场参与者的成败

美国的移动支付模式被称为 app 模式，很多商家的自身 app 支付产品在移动支付市场获得了成功，如星巴克。但需要注意到，这些商家 app 实际上最突出的优势在于依靠丰富的支付场景。美国信用卡支付能牢不可破的关键是已经包含了几乎美国所有的消费者场景。因此，美国移动支付商业生态系统的主体中未来谁能获得如信用卡这般的消费场景，那么，未来攻克信用卡、并取而代之的也将是它。

日本移动支付的成功也正是在于移动运营商将移动支付应用到零售交易、票务、公共交通、移动金融和公司卡等领域，为移动支付提供了支付场景，从而实现日本国民支付习惯的快速转变，也使移动支付的使用率和普及度都非常高。

在我国移动支付商业生态系统中，移动支付的标准之争，不是单纯的技术较量，不是比谁的技术更先进，谁的技术更便捷，单靠业内对技术的专业认定和判断是片面的。移动支付是技术更是服务，而对服务最公正的认可来自消费者。要想成为标准，让自己的支付方式和技术成为标准，需要的是获得更多的消费者的认可。而如何获得消费者的青睐，则要以最便捷的方式，满足尽可能多的消费支付需求。问题的关键就在于如何将消费者日常生活的众多消费场景囊括到支付中。所以，标准之争的背后是消费场景之争。

未来，谁能将移动支付中融入更多的消费场景，随着消费人群的不断增加，将会形成网络效应。那么，外延网络将会影响移动支付商业生态系统的核心主体的市场地位，谁就会是我国移动支付商业生态系统的主导者。

（二）一国移动支付商业生态系统决定一国移动支付的未来发展

美国作为一个大国，不仅移动支付技术引领全球，但更值得称道的是具有国际化的市场竞争战略。美国本土由于信用卡支付的普遍，国内的竞争也十分激烈。但美国支付市场的主体，却没有将眼光局限于美国本土市场，而是具有国际视野的在国际移动支付市场开展市场的争夺战。

随着美国移动支付的众多服务商在全球范围内竞争，可能将会建立全球的移动支付商业生态系统，这对全球的移动支付商业生态系统将产生更深远的影响。

丹麦是一个仅有560万人口的小国，基于本国传统金融的完善体系，随着拥有先进支付技术和服务的移动支付企业的进入，给丹麦移动支付带来了新动力。因为作为一个小国，丹麦要想自己研发新的支付技术，在技术水平和效率上都有难度。这些外国移动支付服务商的引入，对丹麦移动支付技术的发展、服务的优化都很有益处。可一国的移动市场份额被外国竞争者占据过多，长远而言绝非好事。

日本没有过多的市场竞争就实现移动支付的行业标准上的统一，形成了基于FeliCa技术牢不可破的移动支付标准。外国的移动支付技术很难在日本站住脚跟，能获得的市场份额也少之又少。一方面，这表明日本移动支付的竞争十分有效率，它使移动支付能在日本很快实现，形成稳固的发展态势功不可没。但FeliCa技术不与国际的技术标准统一，让日本的FeliCa无法实现走出国门，走向世界，将其发展的未来也局限于本国。这不禁让我们联想到日本的半导体行业，正是因为没有与世界潮流结合，最终曾经辉煌的日本半导体行业却备受零落，落在了世界的脚步之后。日本现在的移动支付行业是不是也会陷入日本半导体行业的困境，在未来会得到答案。但现在的日本移动支付主体或许现在不应该再为自己拥有完善的移动支付体系，极高的移动支付普及率而沾沾自喜，不然，最终会沦为"夜郎自大"者，而最终由先进走向没落。

我国在构建移动支付商业生态系统的过程中，系统中的成员不能只看眼前，更需要考虑长远，共同协作来建立一个能持久发展的移动支付商业生态系统。

（三）中国移动支付的未来需要"走出去"

applePay等国外移动支付服务提供商纷纷涌入我国，不仅丰富了我国移动支付服务的形式和内容，也在一定程度上促进我国移动支付相关技术的进步和相关基础设施的完善。因此，"引进来"对我国移动支付的发展十分重要。同样需要关注的是，我国移动支付走出国门已初现端倪。随着我国经济的发展、国民生活水平的提高、消费需求的提升、消费更加国际化，对于我国移动支付服务提供商而言，走出国门，进军世界的重要契机即将来临。我国消费者经常光顾的外国网上商城中，有的在支付环节中就增加了支付宝这种支付方式，这侧面也反映出支付宝这样的本土企业是有实力参与到国际竞争中的。

（四）合作才能共赢

我国移动支付市场上以银联、银行为代表的金融机构，以支付宝、微信为代表的第三方支付以及以苹果、三星、华为为代表的移动终端制造商这三者之间呈现抱团竞争的状态。

在之前与支付宝的较量中处于劣势的银联，希望通过联合苹果、三星公司打一场翻身仗。银联和我国本土的众多银行与苹果、三星国外移动终端制造巨头合作，基于NFC 技术，大力普及支持 applePay 和 SamsungPay 的 POS 终端。银联希望以此守住自己较为有优势的 B 端，进而增强其对 C 端的影响。

随着 applePay、SamsungPay 的入华，使得支付宝、微信等第三方支付通过扫码支付的便利性优势越来越弱。支付宝联合我国本土移动终端制造商华为，推出具有"扫码秒付"功能的手机，以应对银联的攻势。此次合作，不仅代表着我国本土移动终端制造商正式进入移动支付领域，也意味着我国移动支付市场一场新的竞争已经开始。

尽管竞争可以给市场带来活力，但仍需要注意的是我国移动支付市场的竞争需要保持在适度的范围内。毕竟过度的竞争很有可能带来市场的内耗过大，这样不仅会给我国移动支付市场参与者带来负面影响，也会给国外的移动支付服务提供商抢占市场份额，占据市场主导地位的可乘之机。applePay 入华后，发展迅速。除与银联以及众多的本土银行合作，还与涉及购物、餐饮、旅游、电影等 App 合作，这样消费者使用这些 App 进行消费支付时也可以使用 applePay 支付。applePay 不断在华开拓线上线下业务，显然是要在我国的移动支付领域下一盘大棋。applePay 落地生根，不仅对我国本土终端制造商进军移动支付领域带来极大挑战，也会深刻影响我国移动支付商业生态系统的发展。我国企业之间在进行竞争时，也应时刻保持警惕，不让不理想的过度竞争导致"鹬蚌相争渔翁得利"的情况出现。

日本移动支付市场参与者们之间的合作就很值得我们借鉴。日本移动支付市场主体间就基于 FeliCa 技术，建立统一的行业标准，并通过入股合作等方式，做到各司其职，从而实现合作共赢。也就没给国外移动支付服务商任何主导日本移动支付商业生态系统的机会。

当然实现合作，不能仅依靠政府的搭桥接线，还需要市场发挥作用。我国移动支付市场主体需要真正意识到合作的重要性和迫切性，并在实践中寻找和尝试现实可行有效的合作模式，可以以共同的基础性技术标准为切入口，深化彼此间合作以实现多方共赢。

第六节　跨境电商金融创新的对策建议

一、大力促进跨境电商供应链金融业务的发展

（一）重视供应链金融的重要性

银行必须更新其传统的融资观念，把眼光放到整条供应链上，充分了解供应链金融的优势和风险，积极开展外贸供应链金融业务，这样一来不仅能够解决进出口跨境电商的融资困境，还可以为自身提供丰富的业务资源。银行必须加强产品创新，考虑不同的情形，设计适用环境不同的、操作性强，且风险好掌控的供应链金融产品，以适应市场的变化，赢得更多的客户。在供应链金融产品的运用和推广中，对于专业人才的素养与专业技能更是有着严格的要求，要求团队成员有着全面的专业知识储备，并且能够全面考虑产品带来的风险，从而保证供应链金融产品的设计、推广和实施。

在供应链金融这一新兴融资方式越来越成为主流的形势下，进出口跨境电商很有必要设立专门的供应链金融管理机构，培养相关的业务人员。在传统的贸易融资模式下，许多贸易融资事件的风险来源于物流企业的监管不力甚至是与企业串通，共同骗贷。在供应链金融中，物流企业扮演着非常重要的角色，给物流业的发展带来了新的契机。因此，物流企业必须加强自身的建设，包括合规性建设、信用体系建设、管理能力建设等。

（二）促进供应链金融线上化

信息技术是供应链金融的推动者，它提供的电子平台把商业信息和融资信息连接起来，实现了供应链中主要环节的透明化。在中国国内，由于供应链中信息的透明度和可视化程度较低，金融机构在提供融资的前期评估阶段有很大困难。银行强调单据要和信用证一致，但是单据是可以伪造的，企业的造假行为大大提高了银企之间的信息不对称性。结果是，银行只能凭借自己对企业的评估来提供融资。但是如果有一个电子平台的话，这种信息不对称性将会明显降低。随着供应链金融的线上化，企业之间的交易信息、物流监管信息变得比较透明，银企之间的信息不对称性明显改善，信用风险也相应降低。

（三）改善风险管理机制

供应链金融不同于传统的贸易融资方式，其风险控制的重点不再是对单个企业财务状况和信用水平的调查，而是对企业间交易背景真实性及核心企业信用状况的把握，因而银行应改善原有的风险控制机制，建立基于整条供应链的动态评估体系。银行应

根据业务和管理的具体情况确定操作风险分类体系，为管理决策者提供有效的风险管理策略。银行需建立专门的供应链融资风险管理运作流程，包括授信决策程序、授信后流程和上下级风险管理部的监控、督导和检查制度；建立完整的风险报告制度，明确报告的周期、内容、曝光的评估方式。

首先，电子平台将订单、物流和存货等参数全部纳入风险评估系统，实时地跟踪供应链全程、监督企业风险。当出现不正常情况时，系统将会发出警告。其次，供应链风险评估系统转化为供应链金融风险评估系统，实现基于订单、存货和物流可视化的现金流的可视化。银行可以根据供应链的运行状况来确定提供给企业的融资额度，并且可以以供应链中重要环节的进行作为融资依据，最终对企业的融资申请做出在线回应。最后，通过供应链的电子平台，银行可以从不同维度了解供应链和供应链金融的实际运行情况，掌握真正的交易信息以监控现金流。

在这种融资模式下，透明化、数据共享及供应链金融风险评估系统的建立将会改变基于银行信用的传统融资模式，风险控制手段得到了加强。对银行来说，供应链电子平台的应用能够减少供应链融资过程中的操作成本，并且创新融资产品以吸引更多的客户。对于核心企业，供应链可视化平台的应用加强了其对供应链上下游企业的掌控。对于融资的跨境电商，其拥有的真实的可控的货物所有权或者债权能使其从银行获得更多融资以解决企业的融资困境问题。供应链中的不确定性在整条供应链中可通过信息的共享取得一定程度的降低，同时提升了整条供应链的信用水平，因此能从银行得到更多的资金支持，最终实现良性循环和多方共赢。

（四）建立跨境电商信用体系

如何吸纳资信好的客户到供应链生态圈中，是处于供应链中的企业，尤其是核心企业必须要面对的问题。企业应加强对其上下游企业的资信调查，从源头上严格控制风险。核心企业应该带动其所在供应链的包括跨境电商在内的上下游企业，共同完善信用体制，提升自身信用评级，也应同时加强对上下游企业的信用考核，建立相应的激励机制，以鼓励上下游企业规范内部管理和业务操作，从而提升整条供应链的稳定性和竞争力。

企业之间还应该协调信息技术，共同搭建电子平台，以帮助控制风险。核心企业需要引导上下游企业，共同努力搭建电子平台，在促进信息共享的同时，加强对上下游企业的信用风险控制。我国政府机关可以凭借自身主导性的社会地位，引导中小跨境电商建立企业信用评估体系，实现银行与企业数据库信息共享机制，并加强宣传企业诚实信用教育，树立中小跨境电商良好的诚信形象，为中小跨境电商的发展创造和谐的环境。银行应该与政府机构联合，建立一个适用于整个供应链企业的动态信用评估系统，将供应链条里的企业信用全部录入信用系统，以此降低银行评估成本，加快供应链金融的发展创新。政府应在原有的融资平台的基础上，开辟供应链金融平台，把具有融资需求和进出口企业和金融机构容纳进来，信息得以共享。

二、规范跨境电商网络信贷的发展

（一）利用网络借贷推进利率市场化

网络借贷的健康发展可以作为中国利率市场化的试验田。相比完全由监管部门推动利率市场化进程来说，网络借贷发挥的"鲶鱼效应"则更为因地制宜。P2P等网络借贷促进了直接融资的发展，更重要的是，社会闲散资金通过在更低成本、更便捷的网络渠道匹配，形成极快的资金流通速度，使利率可以及时准确地反映资金供给需求情况，进而引导资金的合理流动。

（二）完善跨境电商征信体系的建设

稳健的金融体系离不开完善的信用体系以及信用风险评价机制。信用数据与信用评级公司评分等信息被共享联系起来，便利中小型跨境电商的信用风险定价，促进大数据等分析工具在电商及其经营个人层面的信用评价中的应用，在反欺诈、催收、资产保全、放贷审核方面建立完善的打分机制，为P2P网络借贷平台提供了准确的信用数据支持，建立并完善包括跨境电商经营者收入认证、学历认证、身份认证、信用报告、实地认证、央行征信系统等在内的信用评价指标，以及跨境电商企业的财务档案、银行信息、信用记录、纳税记录、海关数据等数据库系统，建立失信惩戒制度和失信责任人行业禁入制度，培养专门的中小跨境电商及经营个人信用评级公司。

（三）设置跨境电商网络借贷的准入标准和多层次监管

目前，虽然中国的P2P网络借贷平台的准入门槛相对较低，同时对于风险管理不够全面，还因具有不同形式的本金担保机制形成了杠杆性，使风险超出了自身可控的范围，但专门针对跨境电商进行网络信贷的还不是很多。不过，为了防患于未然，应根据跨境电商行业特点和风险防范的基本要求，制定恰当的行业准入标准。

参照传统金融中介的监管标准，可以要求跨境电商网络借贷行业制定标准的资本金要求、资本补充机制等重要量化指标和规范性制度，确保其能够良好、持续经营，有效履行风险承诺。从注册资本、合格投资人等方面设置最低准入标准。此外，准入标准还应体现在高级管理人员、风险控制等关键岗位的任职资格上，要求跨境电商网络借贷平台公司的经营管理者具备风险识别能力、管控能力和经验，以提升整体跨境电商网络借贷行业的风险意识和承受能力。另外，对不同类型的网络借贷平台应实施差异化对待、分类监管。结合目前我国网络借贷平台发展现状，对风险控制较好、社会效益较高的跨境电商网络借贷平台进行合理的机构认定和转化；对风险可控的平台，可以促进其规范化和合法化；对风险较高的平台，监管机构可以预警、停业整顿甚至依法取缔。

三、提高对我国移动支付商业生态系统的国际竞争力

（一）立足本国国情

良好的移动支付商业生态系统的形成都是基于一国的国情。美国受制于本国消费者长达 40 年的信用卡支付习惯的影响，在美国境内推广新型移动支付方式并不顺利，美国移动支付市场主体纷纷实行全球战略以求反攻本土市场。凭借新的移动支付方案和技术，美国移动支付服务提供商、移动终端制造商等都在全球有不俗的表现。他们不仅在全球移动支付市场上占据了重要位置，也影响着移动支付产业的发展。

丹麦之所以能较早形成较为完善的移动支付商业生态体系得益于其本身传统支付体系的完善。除此之外，新的市场进入者，如 iZettle 和 PayPal 等的进入，为丹麦移动支付市场注入了新的活力。市场主体间的竞争与合作，不断促进丹麦移动支付的技术进步、系统的完善，从而形成动态发展的移动支付商业生态系统。

日本移动支付的发展初衷只是移动通信商为增强客户黏性而设置的一项增值服务。日本移动运营商将移动支付服务与日本遍布全国的便利店、交通网络等的顺利对接，为移动支付的实现有了丰富的支付场景。正是因为日本移动运营商在产业链上的强势，才使其有能力主导日本移动支付行业标准的建立，为日本移动支付商业生态系统的稳定起到了积极的作用。

我国在构建移动支付商业生态系统时需要立足我国现阶段的国情。尽管在我国，支持移动支付业务开展的金融基础还不完善，移动支付相关的监管还存有不足，移动支付市场主体间的合作还没能真正意义上实现共赢，但我国消费者的移动支付的支付习惯正在养成，移动支付相关的支付场景也在不断丰富，移动支付技术和用户体验都在改进和提升。市场主体们需要在竞争与合作中明确自身的定位，做到各司其职并共同努力确定行业标准。我国针对移动支付行业的监管需要完善，为我国移动支付的发展建立一个良好的社会环境，这样才能促进具有我国特色的移动支付商业生态系统的形成。

（二）处理好对外开放与独立自主的关系

我国在构建移动支付商业生态系统时，应始终秉持开放的心态，坚守主导地位。我国应该学习丹麦开放的心态，让拥有先进技术的外国移动支付企业来到我国，为我国移动支付带来新的动力。但同时应警惕外国的支付服务商，市场绝不能被他们所主导。不同于丹麦这样的小国，我国作为大国，我国的移动支付企业有能力成为我国移动支付市场的核心。

移动支付的核心不应该是只解决支付，更重要的是形成一个完整的"闭环"。在移动支付体系中，每个利益相关方看重的不仅是通过移动支付获得的利润，更关键的是企业由此获得其他途径都难以获得的客户数据，从而更好地指导自身的商业战略与决策。技术提供商、运营商、制造商都能从这个"闭环"中获得自己需要的数据，从而更好地为自身服务，这就是移动支付带来的正外部效应。利用移动支付获得所需信息和数据，显然是市场参与者不断涌入移动支付体系的重要动力，而这恰恰也是移动支付产业的关键性所在。我国的移动支付企业需要守住我国移动支付的主导地位，绝不能受制于外国企业。

在国内市场，市场主体之间形成有效率的良性竞争，共同建立统一的行业标准，通过竞争与合作，使我国的移动支付行业朝着市场化的方向发展。我国本土的移动支付市场参与者中，两到三家成长为如支付宝这样具有雄厚实力的企业。这些企业也就是未来我国移动支付商业生态系统中的骨干型企业。当然要成为移动支付商务生态系统中的核心，我国企业还需要提高自身的支付技术、优化消费者的支付体验、让支付更加安全，这样才能提升自身的竞争实力，做到真正的"修内功"。只有我国本土的企业有了过硬的实力，才能不惧外来的挑战。

（三）"引进来"与"走出去"并举

我国移动支付商业生态系统未来的发展应该立足本国，放眼世界，坚持"引进来"与"走出去"并举。

丹麦对国外移动支付服务提供商的开放心态，让这些外国的移动支付产品和商业模式为丹麦移动支付的发展提供了新的动力，也一定程度上促进了丹麦传统移动服务提供商焕发新的活力。而我国移动支付市场也有国外的移动支付服务提供商涌入，他们丰富了我国消费者移动支付方案的选择。通过与银联合作的方式，正式进入中国市场，这在一定程度上为我国非接触支付基础设备的更新和普及起到了推动作用。国内市场的争夺越发激烈，也能促进我国的移动支付市场参与者需要在国内市场苦练内功，通过不断优化消费者的支付体验，提高支付技术的安全性，丰富消费者的支付场景，提高自身的竞争实力。

我国的本土移动支付服务提供商应抓住我国进口跨境消费日趋国际化，以及出口跨境电商快速发展的契机，走向全世界，在世界移动支付生态系统中，谋求自己的位置。我国有实力的企业可以在世界市场上磨炼自己以提升自身竞争力，通过在世界市场上学习，弥补自身的不足，更好地为本国的消费者服务。同时，我国进出口跨境电商企业也将有机会为推动世界移动支付商业生态系统的发展贡献自己的力量。这样移动支付行业，也将成为我国企业走出去，参与国际竞争的重要领域。我们相信，我国移动支付企业有这样的实力和潜力，能走得更好、更远。

（四）市场主体共同努力构建统一的行业标准

我国移动支付市场正处于"跑马圈地"阶段。行业标准的确定，将对市场主体产生巨大的影响。因为，行业标准一旦形成，市场主体的市场地位将会有新的洗牌，这带来的市场优势将是很难逆转的。所以，现在的我国移动支付市场的竞争才如此激烈。类似的事情在我国移动支付发展初期就曾有过，那就是中国移动与银联的标准之争，而现在的市场参与者也都不想成为下一个"中国移动"。

如今的我国移动支付领域的行业标准之争主要集中于支付宝、微信为代表的第三方移动支付的二维码与银联为代表的ＮＦＣ技术之争。支付宝与我国本土移动终端制造商华为的合作，就是为了应对银联与苹果、三星公司联合的攻势。尽管这场标准之争越发激烈，但通过合作，各方共同努力建立统一的行业标准的可能性依然存在。我国可以学习日本，基于竞争双方的协作建立统一的行业基础性技术标准，通过股权合作，建立专门的从事技术授权和平台管理等工作的企业，从而减少或消除由于不统一的行业标准而导致移动支付商业生态系统不稳定的因素。

当然，行业标准终究会定，但其建立的过程不会十分顺利，毕竟牵涉的利益方众多。移动支付行业标准的制定应该是市场参与者共同努力的结果。行业标准的统一不仅关系到市场参与的各方，它也是整个移动支付商业生态系统得以稳定发展的基石。因此，我国移动支付的各主体需要深化合作，并共同努力尽早建立统一的行业标准。

第八章　跨境电商的发展趋势

了解跨境电商的发展现状，有助于针对其当前的发展模式、存在的问题以及时代发展机遇，有针对性地提出发展策略，促进跨境电商得到更好的发展。

第一节　跨境电商当前存在的问题

一、跨境电商平台门槛低，存在信誉缺失问题

由于跨境电商的门槛随着国际市场的逐步开拓而越来越低，只要符合一定申报条件的企业和个人都可以通过跨境平台进行交易。尽管我国跨境电商主体的数量较 2008 年已经增长了 2.6 倍，跨境贸易总量也在不断地增长，但是除了天猫国际等几个大型跨境电商企业信誉较高以外，规模较小的电商仍然面临失信问题。当前我国跨境电商的发展处于上升的黄金时期，即使存在部分电商的失信问题，也不会对跨境电商总额造成明显的影响。在大型跨境电商企业中，也存在监管不力、失信行为。这种情况主要发生在跨境电商进口方面，主要表现为跨境电商进口产品不合格。第一，违反国家产品质量法等相关的法律规定，商品的构成成分存在严重的超标或者不达标的情况；第二，商品的说明和中文标识不清楚或者含混不清，造成了消费者对产品的误解。在 2016 年质量报告的新闻中，就有顾客投诉在天猫国际买到了假奶粉等问题，影响较为恶劣，影响了跨境电商平台和企业的口碑与信誉。

二、法律法规有待完善，尚需出台稳定性政策

在国家立法层面，仍未出台明确跨境电子商务定义、性质、认定标准、监管原则的法律法规。国家各部门也普遍缺乏执行层面有效契合跨境电子商务的部门规章，且在政策执行方面普遍持审慎态度，适应跨境电子商务发展特点的政策体系尚未形成。现有监管政策虽明确按照货物实施税收征管，但各监管部门在安全准入事后监管、风险防控和支持创新等各环节均因缺乏法律依据而存在不确定因素。政策的不稳定性也

使得跨境电子商务合法性和有效性难以平衡，促进电子商务行业健康发展与有效实施监管依然矛盾重重。

三、跨境物流费用昂贵，发展滞后

随着我国跨境电商贸易额的不断增加，订单数量不断上涨，销售的国家也遍布全球。我国跨境电商的迅速发展促进了物流业的快速发展，但也在进出口物流方面临着巨大的压力。传统形式的对外贸易物流方式已经不能满足跨境电商的即时、高效、便利、安全的要求。同时，由于运输业成本的上升，国际物流费用较高，小批量订单的运输成本较批量订单的运输成本过高，费用增长速度较快。

因成本所造成的物流问题在一定程度上阻碍了跨境电商的发展。尽管国内的一些电商平台为了降低物流成本，在海外建立了海外仓，以及时保证交易的完成，但海外仓并非对每个电商企业都适合，还应探索新的物流模式。而当前的保税区模式虽然降低了物流的成本，但同时面临着订货需求量难以准确预估的库存难题，增加库存成本的同时变相地增加了物流的成本。

四、综试区经验有待推广，区域政策尚需平衡

2016年年初国务院批复12个城市为新的跨境综试区试点城市，要求其借鉴中国(杭州)跨境电子商务综合试验区经验和做法，着力在跨境电子商务 B2B 相关环节的技术标准、业务流程、监管模式和信息化建设等方面先行先试。但部分新增综试区城市在建设推进过程中未能着力于 B2B 业务发展，存在片面追求园区建设和贸易数据等情况，创新支持跨境电子商务行业监管模式和发展模式办法不多，尚无法形成行之有效的综试区建设经验在全国范围内复制推广。而随着税收新政实施，跨境电子商务零售进出口业务不再仅限于试点城市开展，仅早期的 10 个试点城市享有 1 年过渡期内暂不验核通关单等过渡期政策，造成试点与非试点城市间政策不平衡。

五、跨境电商地区发展不均衡

跨境电商地区发展的不均衡主要表现在两方面。

一是跨境电商贸易总额的不平衡。从我国试点城市和跨境电商交易额地区分布的现状分析中不难看出，东部沿海发达城市的跨境电商的贸易额占比非常高，达到70.1%，仅广东一个省份就达到了 24.7%，浙江紧随其后，与江苏并驾齐驱。地区发展的不均衡严重，西部内陆省份很难享受到跨境电商发展所带来的红利。由于试点城市的影响和地区经济自身发展的差异，发达省份与欠发达地区在承接跨境电商发展时，

接收和发展的程度不同，跨境电商贸易额差距较大，尤其在跨境电商出口方面，欠发达地区较发达省份差距更大。

二是跨境电商试点城市发展的不均衡。在国家积极发展跨境电商试点的政策背景下，已经成为跨境电商试点的城市之间，发展并不均衡。上海、广州、杭州三个城市领跑试点城市，重庆、郑州等城市发展较为缓慢。例如，广州等发达城市作为较早一批的跨境电商的试点城市，基础设施建设完善，物流仓储建设初具规模，发展迅速，带动了相关产业发展的同时，吸收了大量周边的资源。起步较晚的试点城市仍在不断的尝试中，但与较早起步的试点城市在贸易量上存在显著的差距。

六、监管渠道有待统筹，准入风险依然存在

一方面大量跨境网购商品仍然通过传统邮件、快件渠道进境，跨境电子商务零售进口商品因单次限值、年度限额以及品种限制造成适用范围相对传统邮快件渠道较窄，且不同渠道监管场所、税收政策均不一致，易因政策变动形成洼地，亟待全局统筹改进。另一方面新政虽配套出台《跨境电子商务零售进口商品清单》对安全准入予以限制，但跨境电子商务商品量小、批次多、来源渠道复杂等特点导致商品质量安全、疫病疫情等风险依然存在，特别是12个享受过渡期优惠政策的试点城市风险相对较高。

七、协同机制有待完善，信息系统有待整合

目前海关、商检、食药监、外管、国税等部门往往是从本部门职责出发进行管理，未能建立有效与畅通的协调协作机制，跨部门协同管理机制尚不完善。同时因全国没有统一的"单一窗口"，各部门之间无法按照"三互"要求实现完整的信息交互和共享，行政执法资源未能得到有效整合，且因监管部门均设定了自身的数据标准，未能按照"开放、共享"理念实现部门间技术标准、业务流程和信息化系统实现统一，导致跨境电子商务参与主体难以适从。

第二节　跨境电商的时代机遇

一、政策的大力支持

近期，有关部门出台了直接针对跨境电商的政策和部门规定，主要是解决目前跨境电商发展遇到的新问题和监管难题。主要有以下几方面。

（一）从国家对外贸易的高度出台对跨境电商的支持鼓励政策

2013 年 7 月国务院办公厅下发的"外贸国六条"为跨境电商的发展提供了重要的政策基础。从外贸政策的角度，鼓励和支持跨境电商在外贸中发挥更大的作用。六条措施分别是：

（1）制订便利通关办法，抓紧出台"一次申报、一次查验、一次放行"改革方案，分步在全国口岸实行。

（2）整顿进出口环节经营性收费，减少行政事业性收费。暂免出口商品法定检验费用。减少法定检验商品种类，原则上工业制成品不再实行出口法定检验。抓紧研究法定检验体制改革方案。

（3）鼓励金融机构对有订单、有效益的企业及项目加大支持力度，发展短期出口信用保险业务，扩大保险规模。

（4）支持外贸综合服务企业为中小民营企业出口提供融资、通关、退税等服务。创造条件对服务出口实行零税率，逐步扩大服务进口。

（5）积极扩大商品进口，增加进口贴息资金规模。完善多种贸易方式，促进边境贸易。

（6）努力促进国际收支基本平衡，保持人民币汇率在合理均衡水平上的基本稳定。

国务院第一次正式提出"外贸综合服务企业"这一概念，由此可以表明政府首次明确了达通、广新达等外贸 B2B 服务商作为服务机构的身份，并支持它们为中小民营企业出口提供融资、通关、退税等服务。

2015 年 6 月 10 日，国务院出台《关于促进跨境电商健康快速发展的指导意见》，强调促进跨境电商健康快速发展，用"互联网＋外贸"实现优进优出，有利于扩大消费、推动开放型经济发展升级、打造新的经济增长点。其明确了跨境电商的主要发展目标，特别是提出要培育一批公共平台、外贸综合服务企业和自建平台，并鼓励国内企业与境外电商企业强强联合。跨境电商是"稳增长"与"互联网＋"两个概念的结合，推动跨境电商的发展，有助于直接带动我国物流配送、电子支付、电子认证、信息内容服务等现代服务业和相关制造业的发展，加快我国产业结构转型升级的步伐。未来政府将不断优化通关服务，逐步完善直购进口、网购保税等新型通关监管模式，打造符合跨境电商发展要求的"一带一路"物流体系。

2017 年 1 月 15 日，国务院印发《关于同意在天津等 12 个城市设立跨境电子商务综合试验区的批复》，同意在天津市、上海市、重庆市、合肥市、郑州市、广州市、成都市、大连市、宁波市、青岛市、深圳市、苏州市 12 个城市设立跨境电子商务综合试验区。借鉴中国（杭州）跨境电子商务综合试验区的经验和做法，因地制宜，突出本地特色和优势，着力在跨境电子商务企业对企业（B32B）方式相关环节的技术标准、业务流程、监管模式和信息化建设等方面先行先试，为推动全国跨境电子商务发展提供可复制、可推广的经验，用新模式为外贸发展提供新支撑。明确了有关部门和省、直辖市人民政府推进综合试点工作应遵守的原则。一是坚持深化简政放权、放管结合、优化服务等改革，大力支持综合试验区大胆探索、创新发展，同时控制好风险；二是在确保安全的基础上，坚持在发展中规范、在规范中发展，为综合试验区各类市场主体公平参与市场竞争创造良好的营商环境；三是试点工作要循序渐进，适时调整。

2017 年 9 月 20 日，国务院召开的常务会议决定，再选择一批基础条件好、发展潜力大的城市建设新的综合试验区，推动跨境电商在更大范围发展，将跨境电商监管过渡期政策延长一年至 2018 年年底。电子商务研究中心主任曹磊认为，这代表了国家对跨境电商的支持和认可，对于行业的发展是一个利好消息。目前而言，此次政策对跨境电商平台和卖家乃至整个行业都是利好。在此之前，我们也通过各种渠道消息，包括政策层面和行业层面，已经有初步判断，政策还是会维持稳定性，不太会有很大调整，所以过渡期政策会继续再延迟一年。中央之前类似的文件以及领导讲话里也释放了这样的信号。过渡期政策再延长一年，一方面，可以和国际大环境保持一致，监管政策不过紧也不过松，保持适度。另一方面，可以在过渡期内加强产业融合，使政策兼顾跨境电商、产业和进口等多方面的发展，使政策更为平稳。

2017 年 11 月 27 日，商务部等 14 部门发布《关于复制推广跨境电子商务综合试验区探索形成的成熟经验做法的函》，意见表示，跨境电商线上综合服务和线下产业园区"两平台"及信息共享、金融服务、智能物流、风险防控等监管和服务"六体系"等做法已成熟可面向全国复制推广，供各地借鉴参考。还请各地结合实际，深化"放管服"改革，加强制度、管理和服务创新，积极探索新经验，推动跨境电商健康快速发展，为制定跨境电商国际标准发挥更大作用。电子商务研究中心主任曹磊认为，商务部、海关总署等 14 部门联合发函复制推广跨境电子商务综合试验区探索形成的成熟经验做法，将极大地助推跨境电商行业的快速发展。经过几年的发展，中国跨境电商行业链条日臻完善，行业格局日渐稳固。此次各部委要求各地复制推广跨境综试区等两平台的经验做法。这是国家对杭州综试区最为认可的两点经验，也是杭州综试区的核心架构。

（二）针对跨境零售出口的政策

2013 年 8 月，商务部、发展改革委等 9 部门出台了《关于实施支持跨境电商零售出口有关政策的意见》（以下简称《意见》）。《意见》中，第一次针对跨境零售出口出台了支持政策，将跨境电商零售出口纳入海关的出口贸易统计，提出了确定零售出口的新型海关监管模式及专项统计、检验监管模式、收结汇、支付服务、税收政策、信用体等 6 项具体措施：

（1）建立电子商务出口新型海关监管模式并进行专项统计，主要用以解决目前零售出口无法办理海关监管统计的问题。

（2）建立电子商务出口检验监管模式，主要用以解决电子商务出口无法办理检验检疫的问题。

（3）支持企业正常收结汇，主要用以解决企业目前办理出口收汇存在困难的问题。

（4）鼓励银行机构和支付机构为跨境电商提供支付服务，主要用以解决支付服务配套环节比较薄弱的问题。

（5）实施适应电子商务出口的税收政策，主要用以解决电子商务出口企业无法办理出口退税的问题。

（6）建立电子商务出口信用体系，主要用以解决信用体系和市场秩序有待改善的问题。

财政部和国家税务总局在2013年12月30日又出台了《关于跨境电商零售出口税收政策的通知》（财税〔2013〕96号），规定了电子商务出口企业出口货物适用增值税、消费税退（免）税政策的条件：（1）电子商务出口企业出口货物同时符合下列条件的，适用增值税、消费税退（免）税政策：电子商务出口企业属于增值税一般纳税人并已向主管税务机关办理出口退（免）税资格认定；出口货物取得海关出口货物报关单（出口退税专用），且与海关出口货物报关单电子信息一致；出口货物在退（免）税申报期截止之日内收汇；电子商务出口企业属于外贸企业的，购进出口货物取得相应的增值税专用发票、消费税专用缴款书（分割单）或海关进口增值税、消费税专用缴款书，且上述凭证有关内容与出口货物报关单（出口退税专用）有关内容相匹配。（2）电子商务出口企业出口货物，不符合本通知第一条规定条件，但同时符合下列条件的，适用增值税、消费税免税政策：电子商务出口企业已办理税务登记；出口货物取得海关签发的出口货物报关单；购进出口货物取得合法有效的进货凭证。

2014年5月，国务院发布《关于支持外贸稳定增长的若干意见》，出台跨境电商贸易便利好措施，提出鼓励企业在海外设立批发展示中心、商品市场、专卖店、海外仓等各类国际营销网络。

（三）针对跨境电商支付问题的政策

国家外汇管理局于2013年3月制定和下发了《支付机构跨境电商外汇支付业务试点指导意见》（以下简称《指导意见》）、《支付机构跨境电商外汇支付业务试点管理要求》等多项文件，决定在上海、北京、重庆、浙江、深圳等地开展支付机构跨境电商外汇支付业务试点。明确了鼓励支持"支付机构通过银行为小额电子商务（货物贸易或服务贸易）交易双方提供跨境互联网支付所涉及的外汇资金集中收付及相关结售汇服务"。《指导意见》支持仅对具有真实交易背景的跨境电商交易提供跨境外汇支付服务。2013年10月，包括财付通、支付宝、汇付天下、重庆易极付公司在内的17家第三方支付公司已接获国家外管局正式批复，成为首批获得跨境电商外汇支付业务试点资格的企业。这标志着国内支付机构跨境电商外汇支付业务有了一个实质性的进展。

与此同时，外汇管理局规定，试点支付机构为客户集中办理收付汇和结售汇业务，货物贸易单笔交易金额不得超过等值1万美元，留学教育、航空机票和酒店项下单笔交易金额不得超过等值5万美元。

17家获得资格的公司主要分布在5地，获得业务资格有所侧重，分别涉及跨境电商外汇支付业务、货物贸易、留学教育、航空机票及酒店住宿。为积极支持跨境电商发展，防范互联网渠道外汇支付风险，在试点发展良好的基础上，2015年1月20日国家外汇管理局又发布《指导意见》的通知，在全国范围内开展部分支付机构跨境外汇支付业务试点，允许支付机构为跨境电商交易双方提供外汇资金收付及结售汇服务。

其主要内容有以下几方面：一是提高单笔业务限额。网络购物单笔交易限额由等值1万美元提高至5万美元，放宽支付机构开立外汇备付金账户户数的限制。二是规范试点流程。支付机构要取得试点资格，应先行到注册地外汇局办理"贸易外汇收支企业名录"登记。三是严格风险管理。要求支付机构严格履行交易真实性审核职责，留存相关信息5年备查，并及时准确报送相关业务数据和信息。外汇局将对试点业务开展非现场核查和现场核查，进行审慎监管。

此举增加了民众的便利，打击了海外代购，为跨境电商结汇松绑。但是对于大多数跨境电商来说，结汇依然是一个大问题。监管部门对于支付平台跨境业务的发展方向是以跨境电商为突破口，让国内的支付机构"走出去"，从而推动人民币结算的国际地位上升，因此在跨境电商业务方面，第三方支付将会有相当大的发展空间。保证了使用安全性，同时对国家而言保证了税收，便于数据监控放宽外汇管制。

（四）针对跨境电商的通关便利化问题的政策

海关总署在2014年7月23日出台《关于跨境电商进出境货物、物品有关监管事宜的公告》。要求电子商务企业或个人通过经海关认可并且与海关联网的电子商务交易平台实现跨境交易进出境货物、物品的，按照公告接受海关监管。该公告对企业注册登记及备案管理、电子商务进出境货物通关管理、电子商务进出境货物物流监控等方面做出了规定。主要条款有以下几方面。

第一，开展电子商务业务的企业，如需向海关办理报关业务，应按照海关对报关单位注册登记管理的相关规定，在海关办理注册登记。电子商务企业应将电子商务进出境货物、物品信息提前向海关备案，货物、物品信息应包括海关认可的货物10位海关商品编码及物品8位税号。

第二，电子商务企业或其代理人应在运载电子商务进境货物的运输工具申报进境之日起14日内，电子商务出境货物运抵海关监管场所后、装货24小时前，按照已向海关发送的订单、支付、物流等信息，如实填制"货物清单"，逐票办理货物通关手续。"货物清单""物品清单""进出口货物报关单"应采取通关无纸化作业方式进行申报。

第三，电子商务企业或其代理人应于每月 10 日前（当月 10 日是法定节假日或者法定休息日的，顺延至其后的第一个工作日，第 12 月的清单汇总应于当月最后一个工作日前完成），将上月结关的"货物清单"依据清单表头同一经营单位、同一运输方式、同启运国 / 运抵国、同一进出境口岸，以及清单表体同一 10 位海关商品编码、同一申报计量单位、同一法定计量单位、同一币制规则进行归并，按照进、出境分别汇总形成"进出口货物报关单"向海关申报。

第四，电子商务企业在以"货物清单"方式办理申报手续时，应按照一般进出口货物有关规定办理征免税手续，并提交相关许可证件；在汇总形成"进出口货物报关单"向海关申报时，无须再次办理相关征免税手续及提交许可证件。

第五，海关监管场所经营人应通过已建立的电子仓储管理系统，对电子商务进出境货物、物品进行管理，并于每月 10 日前（当月 10 日是法定节假日或者法定休息日的，顺延至其后的第一个工作日）向海关传送上月进出海关监管场所的电子商务货物、物品总单和明细单等数据。

海关总署 2014 年 1 月 29 日出台《关于增列海关监管方式代码的公告》（海关总署公告〔2014〕12 号），增列海关监管方式代码"9610"，全称"跨境电商"，简称"电子商务"，适用于境内个人或电子商务企业通过电子商务交易平台实现交易，并采用"清单核放、汇总申报"模式办理通关手续的电子商务零售进出口商品（通过海关特殊监管区域或保税监管场所一线的电子商务零售进出口商品除外）。以"9610"海关监管方式开展电子商务零售进出口业务的电子商务企业、监管场所经营企业、支付企业和物流企业应当按照规定向海关备案，并通过电子商务通关服务平台实时向电子商务通关管理平台传送交易、支付、仓储和物流等数据。

海关总署在 2014 年 7 月 30 日又出台《关于增列海关监管方式代码的公告》（海关总署公告〔2014〕57 号），增列海关监管方式代码"1210"，全称"保税跨境电商"简称"保税电商"。适用于境内个人或电子商务企业在经海关认可的电子商务平台实现跨境交易，并通过海关特殊监管区域或保税监管场所进出的电子商务零售进出境商品 [海关特殊监管区域、保税监管场所与境内区外（场所外）之间通过电子商务平台交易的零售进出口商品不适用该监管方式]。"1210"监管方式用于进口时仅限经批准开展跨境电商进口试点的海关特殊监管区域和保税物流中心（B 型）。以"1210"海关监管方式开展跨境电商零售进出口业务的电子商务企业、海关特殊监管区域或保税监管场所内跨境电商经营企业、支付企业和物流企业应当按照规定向海关备案，并通过电子商务平台实时传送交易、支付、仓储和物流等数据。

2015 年 6 月 16 日，国务院办公厅出台了《关于促进跨境电子商务健康快速发展的指导意见》。进一步完善跨境电子商务进出境货物、物品管理模式，优化跨境电子商务海关进出口通关作业流程。研究跨境电子商务出口商品简化归类的可行性，完善跨境电子商务统计制度。该政策支持国内企业更好地利用电子商务开展对外贸易。鼓励企业间贸易尽快实现全程在线交易，不断扩大可交易商品范围。支持跨境电子商务零售出口企业加强与境外企业合作，通过规范的"海外仓"、体验店和配送网店等模式，融入境外零售体系。进一步完善跨境电子商务进出境货物、物品管理模式，优化跨境电子商务海关进出口通关作业流程。加强跨境电子商务质量安全监管，对跨境电子商务经营主体及商品实施备案管理制度，突出经营企业质量安全主体责任，开展商品质量安全风险监管。利用现有财政政策，对符合条件的跨境电子商务企业走出去重点项目给予必要的资金支持。为跨境电子商务提供适合的信用保险服务。向跨境电子商务外贸综合服务企业提供有效的融资、保险支持。

2017 年 8 月 1 日，质检总局发布《关于跨境电商零售进出口检验检疫信息化管理系统数据接入规范的公告》，政策对跨境电商零售进出口检验检疫信息化管理系统涉及的经营主体（企业）、第三方平台的相关事宜进行说明，要求跨境电商经营主体、第三方平台对于其向出入境检验检疫局所申报及传输的电子数据。该政策对促进跨境电子商务发展，提供便利通关服务奠定了良好的基础。有了数据的接入，更多的数据样本，就能对跨境电商大数据进行分析，有助于全面掌握行业发展概况，更好地对跨境电商健康发展做出指导。

（五）针对当前保税进口新模式的政策

2014 年 3 月，海关总署针对上海、杭州、宁波、郑州、广州、重庆 6 个地方的保税区试行保税进口模式的情形，出台了《海关总署关于跨境电商服务试点网购保税进口模式有关问题的通知》，对保税进口模式的商品范围、购买金额和数量、征税、企业管理等制定了相应的条文。

第一，关于购买金额和数量。试点网购商品以"个人自用、合理数量"为原则，参照海关总署公告 2010 年第 43 号《关于调整进出境个人邮递物品管理措施有关事宜》要求，每次限值为 1000 元人民币，超出规定限值的，应按照货物规定办理通关手续。但单次购买仅有一件商品且不可分割的，虽超出规定限值，但经海关审核确属个人自用的，可以参照个人物品规定办理通关手续。第二，关于征税问题。以电子订单的实际销售价格作为完税价格，参照行邮税税率计征税款。应征进口税税额在人民币 50 元（含 50 元）以下的，海关予以免征。

（六）针对跨境电商零售进口税收的政策

2016 年 4 月 8 日起，我国实施跨境电商零售（企业对消费者，即 B2C）进口税收政策，这类商品将不再按邮递物品征收邮税，而是按货物征收关税和进口环节增值税、消费税。

2016 年 4 月 8 日以前，个人自用、合理数量的跨境电商零售进口商品在实际操作中按照邮递物品征收行邮税。行邮税的对象是非贸易属性的进境物品，将关税和进口环节增值税、消费税三税合并征收，税率普遍低于同类进口货物的综合税率。跨境电商零售进口商品虽然通过邮递渠道进境，但不同于传统非贸易性的文件票据、旅客分离行李亲友馈赠物品等，其交易具有贸易属性，全环节仅征收行邮税，总体税负水平低于国内销售的同类一般贸易进口货物和国产货物的税负，形成了不公平竞争。为此，政策将对跨境电商零售进口商品按照货物征收关税和进口环节增值税、消费税。

与此同时，考虑到大部分消费者的合理消费需求，政策将单次交易限值由行邮税政策中的 1000 元（港澳台地区为 800 元）提高至 2000 元，同时将设置个人年度交易限值为 2000 元。在限值以内进口的跨境电商零售进口商品，关税税率暂设为 0%，进口环节增值税、消费税取消免征税额，暂按法定应纳税额的 70% 征收。超过单次限值、累加后超过个人年度限值的单次交易，以及完税价格超过 2000 元限值的单个不可分割商品，将均按照一般贸易方式全额征税。为满足日常征管操作需要，有关部门将制定《跨境电商零售进口商品清单》并另行公布。

而考虑到现行的监管条件，暂时将能够提供交易、支付、物流等电子信息的跨境电商零售进口商品纳入政策实施范围。不属于跨境电商零售进口的个人物品以及无法提供有关电子信息的跨境电商零售进口商品，仍将按现行规定执行。

为优化税目结构，方便旅客和消费者申报、纳税，提高通关效率，我国将对行邮税政策进行同步调整，将 2016 年 4 月 8 日以前的四档税目（对应税率分别为 10%、20%、30%、50%）调整为三档，其中税目 1 主要为最惠国税率为零的商品，税目 3 主要为征收消费税的高档消费品，其他商品归入税目 2，调整后，为保持各税目商品的行邮税税率与同类进口货物综合税率的大体一致，税目 1、2、3 的税率将分别为 15%、30%、60%。

两项政策的实施，对于支持新兴业态与传统业态、国外商品与国内商品公平竞争，提高市场效率，促进共同发展有着重要作用。政策实施后，将为国内跨境电商的发展营造稳定、统一的税收政策环境，引导电子商务企业开展公平竞争，有利于鼓励商业模式创新，推动跨境电商健康发展，并将有利于提升消费者客户体验，保护消费者合法权益。

跨境电商企业对企业（B2B）进口，线下按一般贸易等方式完成货物进口，仍按照现行有关税收政策执行。

（七）针对外贸综合服务模式的政策

为了充分发挥外贸综合服务企业提供出口服务的优势，支持中小企业更加有效地开拓国际市场，税务总局还出台《关于外贸综合服务企业出口货物退（免）税有关问题的公告》（2014年第13号公告），规定了外贸综合服务退税的单独申报业务类型。公告规定的外贸综合服务企业为国内中小型生产企业出口提供物流、报关、信保、融资、收汇、退税等服务的外贸企业。公告规定，外贸综合服务企业以自营方式出口国内生产企业与境外单位或个人签约的出口货物，同时具备以下情形的，可由外贸综合服务企业按自营出口的规定申报退（免）税：出口货物为生产企业自产货物；生产企业已将出口货物销售给外贸综合服务企业；生产企业与境外单位或个人已经签订出口合同，并约定货物由外贸综合服务企业出口至境外单位或个人，货款由境外单位或个人支付给外贸综合服务企业；外贸综合服务企业以自营方式出口。

2014年7月23日，海关总署公告《关于跨境贸易电子商务进出境货物、物品有关监管事宜的公告》，明确规定了通过与海关联网的电子商务平台进行跨境交易的进出境货物、物品范围，以及数据传输、企业备案、申报方式、监管要求等事项。

2015年5月7日，国务院发布《关于大力发展电子商务加快培育经济新动力的意见》，基本原则可以概括为提升对外开12个字"积极推动、逐步规范、加强引导"。落实细则含6方面具体细分为26点，包括营造宽松发展环境、促进就业创业、推动转型升级、完善物流基础设施、放水平、构筑安全保障防线、健全支撑体系等。国务院力挺电商发展，从电商企业发展角度看，此次发文规格极高，很具体；将与电商企业直接相关企业设立、税收、基础配套、市场需求和电商人才就业均囊括在内。在此规格极高又极具可操作性的政策支持下，跨境电商在经历前后10年的摸索式增长之后将迎来二次成长期。具体提及支持物流信息化、推广金融服务新工具（互联网支付、互联网金融）、提升对外开放水平（跨境电商）、推动传统商贸流通企业发展电子商务（大宗品电商及零售O2O）、积极发展农村电子商务（农资电商）等。此次细则落地后，电商立法已渐行渐近值得期待。电商立法将进一步将电商发展置于阳光之下。

二、支付体系的完善

由于跨境电商涉及全球的国家与地区达到200多个，这些国家与地区的法律法规、文化、经济等存在差异，因此会导致这些国家与地区的消费者在首选支付方式上存在很大的不同。到底如何为国外消费者提供更加便捷有效的支付方式，成为跨境电商行业发展的一大难题。国内跨境电商企业要考虑跨境资金的安全问题，还要照顾到跨境用户的网购体验，这一系列的问题都给跨境支付体系带来了巨大的考验。

当前来看，全球流通范围最为广泛的在线支付工具是PayPal，它在190多个国家内流通，在跨境网购领域拥有90%以上的买家与85%以上的卖家用户群，国内的跨境电商企业可以以 PayPal 作为支付平台，大力开展全球跨境电商业务。但是，由于 PayPal 存在提现周期时间比较长、手续费用比较昂贵等弊端，用户还要承受汇率波动可能带来的损失。因此，跨境电商企业有必要为消费者提供除了 PayPal 以外的更多样化的支付工具，这不但能够提升消费者的购买体验，还能够降低跨境电商潜在的收款风险。

虽然跨境电商发展迅猛，但与之配套的跨境支付市场还显得一片萧条，由于其中存在巨额利润，所以许多第三方支付机构开始向跨境电商平台提供收款服务。比如，提出国际收汇解决方案的快钱支付能支持 VISA、American Express、JCB 等国际卡支付，贝付支付"易八通"有"跨境信用卡支付""跨境银行卡支付"两项服务可使用人民币进行结算从而有效地降低汇率风险。

三、全球新兴市场的拓展

当下，国内跨境出口零售商的业务已经遍及全球大部分国家和地区不仅在欧美战场上取得骄人成绩，在巴西、俄罗斯等新兴市场的成交量也非常可观。

根据 PayPal 发布的数据显示：2013 年，美国、英国、德国、澳大利亚、巴西这几个国家是世界排名前五的跨境电商市场，而其对中国商品的网购需求总额达到了惊人的 679 亿元，为五大市场整体跨境网购交易额的 16%。

由此可以看出，在电商快速发展的驱动下，新兴市场的网购群体增速迅猛，这种减少了中间流通环节所带来的价格优势更是吸引着新兴市场对中国商品的兴趣，以俄罗斯、巴西为代表的新兴市场已经发展成为中国跨境电商重要的出口国，这给国内的跨境电商带来了新的发展机遇并为其海外市场拓展计划指明了方向。

国内跨境电商在欧美市场已经逐渐饱和，这些新兴市场则有着更多的利润空间可以发掘，而且这种新兴市场的消费者通常把价格排在首位，没有欧美市场对服务和质量方面的严格要求，这就给一些资金不够充足的入门商家提供了生存环境。

第三节　跨境电商的发展趋势

一、当前我国跨境电商发展的主要特点

目前我国跨境电商行业的发展主要体现出三个特征：跨境电商交易规模持续扩大，在进出口贸易中所占的比重持续升高；跨境电商以出口业务为主；跨境电商以 B2B 业务为主，并且 B2C 模式逐渐兴起且发展趋势良好。同时，我国对跨境电商的扶持力度大大提高，政府颁布了一系列相关政策，为跨境电商的未来发展提供了充足的内在动力。

（一）交易规模持续扩大，在进出口贸易中所占比重持续升高

由于当前世界贸易趋于收敛，越来越多的企业和商家开始致力于减少流通环节，降低流通成本，缩短和国外消费者的距离以开拓国外市场，提高经济效益，而跨境电商正好为其提供了有利的渠道。2012 年我国外贸进出口规模超过美国，成为世界进出口交易规模最大的国家，与此同时，我国的跨境电商也在快速发展。2014 年我国跨境电商交易规模为 4.2 万亿元人民币，增长率为 35.5%，占我国进出口贸易总额的 15.9%。跨境电商平台企业超过 5000 家，境内通过各类平台开展跨境电商的企业超过 20 万家。2015 年，我国跨境电商交易总额为 5.4 万亿元，同比增长 28.60%；2016 年为 6.7 万亿元，同比增长 24.14%；2017 年上半年为 3.6 万亿元，同比增长 30.7%。2018 年我国跨境电商交易总额达 9 万亿元，同比增长 11.6%，2019 年我国跨境电商交易总额达 8.03 万亿元，2020 年我国跨境电商交易总规模达 12.5 万亿。

（二）进出口结构方面，出口跨境电商发展迅速，进口占比平稳提升

从跨境电商进出口结构上看，中国跨境电商以出口为主。从结构看，跨境电商出口 B2C 是当前的主要增长点，2020 年我国跨境电商行业交易总规模约为 12.5 万亿，其中出口、进口额分别约占 77.6%、22.4%，由此可以看出我国的出口跨境电商发展较进口跨境电商而言更占优势。不过，随着网购市场的开放和扩大，以及消费者网购习惯的逐渐形成和成熟，未来进口跨境电商将会有很大的发展空间，预计未来几年进口跨境电商的占比也将会逐渐提高。

（三）从业务模式来看，跨境电商以 B2B 业务为主，B2C 模式逐渐兴起

以运营模式为依据，可以把跨境电商分为跨境一般贸易（跨境 B2B）和跨境网络零售（跨境 B2C 和 C2C）。其中，跨境 B2B 模式在跨境电商中居于主导地位，以阿里巴巴和环球资源为代表的跨境 B2B 是以信息与广告发布为主，主要以收取会员费和营销推广费来获取收益。造成这一现象主要是由于跨境 B2B 单笔交易金额较大，大多数订单需要进行多次磋商才会达成最终协议，同时长期稳定的订单较多，而且企业一般只在线上进行信息的发布与搜索，成交和通关流程基本在线下完成。跨境零售面对的是终端客户，目前在跨境电商中所占的比重较低。从我国跨境电商的交易模式来看，跨境 B2B 交易占据绝对主导地位，B2C 模式也开始兴起。

二、跨境电商的发展趋势

（一）产品品类和销售市场更加多元化

随着跨境电商的发展，跨境电商交易产品向多品类延伸、交易对象向多区域拓展。从销售产品品类来说，跨境电商企业销售的产品品类从服装服饰、3C 电子、计算

机及配件、家居园艺、珠宝、汽车配件、食品药品等便捷运输产品向家居、汽车等大型产品扩展。eBay 数据显示，在其平台上增速最快的三大品类依次为：家居园艺、汽配和时尚，且 71% 的大卖家计划扩充现有产品品类，64% 的大卖家计划延伸到其他产品线。不断拓展销售品类已成为跨境电商企业业务扩张的重要手段，品类的不断拓展，不仅使得"中国产品"和全球消费者的日常生活联系更加紧密，也有助于跨境电商企业抓住最具消费力的全球跨境网购群体。

从销售目标市场来说，以美国、英国、德国、澳大利亚为代表的成熟市场，由于跨境网购观念普及、消费习惯成熟、整体商业文明规范程度较高、物流配套设施完善等优势，在未来仍是跨境电商零售出口产业的主要目标市场，且将持续保持快速增长。与此同时，不断崛起的新兴市场正成为跨境电商零售出口产业的新动力。俄罗斯、巴西、印度等国家的本土电商企业并不发达，消费需求旺盛，中国制造的产品物美价廉，在这些国家的市场上优势巨大．

大量企业也在拓展东南亚市场，印度尼西亚是东南亚人口最多的国家，全球人口排名位居第四，具有巨大的消费潜力，当前而言，eBay、亚马逊、日本乐天等电商平台巨头都开始进入印度尼西亚市场。在中东欧、拉丁美洲、中东和非洲等地区，电子商务的渗透率依然较低，有望在未来获得较大突破。

（二）B2C 占比提升，B2B 和 B2C 两者协同发展

跨境电商 B2C 这种业务模式现已逐渐受到企业重视，近两年出现了爆发式增长，分析其原因，主要是因为跨境电商 B2C 具有一些明显的优势。相较于传统跨境模式，B2C 模式可以跳过传统贸易的所有中间环节，打造从工厂到产品的最短路径，从而赚取高额利润。国内不再满足于做代工的工贸型企业和中国品牌可以利用跨境电商试水"走出去"战略，熟悉和适应海外市场，将中国制造、中国设计的产品带向全球开辟新的战线。在 B2C 模式下，企业直接面对终端消费者，有利于更好地把握市场需求，为客户提供个性化的定制服务。与传统产品和市场单一的大额贸易相比，小额的 B2C 贸易更为灵活，产品销售不受地域限制，可以面向全球 200 多个国家和地区，从而有效地降低单一市场竞争压力，有着巨大的市场空间。

（三）移动端成为跨境电商发展的重要推动力

移动技术的进步模糊了线上与线下商务之间的界限，以互联、无缝、多屏为核心的"全渠道"购物方式将快速发展。从 B2C 方面看，移动购物使消费者能够随时、随地、随心购物，极大地拉动市场需求，增加跨境零售出口电商企业的机会。从 B2B 方面看，全球贸易小额、碎片化发展的趋势明显，移动技术可以让跨国交易无缝完成，卖家随时随地做生意，白天卖家可以在仓库或工厂用手机上传产品图片，实现立时销售，晚上卖家可以回复询盘、接收订单。基于移动端做媒介，买卖双方的沟通变得非常便捷。

（四）产业生态更为完善，各环节协同发展

跨境电子商务涵盖实物流、信息流、资金流、单证流，随着跨境电子商务经济的不断发展，软件公司、代运营公司、在线支付、物流公司等配套企业都开始围绕跨境电商企业进行集聚，服务内容涵盖网店装修、图片翻译描述、网站运营、营销、物流、退换货、金融服务、质检、保险等内容，整个行业生态体系越来越健全，分工更清晰，并逐渐呈现出生态化的特征。目前，我国跨境电商服务业已经初具规模，有力地推动了跨境电商行业的快速发展。

（五）消费和企业运营全球化趋势增强

跨境电商的发展使得消费全球化趋势明显，无国界的消费者互动、个性定制、柔性生产和数据共享将大行其道。消费者、企业通过电商平台彼此联系，相互了解，卖家通过全渠道汇聚碎片数据，经由数据挖掘准确识别和汇聚消费者需求，实现精准营销，买卖双方互动将使C2B、C2M的个性化定制更具现实基础，也促进了生产柔性化，推动市场性的供应链组织方式。

跨境电商的发展也会促进企业运营的全球化，据Analysys易观统计，阿里巴巴、腾讯、亚马逊、Facebook的海外收入近年来均呈现逐年递增之势，更注重全球市场的电商企业将在市场上获得独特地位，而跨境电商的发展也可以让企业迅速将业务流程全球化，资产更轻，灵敏度更高，决策更加精准。

（六）跨境电商新的贸易规则和秩序或将出现

阿里巴巴曾在2016年8月提出了成立eWTP倡议，即成立世界电子贸易平台，该平台作为一个私营部门引领、市场驱动、开放透明、多利益攸关方参与的国际交流平台，起到聚焦全球互联网经济和电子贸易发展，探讨发展趋势和面临问题，推广商业实践和最佳范例，孵化贸易规则和行业标准，推动交流合作和能力建设的职能，其宗旨和目标是促进普惠贸易发展、促进小企业发展、促进消费全球化、促进年轻人发展。

由这一倡议可以看出，随着跨境电商的迅猛发展，以及其在全球国际贸易中地位的增强，将有越来越多的跨境电商龙头企业关注并拟参与到互联网时代国际贸易规则标准的制定中去，国际贸易新规则和新秩序或将出现。

参考文献

[1] 曹莉莉 . 网络整合营销塑造 B2B 品牌研究 [D]. 北京：北京交通大学，2013.

[2] 柴琦 . 社区跨境电商的口碑营销研究 [D]. 杭州：浙江传媒学院，2018.

[3] 常广庶 . 跨境电子商务理论与实务 [M]. 北京：机械工业出版社，2017.

[4] 陈钰璇 . 跨境电子商务交易风险的法律规制研究 [J]. 市场论坛，2017（12）：72–74.

[5] 邸昂 . 阿里巴巴集团社会责任研究报告 [J]. 中国传媒科技，2018（5）：30–35.

[6] 韩小蕊，樊鹏 . 跨境电子商务 [M]. 北京：机械工业出版社，2017.

[7] 韩洁 . 我国跨境电商国际化发展研究 [D]. 北京：首都经济贸易大学，2018.

[8] 杭丽芳 . 社区电商小红书的口碑营销研究 [D]. 昆明：云南大学，2016.

[9] 黄曼嘉 . 我国电子商务企业国际化战略研究 [D]. 重庆：重庆大学，2017.

[10] 黄燕 . 基于跨境电子商务的中国制造业自主品牌建设研究 [J]. 北京工业职业技术学院学报，2017，16（4）：109–114.

[11] 黄云 . 跨境电商平台敦煌网品牌国际化研究 [D]. 北京：首都经济贸易大学，2017.

[12] 胡北 . 海淘阳光化模式探究 [J]. 洛阳师范学院学报，2016，35（2）：72–74.

[13] 贾珊 .X 跨境电子商务公司的发展战略研究 [D]. 北京：北京交通大学，2015.

[14] 冀芳，张夏恒 . 跨境电子商务物流模式创新与发展趋势 [J]. 中国流通经济，2015，29（6）：14–20.

[15] 李鹤，杜瑞霞 . 我国跨境电子支付问题和对策分析 [J]. 电子世界，2018（6）：75–76.

[16] 李静 .B2C 电子商务企业盈利模式研究——以亚马逊公司为例 [J]. 财会通讯，2017（20）：61–65.

[17] 李岚 . 面向消费者的电子商务模式创新动因探讨 [J]. 商业经济研究，2016（8）：78–80.

[18] 李妮 . 跨境电子商务贸易平台模式的设计及应用 [J]. 中国商论，2017（8）：14–15.

[19] 李琪 . 网络贸易理论与实务 [M]. 北京：清华大学出版社，2010.

[20] 李雪 . 跨境电商 B2B 商业模式与 B2C 商业模式比较分析 [D]. 沈阳：辽宁大学，2017.

[21] 黎孝先，王健 . 国际贸易实务 [M].6 版 . 北京：对外经济贸易大学出版社，2015.

[22] 刘朋 . 跨境电商的运营模式优化研究 [D]. 杭州：浙江工业大学，2017.

[23] 罗玲，甄永浩，于洋 . 电子商务中消费者心理与行为分析 [J]. 特区经济，2006（12）：34–35.

[24] 卢达华 . 跨境电子商务发展影响因素研究 [D]. 深圳：深圳大学，2017.